Safi Nidiaye

Probleme sind zum Lösen da

Safi Nidiaye

Probleme sind zum Lösen da

Wie du dich von belastenden Lebensthemen befreist

Mit 30 Illustrationen von Francis Gabriel

INTEGRAL

Das vorliegende Buch ist sorgfältig erarbeitet worden. Dennoch erfolgen alle Angaben ohne Gewähr. Weder Autorin noch Verlag können für eventuelle Nachteile oder Schäden, die aus den im Buch gemachten praktischen Hinweisen resultieren, eine Haftung übernehmen.

Sollte diese Publikation Links auf Webseiten Dritter enthalten, so übernehmen wir für deren Inhalte keine Haftung, da wir uns diese nicht zu eigen machen, sondern lediglich auf deren Stand zum Zeitpunkt der Erstveröffentlichung verweisen.

FSC www.fsc.org MIX Papier aus verantwortungsvollen Quellen FSC® C014496

Penguin Random House Verlagsgruppe FSC® N001967

Erste Auflage 2022

Illustrationen: Francis Gabriel
Redaktion: Ralf Lay
Umschlaggestaltung: Guter Punkt, München,
unter Verwendung eines Motivs von © TairA / shutterstock
Satz: Satzwerk Huber, Germering
Druck und Bindung: GGP Media GmbH, Pößneck
ISBN 978-3-7787-9314-5

www.integral-verlag.de
www.facebook.com/Integral.Lotos.Ansata

Inhalt

Teil III: Themen

Teil IV: Ausblick

Anhang

Vorwort

Mein Buch *Gefühle sind zum Fühlen da* war längst erschienen und von einer großen Leserschaft begeistert angenommen worden, und ich hatte mich anderen Projekten zugewandt. Da überfiel mich eines Tages »das Thema ›Themen‹«. Unsere Lebensthemen. Unsere lästigen Verhaltens-, Denk- und Fühlmuster, die unsere Persönlichkeit prägen und aus denen wir nicht herauskommen, die uns im Griff haben, ob wir es wollen oder nicht. Ein solches Thema hatte ich gerade in mir selbst entdeckt und angefangen aufzulösen, als eine innere Stimme mir sagte, an diesem Thema solle ich unbedingt dranbleiben, und zwar nicht nur für mich allein, sondern um es zu veröffentlichen und damit vielen Menschen nützlich zu sein. Ich ahnte, das würde wieder ein umfangreiches Werk werden, und hatte keine Lust, schon wieder so ein dickes Buch zu schreiben. Aber »das Thema ›Themen‹« ließ nicht locker, so gab ich schließlich nach und … voilà.

Wie immer geht es mir nicht nur darum, die Problematik(en) zu nennen, sondern zu zeigen, wie man sie lösen kann. Nicht mit Rezepten zu Verhaltensänderungen, positiverem Denken oder zur Beeinflussung von Gefühlen, sondern durch Wahrnehmen des Themas bis auf den Grund – woraufhin dieser sich auflöst und damit das ganze Kartenhaus der darauf errichteten destruktiven Denk-, Fühl- und Verhaltensmuster in sich zusammenfällt.

Sie werden in diesem Buch erfahren, wie solch ein Thema sich zusammensetzt und wieder aufgelöst werden kann. Ich werde auf eine ganze Reihe typischer Themen detailliert eingehen, zu jedem einzelnen Ansätze zu einer erfolgreichen Herzensarbeit aufzeigen, weitere spezifische Tipps geben und Erfahrungen mit Ihnen teilen. Sollten Sie Ihr Thema nicht darunter finden, so lesen Sie bitte das Kapitel »Allgemeingültige Anleitung zur Bearbeitung jedes Themas« mit den grundsätzlichen Empfehlungen in Teil II, die Sie auf jedes Thema und jede Problematik anwenden können. Allerdings empfehle ich Ihnen, auch die Kapitel zu Themen zu lesen, in denen Sie sich nicht direkt wiederzuerkennen glauben; denn darin werden Sie ebenfalls wertvolle Anregungen finden, um Ihre eigene Problematik zu lösen. In manchen werden Sie vielleicht auch den einen oder anderen lieben Mitmenschen erkennen.

Und natürlich gibt es auch in diesem Buch wieder eine Anleitung zur Körperzentrierten Herzensarbeit, damit diejenigen unter Ihnen, die sie noch nicht kennen, sie schnell und einfach erlernen können. Die Methode werden Sie nämlich brauchen, um von den Anregungen und Vorschlägen dieses Buches profitieren zu können. Falls Sie eine ausführlichere Anleitung zur Herzensarbeit wünschen oder brauchen, finden Sie diese in einer Auswahl von Büchern im Literaturverzeichnis.

Ich hoffe und wünsche von Herzen, dass dieses Buch Sie inspiriert und in Ihrem Bemühen um Befreiung und Erneuerung unterstützt!

Herzlich,
Ihre Safi Nidiaye

Teil I
Einführung

Wie schön könnte alles sein, wenn ...

Ach, was für wunderbare Menschen könnten wir sein, wie klar und harmonisch wären unsere Beziehungen, und wie könnte in unserem Leben und in unserer Welt alles so viel besser gelingen und friedlicher sein, wären da nicht – diese lästigen Mechanismen, diese Verhaltensmuster, die uns aus dem Hinterhalt überfallen, diese unbewussten Überzeugungen und Emotionen – wären da nicht unsere »Themen«.

Als Herzensarbeiter (das sind Praktizierende der Körperzentrierten Herzensarbeit – Sie wissen ja, die Methode, die ich entwickelt habe und lehre) sagen wir oft: »Ich glaube, da hast du ein Thema, das musst du dir vielleicht mal angucken.« Oder: »Oje, da habe ich wohl ein Thema.«

Emily: »Ich sollte unbedingt wieder Sport treiben.«

Ich: »Wieso tust du es nicht einfach?«

Emily: »Ach, es gibt immer ein Hindernis – ich bin müde, es gibt etwas anderes zu tun, das Wetter stimmt nicht, ein Anruf ...«

Ich: »Dann lass es doch einfach bleiben.«

Emily: »Aber ich sollte ...«

Ich: »Ich glaube, da hast du ein Thema.«

Und dann »gucken wir uns das an« und »kommen da durch«, sprich, die Sache ist entweder kein »Thema« mehr für uns, oder wir haben eine Lösung gefunden.

Es gibt Tatsachen, es gibt Gefühle, und es gibt »Themen«.

Wenn Sie jemandem etwas gestohlen haben, so ist Schuld nach unserem Rechtsverständnis eine Tatsache. Sie sind *dann schuldig. Oder zumindest* sind *Sie etwas schuldig – den Gegenwert des Gestohlenen plus Schmerzensgeld.*
Sie können sich mit dieser Tatsache außerdem auch schuldig fühlen *– dann ist Schuld (auch) ein Gefühl. Sie haben es dann mit einer Tatsache* und *mit einem Gefühl zu tun.*
Wenn Sie sich aber ständig und wegen allem Möglichen schuldig fühlen, etwa weil Sie etwas Unfreundliches gesagt, Ihre Arbeit nicht perfekt gemacht haben, nicht verhindern konnten, dass es Hunger in der Welt gibt, dass Menschen sich streiten oder dass dein Teppich schmutzig wird – dann ist Schuld für Sie ein Thema.

Eine Tatsache ist etwas, was in der realen Welt geschieht. Ein Gefühl ist die Art, wie diese Tatsache mich im Innersten bewegt, was sie mit mir macht – wie ich mich damit fühle. Ein Thema ist ein Gewebe aus Erinnerung an vergangene Tatsachen, Schlussfolgerungen, die ich daraus gezogen habe, und Gefühlen, die sich damit verbinden, das Ganze zu einem Denk- und Verhaltensmuster verwoben, das sich bei bestimmten Auslösern wiederholt. Es geschieht »immer«, »immer wieder« oder wird von uns als »typisch« empfunden.

Wenn der Familienhund auf Ihre Fußmatte pinkelt, während Sie sich gerade beeilen, um rechtzeitig zur Arbeit zu kommen, und Sie fluchend die schmutzige Matte wegräumen und durch eine saubere ersetzen, weil Sie wissen, dass die anderen sich doch nicht darum kümmern, und wenn Sie dadurch zu spät zur Arbeit kommen – dann ist das kein Thema, sondern eine Abfolge von Ereignissen (es sind Tatsachen).
Wenn Sie sich darüber ärgern, dass das Ganze passiert ist, ist das auch noch kein Thema, sondern ein Gefühl (nämlich Ärger).

Wenn Sie sich aber ärgern, weil Sie nicht anders konnten, als wieder einmal den Dreck für die anderen wegzumachen, statt sich einfach um Ihre eigene Priorität zu kümmern – dann haben Sie ein Thema. »Immer bin ich es, die den Dreck wegmacht.« Oder wenn Sie sich ärgern, weil Ihnen wieder einmal ein Strich durch die Rechnung gemacht wurde: Auch dann haben Sie ein Thema.
Wenn der Eindruck, immer diejenige zu sein, die den Dreck wegräumt, oder dass man Ihnen »immer einen Strich durch die Rechnung macht«, ein dominanter Faktor in Ihrem Fühlen und Denken, in Ihrer Art zu reagieren und in Ihrem Leben ist – dann haben Sie ein Lebensthema.

Lebensthemen sind die, die sich immer wieder abspielen. Die uns verfolgen. Die wir nicht loswerden. Bis wir uns resigniert darein ergeben: »So bin ich eben.« Oder: »So geht das eben bei mir.« Oder: »Was willst du? So ist das Leben.« – »Nobody is perfect.«

So wie es individuelle Themen gibt, gibt es auch kollektive. Themen, die (fast) alle Frauen, Männer, Angehörige dieser oder jener Nation, Hautfarbe, Religion, politischer oder sonstiger Gruppierungen miteinander teilen und die jeden einzelnen Angehörigen dieser Gruppe unbewusst beherrschen.

Woraus »Themen« bestehen

Themen sind Muster, die wir aus verschiedenen Bestandteilen gewoben haben. In einem Thema haben wir nach unserer ganz eigenen Logik miteinander verknüpft: bestimmte vergangene Ereignisse sowie Schlussfolgerungen, die wir aus ihnen gezogen haben – und Gefühle, die diese in uns haben entstehen lassen. Das Ganze vermixt mit Überzeugungen und Verhaltensweisen aus unserer Herkunftsfamilie, unserem Kollektiv. Das Muster, das wir daraus gewoben haben, ist in unserem System gespeichert: in unserem Geist, unserem Gehirn, unserem Körper. Es bildet die Basis unseres Denkens und Fühlens, unserer Haltung und unseres Verhaltens.

Ereignis: Als Kind wurde ich verlassen.
Schlussfolgerung: Ich bin nichts wert.
Verknüpfung: Wenn man verlassen wird, bedeutet dies, dass man nichts wert ist.
Familienüberzeugungen, die unbewusst da hineinspielen: Ich bin ja nur ein Mädchen und damit weniger wert, deshalb haben sie mich verlassen.
Verknüpfung: verlassen, weil nichts wert, weil Mädchen.
Grundüberzeugung, die sich nach und nach verfestigt, weil wir weitere Ereignisse in unserem Leben entsprechend interpretieren: Ich bin nichts wert. Ich bin verlassen (allein- oder im Stich gelassen oder einfach allein).
Seelische Grundschmerzen: sich wertlos fühlen, sich verlassen fühlen.

Emotionen, die damit verbunden sind: Trauer, Angst, verlassen zu werden (bezogen auf den Grundschmerz des Verlassenseins); Wut, wenn man an den Grundschmerz der Wertlosigkeit erinnert wird – was durch jede Geste, jedes Wort, jede Handlung ausgelöst werden kann, die (scheinbar) Missachtung, Überheblichkeit, Arroganz, Überlegenheit ausdrückt.
Verhaltensmuster: Abhängigkeit, Anhänglichkeit, sich tief einfühlen (jede innere Bewegung des anderen mitbekommen, um nicht verlassen zu werden); anderen mehr Wert zugestehen als sich selbst (und darunter leiden).

Eine ganze Anzahl solcher Themen gehören zum Grundinventar oder zur Grundprogrammierung unserer Psyche. Damit ein Thema aktiv wird, bedarf es eines Auslösers: Etwas passiert – und auf einmal, ohne es zu merken, sind wir nicht mehr in der Realität, sondern in unserem eigenen Film. Das zum Thema gehörende, in Geist, Körper und Gehirn eingespeicherte Denk-, Fühl- und Verhaltensmuster spielt sich ab.

Solch ein Thema, das uns gegen unseren Willen im Griff hat, besteht also aus einer von uns geschaffenen Verknüpfung von Ereignissen, Gedanken und Gefühlen zu einer scheinbaren Tatsache.

Ich war acht oder neun Jahre alt. Mein Vater ging mit mir im Park spazieren. Da gab es halbhohe Barrieren an den Spazierwegen. Mein Vater wollte unbedingt, dass ich über eine dieser Barrieren sprang. Im Prinzip kein Problem für mich, beim Schulsport war ich schon vom Doppelbarren gesprungen. Aber hier, unter den Augen meines Vaters, der mich zu zwingen versuchte, schaffte ich es nicht, nahm Anlauf und bockte. Wieder und wieder. Es ging einfach nicht. Von da an wurde jeder Sonntagsspaziergang zum Schrecken für mich, da ich mich an jeder Barriere ausprobieren sollte und jedes Mal scheiterte. Es gab weitere Ereignisse in meiner Kindheit und Jugend, wo mein Vater etwas von mir verlangte, von dem er annahm, dass ich es nicht konnte – wohlgemeinte Erziehungsmaßnahme –, und ich es dann tatsächlich nicht konnte, jedenfalls nicht in seinem Beisein. So entstand aus der Abfolge von Ereignissen, meinen gedanklichen Interpretationen (»Ich kann das nicht, es ist unmöglich«) und den dazugehörigen Gefühlen (Angst, Erstarrung, Blockade) ein Thema: »Wenn jemand etwas von mir verlangt und dabei unterschwellig erwartet, dass ich es nicht kann, dann kann ich es tatsächlich nicht. Beim allerbesten Willen nicht.«

»Ich kann nicht« scheint eine Tatsache zu sein. Dabei ist es nur ein Gedanke. Der zur sich selbst erfüllenden Prophezeiung wird.

Themen werden oft noch durch übernommene Fremdgefühle verstärkt und verfestigt. Nehmen wir an, meine Mutter hätte ein ähnliches Problem gehabt und ich hätte ihr Thema – also ihre Denk-, Fühl- und Verhaltensweise in solchen Situationen – unbewusst übernommen: Wenn solche Übernahmen dabei sind, erscheint das Thema völlig unlösbar, lebensbestimmend, zu mir gehörend: ein »Lebensthema«. Vergangene Ereignisse, Gedanken und Gefühle, sozusagen verdoppelt durch die Übernahme des fremden Themas, setzen sich zu einer scheinbaren Dauer-Tatsache zusammen.

Doch was man zusammengesetzt hat, kann man wieder auflösen.

Wie man solch ein Thema auflöst

Als Erstes muss man es bemerken (es ist uns ja zunächst nicht bewusst). Dann muss man es sich anschauen. Hier kommt die Körperzentrierte Herzensarbeit ins Spiel. Dabei entdeckt man die Bestandteile, aus denen es zusammengeknüpft ist, und erkennt sie als das, was sie sind: Ereignisse aus der Vergangenheit als Ereignisse aus der Vergangenheit, daraus gewonnene Schlussfolgerungen und Überzeugungen als Gedanken, dadurch entstandene Gefühle als Gefühle. Durch diese Erkenntnis lösen sich die Verknüpfungen auf und damit das Thema.

Körperzentrierte Herzensarbeit bewirkt genau diese Auflösung, aber nicht durch Nachdenken über diese Zusammenhänge, sondern durch Fühlen. »Körperzentriert« zu arbeiten bedeutet, dass wir die Gefühle, aus denen sich das Thema zusammensetzt, im Körper aufspüren. »Herzensarbeit« bedeutet, dass wir diesen – bislang unbewussten – Gefühlen unser Herz öffnen. Ganz nebenbei erkennen wir dabei die Gedanken, die hinter diesen Gefühlen stecken, als Gedanken (bisher hielten wir sie für Realität oder Wahrheit) und merken, dass unsere bisherige Interpretation der Ereignisse eben nur eine Interpretation und nicht die Realität ist. Von jenen Gefühlen und Gedanken, die wir übernommen haben, die aber eigentlich gar nicht unsere eigenen sind, befreien wir uns. Am Ende stehen wir dem Vorfall, der die Herzensarbeit ausgelöst hat, ganz neu gegenüber: nicht mehr von unserem Thema aus der Vergangenheit beherrscht, sondern ganz gegenwärtig. In der Realität statt in unserem eigenen Film. Und endlich ist das leidige Thema keines mehr.

Mach kein Thema draus!

Etwas geschieht.
Löst Ärger aus.
Ich könnte ihn einfach fühlen.
Stattdessen lasse ich zu, dass dieser Ärger Erinnerungen an ähnliche Situationen heraufbeschwert, dass Gedanken entstehen wie »Klar, musste ja wieder mir passieren«, und auf einmal ist da eine ganze Kette von Ärgernissen, und ich verknüpfe sie miteinander und kreiere eine übergeordnete Idee. »Das Schicksal hat es auf mich abgesehen.« Dieser Gedanke löst einen wohlbekannten Schmerz aus – ich fühle mich als Opfer von Unrecht. Und schon rollt eine altvertraute Lawine von Gefühlen auf mich zu: Zorn, Ohnmacht, Resignation, Bitterkeit.
Mein Thema hat mich wieder einmal erwischt.

Etwas geschieht.
Löst Ärger aus.
Ich sage mir: Mach kein Thema draus!
Und nehme den Ärger einfach wahr.
Und nehme all die Gedanken, Erinnerungen, Verknüpfungen wahr, die mich in das Spinnennetz »Thema« hineinziehen wollen. »Ja, ja«, sage ich zu ihnen. »Ich sehe euch.«
Und bleibe bei meinem Ärger und kümmere mich um ihn.

Ein Thema ist immer etwas Leiderzeugendes, Irreführendes, etwas, was uns Geist und Herz verschließt, was uns in bestimmte Verhaltensmuster zwingt, was uns die Realität durch eine bestimmte

Brille sehen lässt. Es trennt uns von unseren Mitmenschen, da wir niemals sie sehen, sondern immer nur die Rolle, die sie in unserem selbst erzeugten Film spielen und in den wir gerade unsere Lieben immer wieder hineinzuzwingen versuchen. Mit »Thema« meine ich eine Problematik, die wir irgendwann in unserem Geist kreiert haben und die uns nun durchs Leben verfolgt. Ein Muster, eine Art Korsett. Es gibt uns natürlich auch Halt; aber dieser Halt ist trügerisch, da er nur eine Erfindung unseres Geistes ist. Bestenfalls bewirkt das Thema eine leichte Verzerrung unserer Wahrnehmung, schlimmstenfalls Irrsinn.

Ein besonders deutliches Beispiel für einen solchen Irrsinnsanfall aufgrund eines alten Themas erlebte ich einmal in einem meiner Seminare – wie durch eine Verwechslung von Gegenwart und Vergangenheit eine harmlose Unstimmigkeit zu einem gravierenden Konflikt werden kann:

Zwei Personen, nennen wir sie »Erik« und »Anita«, hatten im Seminar miteinander gearbeitet. Am Ende der gemeinsamen Herzensarbeit hatte Anita eine unsensible Bemerkung gemacht, durch die Erik sich verletzt fühlte. Erik berichtete dies in der Gruppe. Eigentlich hatte er sich davon erhofft, dass Anita zurechtgewiesen werde. Aber die Sache nahm einen anderen Verlauf: Anita erwiderte, dass sie sich nun von Erik verraten fühle, weil er das, was unter vier Augen passiert war, in der Gruppe erzählt hatte.

Nun begannen die Übrigen, sich einzumischen: Einige nahmen Anita in Schutz, andere engagierten sich für Erik, und schließlich waren zwei Parteien entstanden.

Solche Situationen gibt es in meinen Seminaren sehr selten, und wenn sie auftreten, begrüße ich sie: denn sie geben uns Gelegenheit, mit einem in der Gruppe entstandenen akuten Thema gemeinsam Herzensarbeit zu machen (statt mit von zu Hause mitgebrachten Themen), also sozusagen live. Das wollten wir gerade beginnen, als sich plötzlich laut und empört eine Frau zu Wort meldete: Anita sei

ein schweres Unrecht geschehen, Erik müsse bestraft werden, und sie selbst müsse einschreiten, »solange noch Zeit« sei.
Es stellte sich heraus, dass über diese Frau ein altes Thema mit solcher Macht hergefallen war, dass sie eine harmlose kleine Auseinandersetzung mit einer gravierenden vergangenen Situation verwechselte und dadurch vorübergehend in eine Art Irrsinn verfallen war.
Sie erkannte dies sofort und war bereit, sich das mit Unterstützung der Gruppe anzuschauen. Bei der Herzensarbeit wurde ihr klar, dass hier ein Thema in ihr ausgelöst worden war, das sie von ihrer Großmutter übernommen hatte: Diese hatte das Herannahen der Naziherrschaft in Deutschland erlebt und schrecklich darunter gelitten, nichts dagegen tun zu können. Durch gruppengestützte Herzensarbeit fand diese Teilnehmerin in die Realität zurück und konnte das übernommene Thema an ihre Großmutter zurückgeben.

Wenn ein Thema uns beherrscht, ist das Ergebnis meist »der ganz normale Wahnsinn«, der niemandem besonders auffällt, da alle davon befallen sind. Aber manchmal ist die Diskrepanz zwischen der realen Situation und der Interpretation, die jemand ihr gibt, so groß, dass es jedem auffällt.

In Wirklichkeit sind wir alle ein bisschen wahnsinnig, insofern nämlich, als wir unsere Gedanken für Wahrheiten halten und unsere Gefühle für Tatsachen – und das Ganze völlig unbewusst.

Es ist empörend zu sehen, wie hochnäsig dieser Mensch ist und wie er seine Mitmenschen damit demütigt!

Wer diesen Satz sagt, für den ist

- »Es ist empörend« eine Tatsache,
- »Er ist hochnäsig« die Wahrheit,
- »Die Mitmenschen werden dadurch gedemütigt« die Wahrheit
- und »gedemütigt« eine Tatsache (also etwas, was man *ist*).

In Wirklichkeit jedoch ist

- »hochnäsig« eine Interpretation (der Haltung, des Gesichtsausdrucks, der Ausdrucksweise des Betreffenden),
- »empörend« Ausdruck eines eigenen Gefühls (man fühlt sich empört),
- »Andere werden durch das Verhalten dieses Menschen gedemütigt« ein Gedanke und
- »gedemütigt« wiederum ein Gefühl – nämlich desjenigen, der diesen Satz äußert. Er fühlt sich gedemütigt und nimmt automatisch an, dass andere sich genauso fühlen würden.

In Wahrheit ist der Kritisierte vielleicht gar nicht hochnäsig, sondern fühlt sich schüchtern und ein wenig ängstlich, was er mit einer betont aufrechten Haltung zu kompensieren versucht; und die Mitmenschen fühlen sich vielleicht gar nicht gedemütigt oder vielleicht nur einer von ihnen, während andere Verunsicherung, Verachtung oder Respekt fühlen oder überhaupt kein Gefühl in ihnen ausgelöst wird, weil der betreffende Mensch bei ihnen kein Thema triggert.

Wenn man jedoch in einem Thema steckt, befindet man sich in einem anderen Film, der die Realität überlagert, und kann das alles nicht wahrnehmen.

Dieses Buch wird Sie in die Lage versetzen, sich aus Ihrem inneren Film aufzuwecken, und zwar

- während der Situation, in der Sie in Ihrem Thema statt in der Realität sind,
- nachdem die Situation vorbei ist, oder
- schon gleich am Anfang der Situation, bevor Sie in das alte Muster verfallen,
- je nachdem, wann es Ihnen einfällt.

Sie werden lernen, solche auslösenden Situationen zu nutzen, um ein altes Thema aufzulösen. Nach und nach werden Sie viele alte Themen entdeckt und aufgelöst haben, und es gibt daher immer weniger emotionale Muster, in die Sie unbewusst hineinfallen werden.

Und wenn Sie viel und oft Körperzentrierte Herzensarbeit üben, werden Sie einen Grad von Wachheit entwickeln, der Sie davor schützt, überhaupt in die Hypnose der alten »Filme« zu geraten.

Woran ich erkenne, dass ich ein Thema habe

Schauen wir uns das noch einmal genauer an. Zu einem Thema gehört Folgendes:

- Eine Erfahrung, die dem Thema zugrunde liegt.
  Beispiel: Jemand wurde als Kind von der eigenen Familie in eine Pflegefamilie gegeben, während seine Schwester zu Hause bleiben durfte.
- Eine Überzeugung, die daraus entstanden ist.
  Beispiel: »Ich bin schlecht.«
- Eventuelle weitere Überzeugungen, die sich damit verknüpfen.
  Beispiel: »Ich bin (schlecht und daher) weniger wert und unerwünscht.«
- Das Gefühl, das mit dieser Grundüberzeugung verbunden ist.
  Beispiel: schlecht (plus wertlos plus unerwünscht).
- Die Identifikation mit diesem Grundschmerz (man hält ihn für eine Tatsache, statt zu erkennen, dass es ein Gefühl ist).
- Verhaltensweisen, die vor diesem Schmerz schützen sollen.
  Beispiel: gut sein, hilfsbereit, demütig, sich selbst herunterwerten.
- Emotionen beziehungsweise Emotionsmuster, die damit verbunden sind.
  Beispiele: Trauer, Angst, Resignation, Ohnmacht, Nichtfühlen oder Wut, Zorn, Ärger, Hass, Rache, Groll, Bitterkeit …
- Ständige Fehlinterpretation von Situationen, da man alles auf der Basis dieser Grundüberzeugung(en) auslegt und emotional entsprechend reagiert.

Beispiele solcher Fehlinterpretationen erleben wir alle täglich:
Mein Mann unterbricht mich, während ich gerade versuche, ihm etwas Wichtiges zu erzählen. Emotionale Reaktion: Ich reagiere mit Trauer und mit Zorn. Überzeugung dahinter: Ich betrachte sein Verhalten als Folge einer (unerhörten!) Geringschätzung. Grundschmerz: Ich fühle mich missachtet.
Realität (Rückmeldung meines Mannes): Während ich redete, kam ihm ein wichtiger Einfall dazu, den er sofort einbringen wollte, aus Angst, ihn sonst zu vergessen.

Übernahmen aus der Familie oder dem Kollektiv

Das ursprüngliche Ereignis aus der Kindheit, das hinter einem Thema steckt, wurde von uns in einer bestimmten Weise interpretiert. Warum gerade in dieser und nicht in einer anderen? Wenn ich als Kind verlassen wurde, wie kommt es, dass ich das darauf zurückführte, ich müsse tatsächlich hässlich, schlecht oder wertlos sein? Ich hätte es ja auch anders interpretieren können – zum Beispiel, dass ich abgelehnt, falsch, nicht in Ordnung bin? Oder unerwünscht, nicht existenzberechtigt?

Wie kommt es, dass ich das traumatische Ereignis so interpretiere, wie ich es interpretiere, und nicht anders? Gibt es da eine Vorgeschichte, vielleicht aus vergangenen Leben?

Das ist natürlich möglich. Naheliegender aber ist die Vermutung, dass hinter dieser Interpretation ein Thema meiner Mutter, meines Vaters, meiner Vorfahren, meiner Familie, meines Kollektivs steckt. Und so erweist es sich auch meist in der Praxis der Herzensarbeit.

Somit lohnt es sich, in der Herzensarbeit immer zu berücksichtigen, dass sowohl die Interpretation von Ereignissen als auch die Gefühle übernommen sein (und somit auch zurückgegeben werden) können. Wer hat sich möglicherweise auch so gefühlt? Wer könnte ein ähnliches Thema (gehabt) haben? Von wem könnte ich diese Überzeugung übernommen haben? Zurückgeben! (Wie das geht, erfahren Sie im Kapitel über die Körperzentrierte Herzensarbeit [Teil II].)

Nun ist es natürlich auch denkbar, dass ich bestimmte Grundüberzeugungen und -gefühle bei meiner Ankunft in diesem Körper und auf dieser Erde schon mitgebracht habe. Aus anderen Verkörperungen oder anderen Dimensionen. Darüber möchte ich hier nicht spekulieren. Aber in der Anwendung der Körperzentrierten Herzensarbeit ist es durchaus schon vorgekommen, dass Zusammenhänge aufgetaucht sind, die eindeutig weder aus diesem Leben noch aus dem der Eltern stammen und die man vernünftigerweise nicht anders interpretieren kann als Erinnerungen an andere Leben. Die jedoch sehr deutlich und mit starken Emotionen verbunden waren.

Mit solchen Bewusstseinsinhalten machen wir dasselbe wie mit den »ganz normalen« aus diesem Leben: Körperzentrierte Herzensarbeit. Was spüren Sie dabei im Körper, wie fühlen Sie sich darin, und was braucht dieses Gefühl von Ihrem Herzen? Wer kann schon sagen, ob eine Erinnerung, die nicht in dieses Leben passt, aus einem eigenen vergangenen Leben oder dem eines anderen, aus dem kollektiven Unterbewusstsein, der Imaginationssphäre oder aus den Variantenraum[1] stammt, jener Ebene, in der jedes überhaupt mögliche Ereignis latent enthalten ist und abgerufen werden kann? Wenn Sie streng bei diesem Prozedere bleiben, werden Sie am Ende zu dem tiefen Verständnis der Situation gelangen, nach dem Sie sich sehnen.

---

1 Das ist ein Begriff aus der Quantenphysik. Mehr darüber erfahren Sie im Buch *Transsurfing* von Vadim Zeland (siehe Literaturverzeichnis).

Zusammengefasst: Zu einem Lebensthema gehört nicht nur die Verknüpfung von

- ursprünglichem Ereignis,
- daraus gewonnener Überzeugung,
- weiteren Ereignissen,
- Verfestigung der Überzeugung zu einer Grundansicht und
- dazugehörigen Gefühlen sowie Reaktionsmustern,

sondern ganz an der Basis auch

- Themen aus der Herkunftsfamilie,
- eventuell ins Leben mitgebrachte Themen aus der ferneren Vergangenheit oder anderen Dimensionen,
- nicht zu vergessen das, was wir von höheren Ebenen mitbringen. Möglicherweise sind wir ja mit einem Zweck hier. Vielleicht dient ja das Thema – wie alles andere auch in unserem Leben – diesem Zweck. Auch in dieser Hinsicht ist die Körperzentrierte Herzensarbeit von großem Nutzen. Denn wenn Sie durch alle Schichten von Gefühlen gehen, die zu Ihrem Thema gehören, wird sich Ihnen der Zweck dieses Themas am Ende automatisch enthüllen: nämlich durch die positiven Gefühle, die am Ende der Herzensarbeit – wenn sie vollständig und korrekt durchgeführt wird – immer auftauchen. Womöglich war das ganze Problem dafür da, dass diese positiven Gefühle aufgetaucht sind und entdeckt wurden? Und am Ende, wenn wir sie genügend in unserem Herzen gehegt und gepflegt haben, zu neuen Qualitäten werden?[2]

---

2 Wenn der Hinweis Sie interessiert und Sie mehr über die spirituelle Dimension dieser Erkenntnis wissen möchten, können Sie mein Buch *Der entscheidende Schritt* lesen.

Mein Thema erkennen

- Ich reagiere emotional negativ auf etwas oder jemanden.
- Meine Gedanken kreisen um einen Vorfall, einen Menschen, eine Situation.
- Ich erwische mich dabei, wie ich mich unwohl fühle und das Unwohlsein in den Hintergrund schiebe (da könnte ein Thema aufgeblitzt sein).
- Jemand anders reagiert emotional negativ auf mich: Entweder es löst etwas in mir aus (Thema?), oder es löst nichts aus; aber in diesem Fall kann es dennoch einen Hinweis für mich enthalten. Wenn möglich, frage ich die Person, was es denn ist, das sie geärgert hat oder an mir stört. Wenn ich mit echtem Interesse frage (statt mit Emotion identifiziert), ist die Chance groß, dass sie es mir verrät. Mit ziemlicher Sicherheit ist es dann erst mal sie, die sich ein Thema angucken muss – nämlich was es mit ihr macht, wenn ich mich so verhalte, wie ich mich verhalte –, aber außerdem kann ich es für mich nutzen. Wird mir da nicht ein Spiegel vorgehalten? Warum habe ich mich denn so verhalten? Steckt da möglicherweise ein unerkanntes Thema dahinter? Oder ist das negative Gefühl eigentlich meins, und der andere hat es aufgefangen und übernommen?
- Manchmal bemerken Mitmenschen ein Thema an mir und machen mich darauf aufmerksam. Ich bedanke mich immer dafür und prüfe den Hinweis. Aber Achtung: Nicht immer trifft er zu! Manchmal interpretieren sie mein Verhalten einfach entsprechend ihrer eigenen Sichtweise, projizieren also ihre Themen auf mich.
- Ich bemerke, dass ich mich oft in der gleichen Weise verhalte.
- Ich verhalte mich so, wie ich mich eigentlich gar nicht verhalten möchte.
- Manchmal weist mich die »Außenwelt« auf ein Thema hin: durch eine Schlagzeile, die mir ins Auge fällt, durch ein zufälliges

Ereignis, das mir zu denken gibt – ich lasse Dinge fallen, bestimmte Zeichen begegnen mir …

- Träume weisen manchmal auf Themen hin.
- Wenn mein Körper »Beschwerden« hat – wenn mir mein Bauch zu dick ist, ich mich ständig verrenke oder einen Hautausschlag habe –, hat das vielleicht eine einfache und handfeste Erklärung: ich habe zu viel gegessen, mich zu wenig bewegt oder mir einen Zeckenbiss eingefangen. Aber ich schaue es mir trotzdem als »Thema« an. Denn oft ist neben dem äußeren Einfluss auch ein psychologisches Thema dabei.

Ein Ereignis in der Kindheit wird zum Lebensthema

Etwas geschieht. Es löst einen Schock in mir aus. Es ist etwas Schlimmes.
Ich verstehe es nicht wirklich, ich bin noch zu klein. Aber ich interpretiere es, so gut ich es eben verstehen kann. Weil ich noch klein bin und noch nicht wirklich entdeckt habe, dass die anderen eigene Menschen sind, beziehe ich alles auf mich. »Ich bin schuld. Ich muss schlecht sein. Ich bin falsch. Ich bin es nicht wert.«
Ich interpretiere es auf eine Weise, die mir wehtut.
Der Schmerz ist sehr groß, ich kann ihn nicht fühlen, ich bin zu klein dafür. Er ist größer als ich. Er würde mich umbringen. Also blende ich ihn aus. Ich fühle ihn nicht.
Aber er ist da. Immer wenn etwas passiert, was die Erinnerung an das schlimme Ereignis weckt, wacht der Schmerz wieder auf und tut weh. Schnell weg damit, verhindern, dass er mich umbringt. Böse werden, schimpfen, weglaufen, weinen, schreien, mich totstellen: alles lieber, als diesen Schmerz zu fühlen.

So entwickle ich bestimmte Reaktionen, die mich vor dem Schmerz schützen, wenn an meine alte Wunde gestoßen wird. Diese Reaktionen sind mein Schutzpanzer.
Nach und nach ist eine Automatik daraus geworden, ein Verhaltensmuster, das ich in solchen Momenten immer schnell parat habe, ja, das sogar ganz von selbst abläuft.
Ich weiß gar nicht, warum ich mich so verhalte, ich habe das ja alles nicht bewusst gemacht, kann mich nicht erinnern.
Ich weiß nur, dass ich eben so bin.
Die anderen sagen: »Das ist eben ihr Charakter.«
Und dementsprechend reagieren sie auf mich.
Das weiß ich aber nicht; ich komme nicht auf die Idee, dass sie mir einen Spiegel vorhalten – ich denke einfach, sie sind so oder die Welt ist eben so.
Und ich bin eben so. Und mein Schicksal ist so. Dass das alles nur meine Gedanken sind, die ich auf meine Welt projiziere, und dass das alles auf der Angst vor einem Schmerz basiert, der tief in meinem Innern vergraben ist, das ist mir nicht bewusst.
Manchmal begegnet mir ein Mensch, der mich zu verstehen scheint, dessen Augen bis in mein Herz hineinleuchten. Dann fühle ich, dass in meinem Herzen etwas ist, was wehtut, aber auch etwas Schönes. Als würde dieser Mensch durch mein Äußeres und meinen Charakter hindurchschauen und das Schöne, Unschuldige und Verletzte in mir sehen. Das tut mir gut.

Tipp: Beim Tibetan Pulsing Yoga wird über den Körper gezielt über die Nervenschaltkreise an bestimmten Themen gearbeitet (siehe zum Beispiel http://www.tibetan-pulsing.info/de/tibetanpulsing.html). Sehr hilfreich, um an unerkannte Gefühle oder Themen zu kommen, finde ich das Kartenset *Die kleinen Teufel* – möge es immer auf dem Markt bleiben (siehe Literaturverzeichnis)!

Zusammenfassung

Ein Thema setzt sich zusammen aus:

- Ereignissen,
- Schlussfolgerungen (eventuell verknüpft mit anderen Schlussfolgerungen),
- Gefühlen und
- eventuell Übernahmen von Gefühlen oder Themen aus der Familie oder dem Kollektiv.

Die Auflösung geschieht durch korrektes und neutrales Wahrnehmen der Gedanken und Verknüpfungen als Gedanken und Verknüpfungen und der Gefühle als Gefühle (statt all diese Elemente für Tatsachen oder Realität zu halten) und der fremden Gedanken und Gefühle als fremde Gedanken und Gefühle; und schließlich dadurch, dass die eigenen Gefühle ins Herz aufgenommen und die fremden zurückgegeben werden.
Dies alles geschieht automatisch durch Körperzentrierte Herzensarbeit.
Die Technik der Körperzentrierten Herzensarbeit wird auf alle Bewusstseinsinhalte angewandt, die zum Thema auftauchen. Ganz gleich, ob es sich um Ereignisse aus der Vergangenheit, aktuelle Situationen, Ereignisse, die noch in der Zukunft liegen (und uns beschäftigen), oder Eindrücke aus anderen Leben oder Dimensionen handelt.

Aufmerksam auf ein Thema werde ich

- durch eigene negative Emotionen,
- durch emotionale Reaktionen oder Hinweise anderer,
- durch meinen Körper,
- durch übermäßige Beschäftigung mit einer Angelegenheit,

- durch Unwohlsein, das ich schnell verdränge,
- wenn ich Verhaltensmuster an mir bemerke,
- wenn ich mich so verhalte, wie ich es nicht möchte,
- durch Ereignisse oder Hinweise in der Außenwelt, die mich aufmerksam machen,
- durch Träume,
- durch körperliche Beschwerden. Diese schaue ich mir immer mit Körperzentrierter Herzensarbeit an, egal, ob sie psychosomatisch oder rein körperlich bedingt sind.

Teil II
Anleitungen zur Auflösung von Themen

Die Körperzentrierte Herzensarbeit

Mein Rundum-Instrument für die Lösung von Problemen und Konflikten sowie die Auflösung von Themen – und für vieles andere mehr – ist wie gesagt die Körperzentrierte Herzensarbeit, die ich Anfang der Neunzigerjahre entwickelte.

Körperzentrierte Herzensarbeit bedeutet eigentlich nichts weiter, als wieder fühlen zu lernen.[3] Fühlen ist so natürlich und einfach wie Essen oder Atmen, aber da wir es verlernt haben, müssen wir es ganz von Neuem lernen, und wie bei jedem Lernvorgang benutzen wir dabei eine Technik. Eben die Körperzentrierte Herzensarbeit. Herzensarbeit deshalb, weil sie uns das Herz für unsere Gefühle (und die der anderen) öffnet, und körperzentriert deshalb, weil Gefühle sich im Körper ausdrücken und sie daher das beste Mittel sind, ein verdrängtes Gefühl wiederzuentdecken – die Wahrnehmung des Körperzustandes. Die »Arbeit« in der Körperzentrierten Herzensarbeit besteht nur darin, wach und bewusst zu bleiben und bewusst wahrzunehmen: wie der Körper sich anfühlt, wie wir uns fühlen und wie unser Herz auf diese Gefühle reagiert.

---

3 Siehe auch mein Buch *Wieder fühlen lernen.*

Wie Körperzentrierte Herzensarbeit Themen auflösen kann

Bewusste Wahrnehmung zerlegt ein Thema in seine Grundbestandteile. Wir erkennen die Gedanken und Gefühle, aus denen das Thema sich zusammensetzt und die wir miteinander in einer scheinbaren Logik verknüpft haben. Wie einleitend gesagt, nehmen wir Gedanken als Gedanken wahr (statt als Abbild der Realität), Gefühle als Gefühle (statt als Tatsachen) und gedankliche Verknüpfungen als gedankliche Verknüpfungen (statt als etwas, was zwingend zusammengehört). Und schließlich erkennen wir diejenigen Gedanken und Gefühle, die wir von anderen übernommen haben (und die oft wichtige Bestandteile unseres Themas sind), als Fremdgefühle und hören auf, uns mit ihnen zu identifizieren.

Die Arbeit in der Körperzentrierten Herzensarbeit besteht in der Lenkung der Aufmerksamkeit. Man kann ja seine Aufmerksamkeit auf alles Mögliche richten, je nachdem, wohin jeweils das Interesse geht. Wenn Sie sich in einer Menschenversammlung befinden, können Sie Ihre Aufmerksamkeit darauf richten, wie groß die Gruppe ist, wie sie sich zusammensetzt oder welche Stimmung darin herrscht – oder darauf, was die Menschen tun, was sie sagen, wie ihre Gestik, ihre Haltung, ihre Mimik ist. Sie könnten Ihre Wahrnehmung aber auch nach innen richten und beobachten, welche Gedanken dabei in Ihnen auftauchen oder wie Sie sich in der Gruppe fühlen.

In der Körperzentrierten Herzensarbeit richten wir die Wahrnehmung auf das, was in unserem Körper vorgeht. In dieser Körperreaktion entdecken wir die Gefühle, die uns in der jeweiligen Situation oder dem jeweiligen Thema beherrschen. Der Körper reagiert ja auf jedes Gefühl, besser gesagt, er verkörpert jedes Gefühl, drückt es aus durch Veränderungen in der Spannung, im Energiefluss, in der Haltung, im Gesichtsausdruck – oder in Weinen,

Zittern, Frieren oder Schwitzen, Schmerzen, Unbehagen beziehungsweise anderen Symptomen. Daher brauchen wir, um das Gefühl zu entdecken, von dem wir gerade unbewusst beherrscht werden, nur auf unseren Körperzustand zu achten und ihn bewusst zu erleben. In diesem körperlichen *Spüren* entdecken wir dann auch, wie wir uns emotional *fühlen*.

Wenn wir ein »Thema« anschauen möchten, richten wir unsere Aufmerksamkeit nacheinander

- auf das Thema, also auf die Bilder und Gedanken, die dazu in uns auftauchen,
- auf den Körperzustand, der sich dazu einstellt,
- auf die Gefühle, die sich in diesem Körperzustand zeigen, und
- auf die Art, wie unser Herz auf diese Gefühle reagiert.

Das gewählte Thema löst sich dabei nach und nach auf, wie ein Strickwerk es tut, wenn man an einem losen Faden zieht.

Am Ende sehen wir kein Thema mehr, sondern nur ein Ereignis oder eine Situation, und es gibt keinen Zwang mehr, darauf in einer festgelegten Weise zu reagieren. Alles ist neu, und wir können uns selbst überraschen.

Wir sind endlich aufgewacht zur Realität. Und offen für eine große Anzahl von Möglichkeiten, dort, wo wir vorher dachten, es gäbe nur eine einzige.

Vor der Herzensarbeit war ich einfach nur empört und dachte, ich muss auf den Tisch hauen.
Während der Herzensarbeit entdeckte ich nach und nach, dass meine Gefühle von Wut, Empörung, Unrecht deshalb so überstark waren, weil sie sich nicht auf die aktuelle – harmlose – Situation bezogen, sondern auf eine gravierende aus der Vergangenheit.
Nach der Herzensarbeit erkannte ich Aspekte der Situation, die ich zuvor, eingeschlossen in meine Identifikation mit der Idee von

Unrecht, nicht wahrnehmen konnte, sah die wirklichen Zusammenhänge, konnte die anderen Beteiligten verstehen. »Auf den Tisch hauen« war nicht mehr relevant.

Am Ende jeder Herzensarbeit tritt immer etwas Neues, Schönes, manchmal Wunderbares zutage. Wir sind nicht nur von einer alten Leid erzeugenden Identifikation befreit, sondern wir haben auch ein neues positives Gefühl entdeckt – den Schatz, der unter dem ganzen Drama verborgen war.

Fangen wir an?

Bewusst wahrnehmen – wie macht man das?

Als Erstes müssen Sie bewusste Wahrnehmung einschalten. Wie man das macht?

Nehmen wir an, Sie sind gerade wütend. Wenn Sie wütend »sind«, sind Sie mit Wut identifiziert. Aber Wut ist nicht etwas, was Sie sind, sondern etwas, was Sie fühlen. Um das zu merken, müssen Sie Ihrer Aufmerksamkeit eine andere Richtung geben. Statt auf die Situation oder Person da draußen richten Sie sie nach innen, auf sich selbst. Auf Ihren Körper. Spüren Sie die Spannung in Ihrem Körper, die Zusammenballung von Energie, vielleicht im Kiefer, in den Armen, im Rücken, Bauch, in den Beinen, den schnaubenden Atem. Achten Sie darauf, wie Sie sich darin fühlen. Jetzt beginnen Sie, Wut zu fühlen, statt wütend zu *sein*.

Hier beginnt das Erwachen.

Bewusste Wahrnehmung verbindet sich immer damit, den Atem und den Körper zu spüren. Atem und Körper sind immer da, und wenn Sie beide nicht spüren, dann sind Sie nicht da – sondern in Gedanken woanders.

Holen Sie sich in die Gegenwart. Am besten sofort, während Sie lesen. Den Atem spüren. Den Körper spüren.

Das ist Ihr Anker. Bleiben Sie mit Ihrer Aufmerksamkeit beim Atem und im Körper verankert, dann bleiben Sie präsent und bewusst. Das ist die Grundvoraussetzung für die Reise.

Üben Sie gelegentlich die einfache Basismeditation, wie man sie im Zen praktiziert?
Sitzen.
Körper spüren.
Atem spüren.
Sinneseindrücke wahrnehmen.
Weggedriftet in Gedanken: zurückkehren.
Zum Atem. Zum Körper. Zu den Sinneseindrücken.
Üben Sie das täglich – für eine Minute, zwei Minuten, fünf Minuten … mehrmals am Tag für einige Atemzüge.

Jetzt werden Sie diese bewusste, körper- und atemverbundene Wahrnehmung nacheinander auf verschiedene Ebenen richten:

- Auf Ihr Thema: Sie denken an Ihr Thema und vergegenwärtigen es sich, indem Sie sich die oder eine konkrete Situation vorstellen.
- Auf Ihren Körper: Sie erforschen, wie es sich im Körper anfühlt, an das Thema zu denken.
- Auf Ihr Gefühl: Dann stellen Sie fest, wie Sie sich in diesem Körperzustand fühlen.
- Auf Ihr Herz: Und schließlich beobachten Sie, auf welche Weise Ihr Herz von diesem Gefühl berührt wird und sich ihm öffnet. Hierzu schlagen Sie dem Gefühl zehn Herzensschlüssel vor und beobachten, auf welche es reagiert (Herzensschlüssel sind Begriffe, die das bezeichnen, was jedes Gefühl natürlicherweise vom Herzen braucht und bekommt, was wir ihm aber bisher verweigert haben; später dazu mehr).

Das Resultat: Ein Gefühl, das Sie unbewusst beherrscht hat, wird Ihnen bewusst; Sie erkennen es als Gefühl (vorher schien es eine Tatsache zu sein); und Sie merken, was es von Ihrem Herzen braucht (und bis jetzt nie bekommen hat), um ganz und gar erkannt und gefühlt zu werden.

Machen wir es konkret anhand eines Beispiels:

- Bewusste Wahrnehmung einschalten: *Ich schließe die Augen, spüre meinen Körper, meinen Atem.*
- Mein Thema: *Überforderung. Es ist mir alles zu viel, ich schaffe es nicht, und am liebsten würde ich gar nichts tun, aber das geht nicht.*
- Was tut sich in meinem Körper? *Unruhe in den Augen, Leere im Kopf, Schlaffheit im Rest des Körpers.*
- Wie ich mich in diesem Zustand fühle: *erst mal apathisch. (Außer in den Augen, das fühlt sich anders an.)*
- Was das von meinem Herzen braucht: *dass ich es erlaube, zulasse, ihm Raum gebe. Dass ich es als Gefühl erkenne, statt es als Tatsache zu nehmen. Würdigung (dafür, dass es mir etwas Gutes bringt).*
- Ergebnis: *Die Unruhe in meinen Augen hat sich gelegt, die Schlaffheit ebenso. Ich kann mich nun auf einmal entspannen. Ich erkenne, dass die Überforderung daher kam, dass ich mit der Idee identifiziert war, für alles verantwortlich zu sein und ständig alles sofort erledigen zu müssen.*

Nun ist dies natürlich nur ein erstes Zwischenergebnis. Immerhin besteht so ein Thema ja aus wesentlich mehr als einem einzigen Gefühl. Aber bereits dieses Zwischenergebnis ist sehr wertvoll und verdient es, erst mal besser kennengelernt und gewürdigt zu werden, bevor Sie weitere Gefühle zu Ihrem Thema entdecken und ins Herz holen.

Und so geht die Übung:
Vergewissern Sie sich, dass Sie für 20 bis 30 Minuten ungestört sind. Schalten Sie Handy et cetera ab.
Setzen Sie sich aufrecht, aber bequem auf einen Stuhl oder ein Kissen.
Schließen Sie die Augen. Nehmen Sie einen tiefen Atemzug. Machen Sie sich bewusst, welches Thema Sie anschauen möchten. Spüren Sie Ihren Atem. Spüren Sie Ihren Körper.
Nehmen Sie die Sinneseindrücke wahr.
Konzentrieren Sie sich auf Ihr Thema. Sehen Sie die (oder eine solche) konkrete Situation vor sich.
Spüren Sie Ihren Körper: Wie reagiert er, wo fällt Ihnen etwas Besonderes auf, wie etwa Anspannung, Zittern, Kälte …?
Versetzen Sie sich in diesen besonderen Körperzustand hinein, und erleben Sie ihn bewusst. Spüren Sie Ihren Atem dabei (ohne ihn zu verändern).

Achten Sie nun darauf, wie Sie sich darin fühlen: Welches Gefühl drückt dieser Körperzustand aus, welches Gefühl taucht da auf? Wie fühlen Sie sich? Benennen Sie das Gefühl. Lernen Sie es kennen, fühlen Sie es bewusst.

Was braucht dieses Gefühl von Ihrem Herzen? Stellen Sie sich diese Frage, und bieten Sie ihm als mögliche Antwort folgende Schlüsselworte an:

- Wahrgenommen (gesehen, gehört) werden?
- Anerkennung (dass es existiert)?
- Erlaubnis (da sein zu dürfen), Rehabilitation (von Verurteilung befreit werden)?
- Verständnis (oder Daseinsberechtigung)?
- Mitgefühl?
- Erbarmen (dass Sie sich darum kümmern, es nicht im Stich lassen)?

- Achtung (oder Respekt)? Würdigung, Beachtung?
- Raum (sich in Ihrem Bewusstsein ausbreiten dürfen, in seiner Größe wahrgenommen werden)?
- Gefühlt werden (mit allen Fasern)?
- Als Gefühl wahrgenommen werden statt als Tatsache (auch wenn es eine Tatsache gibt, aber Sie sind dabei, ein Gefühl wahrzunehmen und nicht die Tatsache)?
- Zusätzlicher Extraschlüssel nur für das Gefühl von Sehnsucht oder Wunsch: »es für möglich halten« (vom Gedanken der Unmöglichkeit befreit werden).
- Zusätzlicher Extraschlüssel nur für Sehnsucht und positive Gefühle: pflegen, hochhalten (sich immer wieder daran erinnern, es zu fühlen).

Probieren Sie eventuell alle Schlüsselworte noch ein zweites Mal durch.

Kehren Sie anschließend in die Ausgangssituation zurück. Nehmen Sie nun das neu entdeckte Gefühl ganz bewusst in Ihrem Herzen mit. Beobachten Sie, was sich verändert hat. Wie Sie die Situation jetzt sehen, wie Sie jetzt handeln, ob Sie mehr Abstand haben, mehr bei sich sind …

Falls sich keine deutliche Veränderung einstellt, fragen Sie sich, ob Sie dieses Gefühl (ganz oder teilweise) von jemand anderem übernommen haben. Wer in Ihrer Familie, Ihrem Umfeld oder wer der an der fraglichen Situation Beteiligten könnte sich genauso fühlen oder gefühlt haben?

Wenn Ihnen sofort jemand einfällt, stellen Sie sich diese Person (oder Personen) vor, und visualisieren Sie, Ihnen dieses Gefühl zurückzugeben. Beobachten Sie, was dabei in Ihrer Vorstellung geschieht und wie sich das in Ihrem Körper anfühlt. Wie fühlen

Sie sich mit oder nach der Rückgabe? Was braucht dieses Gefühl von Ihrem Herzen?[4]

Zur Illustration des Ablaufs hier wieder ein Beispiel:

Thema: »Man mag mich nicht.«
Ausgangssituation: neu angekommen in einer Gruppe, abschätzende Blicke geerntet.
Körperreaktion: Flucht nach innen, Zusammenziehen.
Gefühl: abgelehnt.
Herzensschüssel: wahrgenommen werden, Mitgefühl, als Gefühl wahrgenommen werden.
Zurück in die Ausgangssituation, um Veränderung zu prüfen: »Ablehnung« erscheint jetzt nicht als Tatsache, wird als eigenes Gefühl erkannt; was die anderen tatsächlich denken, ist noch unbekannt.
Prüfen, ob es ein eigenes oder übernommenes Gefühl ist: Sofort taucht der Gedanke an die Mutter auf. Die Vorstellung, der Mutter das Gefühl zurückzugeben, wirkt erleichternd, entspannend. Ausdehnung im Körper. Gefühl: offen (fühlt sich offen gegenüber Situation oder Menschen, offen für neue Erfahrungen). Braucht vom Herzen Raum, Zeit, um es kennenzulernen, gefühlt zu werden, als Gefühl wahrgenommen zu werden.
Zurück in die Ausgangssituation mit diesem positiven Gefühl im Herzen: reagiert nicht mehr passiv auf die »abschätzenden« Blicke, sondern bringt aktiv freundliche Energie in die Runde. Lächelt.

Mit »offen« hat diese Person ein positives Gefühl entdeckt. Hier geht es nun darum, dieses nicht einfach als den neuen Dauerzustand zu betrachten, sondern es als Gefühl wahrzunehmen und

---

4 Wenn Sie sich ausführlich über das Thema »Fremdgefühle« und ihre Rückgabe informieren möchten, empfehle ich Ihnen mein Buch *Das befreite Herz.*

zu pflegen: Es sich immer wieder in Erinnerung zu rufen und zu fühlen. Wenn man das nicht tut, wird es wahrscheinlich wieder verschwinden.

Positive Gefühle brauchen ebenfalls einen oder mehrere der genannten Herzensschlüssel, außerdem einen Sonderschlüssel für positive Gefühle, der da heißt »Pflege«. Mit anderen Worten, es will oft und viel gefühlt werden, immer wieder, bis es seinen festen Platz im Herzen hat.

Auch positive Gefühle wollen ins Herz

Es gibt zwei Brücken zu neuen positiven Gefühlen. Erstens: Sie entdecken den Schmerz, der unter dem Thema liegt (das, was Ihnen an der Sache wehtut, im obigen Beispiel »Ablehnung«), und öffnen Ihr Herz für ihn. Das Resultat ist meist ein neuer emotionaler Zustand, der schön, positiv, angenehm ist. Wie etwa offen, friedvoll, voller Freude oder lebendig und so fort.

Zweitens: Sie kommen zu einem Gefühl von Sehnsucht (oder Wunsch, was nichts anderes bedeutet als konkretisierte Sehnsucht – beides nehmen Sie bitte als Gefühlsbezeichnungen) und öffnen Ihr Herz für die Sehnsucht (Herzensschlüssel durchprobieren wie oben, plus einen Zusatzschlüssel für Sehnsucht: »für möglich halten« oder »vom Gedanken der Unmöglichkeit befreit werden«). Sie folgen im Geist dieser Sehnsucht und kommen zu einem Bild, das Ihnen die Erfüllung dieser Sehnsucht zeigt. Versetzen sich in dieses Bild hinein, spüren Ihren Körper, entdecken in seinem Zustand das schöne, angenehme, gute Gefühl, das die Erfüllung dieser Sehnsucht Ihnen verschafft. Benennen es, lernen es kennen, öffnen Ihr Herz dafür, indem Sie alle Herzensschlüssel durchprobieren und zusätzlich den Extraschlüssel für Sehnsucht: »es für möglich halten« (vom Gedanken der Unmöglichkeit befreit werden).

Hier ein Beispiel für Sehnsucht als Brücke zum Positiven:

Thema: eingeschränkt sein.
Ausgangssituation: darf sich nicht frei bewegen wegen politischer Maßnahmen in der Corona-Krise. Konkretisiert: möchte gern wegfahren, reisen, ausgehen, darf das aber nicht. Diese Sehnsucht wird nun bewusst gespürt, gefühlt und ins Herz geholt (indem Sie ihr die Herzensschlüssel anbieten). Sie reagiert auf »gesehen, gefühlt, beachtet werden und vom Gedanken der Unmöglichkeit befreit werden«.
Bild der Wunscherfüllung: auf der Reise, frei, neue Entdeckungen …
Körperzustand: Lächeln, Blick geht nach vorn, Energie dehnt sich aus.
Gefühl: frei.
Braucht: gefühlt werden, Raum, als Gefühl wahrgenommen und gepflegt werden.
Wieder in die Ausgangssituation, diesmal mit dem Gefühl von Freiheit im Herzen: Die Situation ist (noch), wie sie ist. Aber ich fühle mich frei. Erinnert mich irgendwie an meine grundsätzliche Freiheit als Seele. Bringt mir außerdem die Freiheit ins Bewusstsein, die ich innerhalb der Einschränkung habe und nie vollständig genutzt habe. Ist ja auch eine Art Freiheit: zu Hause sein, nicht wegmüssen, eine ganze Palette von Möglichkeiten, was ich damit anfangen kann …

Das Thema vollständig auflösen

Den geschilderten Ablauf »Ausgangssituation – Körper – Gefühl – Herz öffnen (oder zurückgeben) – Ausgangssituation« gehen Sie immer wieder durch, und zwar so lange, bis Sie auf den Schmerz unter dem Thema gestoßen sind und diesen ins Herz geholt oder zurückgegeben haben.

Denn der Grund jedes Themas ist die Identifikation mit einem seelischen Schmerz (und dem dazugehörigen Gedanken). Der Schmerz ist das, was Ihnen so wehtut, dass Sie sich verschließen, aufregen, ängstigen, dass Sie verzweifeln, traurig sind, resignieren oder flüchten, also negativ reagieren.

Beispiele solcher Grundschmerzen, damit Sie erkennen, was ich damit meine: Sie fühlen sich

- abgelehnt, zurückgewiesen, ungeliebt, unerwünscht;
- schlecht, verurteilt, als Verräter;
- gedemütigt, herabgesetzt, erniedrigt, vernichtet;
- allein, getrennt, verlassen, im Stich gelassen;
- als Opfer von Unrecht oder Ungerechtigkeit;
- wertlos, weniger wert, nicht wertgeschätzt, verachtet, nicht geachtet;
- ignoriert, nicht gesehen, nicht gehört …[5]

Sobald Sie diesen Schmerz nicht nur erkannt, sondern bewusst gefühlt und als Gefühl erkannt haben, sind Sie aus der Identifikation mit ihm erwacht: Sie wissen nun, dass Sie nicht abgelehnt *sind*, sondern sich abgelehnt *fühlen*. Sie hören auf, die Gegenwart mit der Vergangenheit zu verwechseln. Wenn Sie wirklich Ihr Herz für den Schmerz der Ablehnung geöffnet haben, können Sie sogar so sehr aus der alten Identifikation aufgewacht sein, dass Sie sich nun dafür interessieren, auf was genau denn die betreffenden Mitmenschen so ablehnend reagieren – womöglich könnten Sie etwas daraus lernen?

---

5 Ausführlicher auf Grundschmerzen gehe ich in meinem Buch *Gefühle sind zum Fühlen da* ein. Lesenswert hierzu ist auch das Buch *Heile die Wunden deiner Seele* von Lise Bourbeau.

»Was ist es eigentlich an mir, worauf du so ablehnend reagierst?«
»Willst du es wirklich wissen?«
»Ja, gern! Es interessiert mich.«
»Na gut. Es ist deine Art, immer deine Nase in alles zu stecken.«
»Ach so? Das war mir gar nicht bewusst! Danke, dass du mich darauf aufmerksam machst!«
»Übrigens lehne ich dich nicht ab, das hast du falsch verstanden. Sondern ich versuche mich einfach vor deiner Einmischung zu schützen, weil ich mich sonst kontrolliert und unfrei fühle. Aber jetzt, wo ich verstanden habe, dass dir das gar nicht bewusst ist, fange ich an zu ahnen, dass ›kontrolliert‹ und ›unfrei‹ vielleicht nur meine Gefühle sind und gar nichts mit dir zu tun haben …«

Nun haben Sie also den Schmerz entdeckt, der dem Thema zugrunde lag. Beobachten Sie, ob in diesem Moment das Thema für Sie aufgelöst, also kein Thema mehr ist: Denken Sie wieder an die Ausgangssituation. Wie sehen Sie sie jetzt, wie erleben Sie sie, wie halten und verhalten Sie sich …?

Durch diese Visualisierung merken Sie, ob das Thema erledigt oder noch eines ist. Falls das Thema nach wie vor besteht, ist eventuell noch ein weiterer Grundschmerz daran beteiligt, den Sie noch nicht entdeckt haben. So könnten Sie sich, wenn jemand Sie verlassen hat, verlassen fühlen und dies außerdem als Unrecht, Verrat oder Demütigung empfinden (drei andere Grundschmerzen).

Gehen Sie das Thema weiter mit der Technik der Körperzentrierten Herzensarbeit durch, bis es keines mehr ist. Bleiben Sie stets in der neutralen Position. Auftauchende Gefühle können negativ sein (also Gefühle, die etwas verneinen), wie Ärger, Zorn und dergleichen, Angst, Trauer, Verzweiflung, Bitterkeit und so weiter. Sie können positiv sein (wie Freude, Liebe, Glück, Frieden und so weiter), neutral (wie Nichtfühlen oder Gleichmut) oder halb positiv wie Sehnsucht oder Hoffnung. Alle wollen wahrgenommen, im Körper gespürt, gefühlt und ins Herz geholt werden.

Die Hauptschlüssel hab ich Ihnen schon genannt (siehe auch die zusammenfassende Übersicht in Kurzform). Bedenken Sie, dass positive Gefühle und Sehnsucht zusätzlich einen weiteren Schlüssel brauchen: »Pflege« (sich oft erinnern, es immer wieder fühlen, es mitnehmen) und Sehnsucht den Extraschlüssel »für möglich halten« (vom Gedanken, die Erfüllung sei unmöglich, befreit werden). Hier müssen Sie nicht prüfen, ob Erfüllung möglich ist, sondern ob das Gefühl von Sehnsucht vom »Deckel der Unmöglichkeit« befreit werden, also leben und gefühlt werden möchte.

Hier noch mal in Ultrakurzform alle Elemente, die Sie zum Üben brauchen

Die Schritte der Übung:

- Ans Thema denken
- Die Ausgangssituation visualisieren
- Den Körperzustand spüren
- Das Gefühl darin entdecken
- Ihm die Herzensschlüssel anbieten
- Falls nötig, zurückgeben
- Zurück in die Ausgangssituation, Veränderung beobachten
- Diese Abfolge wiederholen, bis Sie Schluss machen möchten oder das Thema erledigt ist
- Die wichtigsten Gefühle notieren und im Auge behalten

Die verschiedenen Gefühlsebenen, die einem Thema gehören:

- Negative Emotionen (die den Grundschmerz verdecken)
- Positive oder neutrale Emotionen (die manchmal auch den Schmerz verdecken)
- Grundschmerz

- Sehnsucht, die damit verbunden ist
- Positives Gefühl in der Vorstellung der Erfüllung dieser Sehnsucht

Die zehn Herzensschlüssel mit einigen Varianten (auf die Frage »Was braucht dieses Gefühl von meinem Herzen?« anbieten):

1. Wahrgenommen (gesehen, gehört) werden?
2. Anerkennung (dass es existiert)?
3. Erlaubnis (da sein zu dürfen), Rehabilitation (von Verurteilung befreit werden)?
4. Verständnis (oder Daseinsberechtigung)?
5. Mitgefühl?
6. Erbarmen (dass Sie sich darum kümmern, es nicht im Stich lassen)?
7. Achtung (oder Respekt)? Würdigung, Beachtung?
8. Raum (sich in Ihrem Bewusstsein ausbreiten dürfen, in seiner Größe wahrgenommen werden)?
9. Gefühlt werden (mit allen Fasern)?
10. Als Gefühl wahrgenommen werden statt als Tatsache (auch wenn es eine Tatsache gibt, aber Sie sind dabei, ein Gefühl wahrzunehmen und nicht die Tatsache)?

Extraschlüssel nur für Sehnsucht: »es für möglich halten« oder vom Deckel der Unmöglichkeit befreit werden.
Extraschlüssel für Sehnsucht und positive Gefühle: hochhalten, pflegen.

Was, wenn's nicht klappt?

Wenn Sie sich am Ende genauso fühlen wie am Anfang, hat irgendetwas nicht funktioniert. Prüfen Sie folgende Möglichkeiten:

- *Sie sind noch mit dem Gefühl identifiziert, statt es bewusst wahrzunehmen:* Kehren Sie zurück zur Körperwahrnehmung, um den Körperzustand genauer und ausgiebiger zu spüren, das Gefühl bewusst kennenzulernen (den Tatsachen den Rücken kehren und sich dem Gefühl zuwenden), bevor Sie erneut die Herzensschlüssel samt allen Varianten durchprobieren.
- *Sie haben das Gefühl falsch benannt:* Es fühlt sich von dem Namen, den Sie ihm gegeben haben, nicht angesprochen. Sie können noch mal in den Körperzustand gehen und hineinspüren. Heißt das Gefühl so? Oder etwas anders?
- *Es gab Widerstände gegen das Herzöffnen, die Sie übergangen haben:* Kehren Sie noch mal zurück, wiederholen Sie die Prozedur (Körper/Emotion/Herzensschlüssel), stoppen Sie bei einem eventuellen Widerstand (zum Beispiel gegen einen Herzensschlüssel), und lernen Sie den Widerstand kennen. Lassen Sie ihn reden, spüren Sie den Körperzustand, entdecken Sie das Gefühl darin, öffnen Sie Ihr Herz dafür. Sie müssen das tiefere Gefühl, das sich dahinter verbirgt, entdecken und versorgen. Wenn Sie beispielsweise Angst angeschaut und ins Herz geholt haben, ist damit ja der Grund für die Angst nicht beseitigt. Schauen Sie sich also auch das an, worauf die Angst sich bezieht, das Gefürchtete. Spüren Sie den Körper, entdecken Sie das Gefühl, versorgen Sie es mit den richtigen Herzensschlüsseln.
- *Es ist gar nicht Ihr Gefühl, sondern ein übernommenes.* Sie müssen es zurückgeben.
- *Bei der Rückgabe ist Ihnen die richtige Person nicht eingefallen.* Noch einmal die Frage stellen, von wem Sie das Gefühl übernommen haben, und auf Einfälle achten. Sonst sich deutlich

eine Gestalt vorstellen, die Sie »Unbekannt« nennen: jemanden, der Ihnen nicht einfällt, dem aber dieses Gefühl gehört.

- *Sie konnten das Gefühl nicht zurückgeben. Sie hatten den Eindruck, die Person, von der Sie es übernommen hatten, damit zu belasten, zu verraten, Sie fühlen sich schuldig, haben zu viel Mitleid ...* Was auch immer die Vorstellung, das Gefühl zurückzugeben, in Ihnen auslöst: Sie sollten es anschauen und Ihr Herz dafür öffnen! Das ist Ihr eigenes Gefühl. Nicht damit identifiziert bleiben, sondern es als Gefühl wahrnehmen! (Eventuell auch zurückgeben.)

Die Nachsorge im richtigen Leben

Indem Sie ein Thema, das Sie jahre- oder jahrzehntelang verfolgte, einmal anschauen, legen Sie die Basis dafür, dass es sich nun in Ihrem Gehirn, Ihrem Nervensystem, Ihrem Körper, Ihrem Verhalten, Denken, Reagieren, Fühlen und schließlich in Ihrem Leben, Ihren Beziehungen, Ihrem Schicksal auflösen kann. Doch ist das nur die Basis. Auf dieser einmal gelegten Basis müssen Sie nun das Neue (noch Unbekannte, aber in der Übung schon vorausgefühlte) Positive sich aufbauen lassen. Was Sie dafür brauchen, ist das Gleiche wie in der »Trockenübung«, nämlich wache Bewusstheit.

Notieren Sie sich nach der Herzensarbeit die wichtigsten Gefühle, die Sie entdeckt und versorgt haben. Die »wichtigsten« sind immer die Grundschmerzen plus diejenigen, die Ihnen am wichtigsten, deutlichsten, beeindruckendsten erschienen. Notieren Sie nur die Namen der Gefühle (eventuell eine kurze Notiz als Erinnerungshilfe). Die positiven Gefühle notieren Sie sich mit einem Zusatz: entweder dem Körperzustand, in dem Sie sie entdeckt haben, oder dem Bild der Erfüllung, durch das Sie sie entdeckt haben. Je nachdem, was deutlicher und einfacher für Sie ist.

Nehmen Sie sich ausdrücklich Folgendes vor:

- *Für die negativen Gefühle und die Grundschmerzen:* Sobald diese wieder ausgelöst werden, werden Sie sie sofort bemerken, sofort als Gefühle erkennen und bewusst fühlen (statt sie wie bisher zu ignorieren und mit ihnen identifiziert zu sein). Sie werden mit Interesse beobachten, wie die Situation oder Ihr Verhalten sich ändert, wenn Sie dieses Gefühl bewusst als Gefühl wahrnehmen, statt unbewusst eine Tatsache daraus zu machen.
- *Nachsorge in Kürze:* für die negativen Gefühle und den Schmerz das bewusste Bemerken und Fühlen in den Situationen, in denen sie ausgelöst werden.
- *Für die positiven Gefühle und die Sehnsucht:* Diese werden nicht automatisch wieder ausgelöst wie die negativen und schmerzhaften Gefühle, sondern Sie müssen sie aktiv pflegen. Nutzen Sie Ihre Notizen, um sich jeden Tag an diese Gefühle (oder das eine, das Ihnen am wichtigsten ist) zu erinnern, morgens, tagsüber, abends, immer wieder. Erinnern Sie sich an das Gefühl, so fühlen Sie es sofort wieder in Ihrem Herzen. Nach und nach bekommt dieses Gefühl dann sozusagen einen festen Platz darin.

Zusammenfassung

Körperzentrierte Herzensarbeit ist das Entdecken der unbewussten Gefühle, die hinter dem Thema stecken, durch Spüren des Körperzustandes und Öffnung des Herzens.
Sie arbeitet mit bewusster Wahrnehmung.
Ihre Basis ist die einfache Meditation: Körper spüren, Atem spüren, Sinneseindrücke wahrnehmen. Gegenwärtig und bewusst sein.

Ihre weiteren Schritte sind: an das Thema denken, den Körperzustand dazu spüren, das Gefühl darin entdecken, Herz öffnen für dieses Gefühl. Hierzu werden »Herzensschlüssel« benutzt: wie gesagt Begriffe, die das bezeichnen, was jedes Gefühl natürlicherweise vom Herzen braucht und bekommt, was wir ihm aber bisher verweigert haben.
Prüfen, ob es sich um ein Fremdgefühl handelt, an Eigner oder »Unbekannt« zurückgeben.

Nach der Übung ist »Nachsorge« wichtig, damit das Thema sich tatsächlich auflöst.
An jedem Thema sind verschiedene Schichten von Gefühlen beteiligt, aber der Grund jedes Themas ist immer ein Schmerz und die Identifikation damit.
Sobald diese aufgelöst ist, ist das Thema keines mehr.
Die Übung sollten Sie also so lange wiederholen, bis dieser Grundschmerz aufgetaucht und versorgt (oder zurückgegeben) ist.

Allgemeingültige Anleitung zur Bearbeitung jedes Themas

Wichtig: Die folgenden Hinweise sind nur als Ansätze zur Körperzentrierten Herzensarbeit gedacht, nicht als Stoff zum Nachdenken. Sie setzen voraus, dass Sie die Methode kennen. Falls nicht, machen Sie sich bitte erst anhand des Praxiskapitels zur Körperzentrierten Herzensarbeit mit der Methode vertraut.

An jedem hartnäckigen Thema, das Sie über Jahre, Jahrzehnte oder lebenslang verfolgt, gibt es etwas, was für Sie schlimm ist – sonst wäre das Thema kein Thema für Sie. Aber meistens gibt es auch etwas, was für Sie angenehm ist – sonst hätten Sie sich (jedenfalls bei den allermeisten Themen) längst aus der Problematik befreit.

- Das Schlimme ist, dass Ihnen etwas wehtut und Sie diesen Schmerz nicht fühlen wollen, da Sie ihn unbewusst mit einer Tatsache verwechseln (statt zu erkennen, dass Sie sich so *fühlen*, denken Sie, dass Sie so *sind* oder dass es so *ist*).
- Das Angenehme ist das gute Gefühl, das es Ihnen verschafft, in dem Thema gefangen zu bleiben (oder bleiben zu dürfen).

Um das Thema komplett ans Licht zu bringen, müssen Sie daher in Ihrer Herzensarbeit folgende Gefühle entdecken:

- den Schmerz, der dem Thema zugrunde liegt,
- das positive Gefühl, welches das (Gefangensein im) Thema Ihnen verschafft.

Manchmal ist es leichter, sich erst Zugang zum positiven Gefühl zu verschaffen und dieses im Herzen zu verankern, wie das Beispiel von Inge und ihrer emotionalen Abhängigkeit zeigt.

Solange sie zurückdenken kann, ärgert sich Inge schon über ihre emotionale Abhängigkeit. Sie schafft es nicht, sich davon zu befreien. Inge hat Angst davor, sich dieses Thema anzuschauen, da sie mit »anschauen« sofort auch die Vorstellung verbindet, »etwas ändern zu müssen«. Genau das möchte sie aber nicht. Und daher bleibt das Thema unterm Teppich. Als ihr dieser Zusammenhang klar wird, beschließt sie, sich dem Thema vom positiven Ende her zu nähern: indem sie das gute Gefühl entdeckt, das ihr abhängiges Verhalten ihr verleiht. Dies sind die Schritte, durch die sie das Gefühl findet:

- *Imagination: Inge stellt sich vor, dass sie weiterhin so abhängig bleiben darf. Dass sie nichts ändern müsse, sondern sozusagen die höchstrichterliche Erlaubnis – womöglich sogar den Auftrag – habe, weiterhin an der trauten Zweisamkeit zu kleben.*
- *Gefolgt von Körperwahrnehmung …: Der Körper entspannt sich und wird angenehm warm und schwer.*
- *… und dem Entdecken des Gefühls: Das Gefühl in diesem entspannten, warmen, schweren Zustand heißt »Geborgenheit«.*
- *Durchprobieren der Herzensschlüssel: Das Gefühl von Geborgenheit möchte gesehen werden, Raum und Würdigung bekommen, da sein dürfen und, wichtig, gefühlt werden.*
- *Veränderung: Geborgenheit ist für Inge nun nicht mehr eine Tatsache, die sie nur durch das Zusammenkleben mit ihrem Partner herstellen kann, sondern ein Gefühl, das sie überall zu fühlen vermag. Wenn sie dieses Gefühl weiterhin in ihrem Herzen pflegt, fällt es ihr leichter, sich mal zurückzuziehen und allein etwas zu unternehmen, ohne dass es gleich ein Drama für sie ist. Schöner Nebeneffekt: Sie kann nun ihr anhänglich-abhängiges Verhalten verstehen, sogar achten, statt es wie bisher nur zu verurteilen.*

Mit der Entdeckung des positiven Gefühls, welches das Festhalten am Thema Ihnen verschafft, sind auf jeden Fall eine Änderung des Verhaltens, eine neue Perspektive und ein Zuwachs an Bewusstheit in Bezug auf das Thema erreicht. Vorausgesetzt, das Gefühl wird weiter »gepflegt«, das heißt immer wieder erinnert und gefühlt.

Zum Thema gehört jedoch, wie weiter oben erklärt, immer auch ein schlimmes Gefühl: ein Schmerz. Das ganze Thema besteht ja eigentlich nur aus der Art, wie wir diesen Schmerz unterdrücken, damit wir ihn nicht fühlen müssen.

Inge traut sich nun an den negativen Aspekt der Abhängigkeit heran, möchte den Schmerz kennenlernen, den sie mit ihrem abhängigen Verhalten zu vermeiden versucht.

Sie denkt an eine Situation, in der sie sich »abhängig« verhalten hat. Sie bemerkt eine unterschwellige Erwartung, die ihr bisher nicht bewusst war: die Befürchtung, der andere würde »weggehen«, sobald sie sich ein wenig Raum oder Zeit für sich selbst nimmt oder selbstständig etwas unternimmt.

Inge verweilt bei dieser Vorstellung – der Partner geht weg, verlässt sie –: Wie fühlt sich das an? Welches schlimme Gefühl taucht da auf? Was tut so weh? Als stärkster Schmerz zeigt sich das Gefühl von Verlust. Inge öffnet ihr Herz für dieses Gefühl (wobei sie einen Teil davon an ihren Partner und einen weiteren an ihre Mutter zurückgibt), und danach geht es ihr besser.

Manchmal liegt einem Thema nicht nur *ein* Grundschmerz zugrunde, sondern es sind gleich mehrere, zum Beispiel:

Inge merkt nach dieser Herzensarbeit, dass ihr Verhalten ein wenig flexibler geworden ist, aber ganz frei von abhängigem Verhalten ist sie immer noch nicht. Sie setzt sich also noch einmal hin und stellt sich wiederum vor, sich aus der Gemeinsamkeit zurückzuziehen.

Da fängt sie an zu weinen. »Ich fühle mich so getrennt«, sagt sie, »und ich halte das nicht aus.«

Darauf aufmerksam gemacht, dass »nicht aushalten können« oder »Unerträglichkeit« ein Gefühl ist, das sie bewusst wahrnehmen kann, statt damit identifiziert zu sein, kann Inge ihr Herz dafür öffnen. Danach auch für die Angst vor dem Getrenntsein und schließlich für das Gefühl von Getrenntsein selbst. Das ist der Schmerz, den sie gesucht hatte – und nun als Gefühl erkennt, während sie es vorher für eine Tatsache hielt.

Bevor Sie zu dem Schmerz durchdringen, der unter dem Thema liegt, werden Sie wahrscheinlich erst auf eine Reihe negativer Emotionen stoßen, die Sie vor diesem Schmerz schützen möchten (Angst, Nicht-aushalten-Können, Trauer, Wut, Ärger, Gleichgültigkeit, Apathie, Resignation und so weiter).

Vollständig durchleuchtet haben Sie das Thema, wenn Sie sich durch all diese Gefühlsschichten hindurchgefühlt haben: negative Emotionen, die den Schmerz verdecken, Grundschmerz(en), Sehnsucht, positives Gefühl.

Wichtig: Diese Liste ist nicht nach Verstandeslogik abzuarbeiten! Die Gefühle tauchen nacheinander in einer Reihenfolge auf, die für Ihre Psyche sinnvoll ist, nicht unbedingt für Ihren Verstand. Gehen Sie einfach immer wieder vom Körperzustand aus, und kümmern Sie sich um das Gefühl, das jeweils auftaucht.

Aber wenn Sie die oben stehende »Landkarte« verstanden haben, dann wissen Sie, wann Sie durch ein Thema hindurch sind.

Während einer solchen Herzensarbeit werden Sie erkennen, welche Gedanken oder Überzeugungen Sie miteinander unbewusst verknüpft hatten.

»Aha! Jetzt habe ich gerade gedacht, meine Frau sei böse auf mich, weil sie so ernst guckt. Automatisch habe ich angenommen, dies habe etwas damit zu tun, dass ich vorher in Gedanken versunken war und sie nicht begrüßt habe.«

Verknüpfung: Gesicht lächelt nicht – auf mich böse – wegen Nichtbegrüßung.

Solche Verknüpfungen gibt es auf allen möglichen Ebenen, auch im kollektiven und politischen Bereich:

»Viktor war mir eigentlich sehr sympathisch, aber neulich am Tisch hat er gesagt, dass ihm der Migrantenstrom Angst macht – schade. Wusste nicht, dass er rechtsradikal ist.«

Verknüpfung: Angst vor Migrantenstrom – rechtsradikal.

In Werbung, Politik und Interessenvertretung von Konzernen wird diese Technik manchmal absichtlich zu Manipulationszwecken benutzt: Man knüpft Elemente, die nicht zwangsläufig zusammengehören, zu einer Kunstlogik zusammen, die überzeugend klingt. *»Klimaerwärmung bedroht uns alle – Abgase müssen weg – Elektroautos müssen her.«* Klingt ja plausibel. Aber es gibt hier zwei Verknüpfungen: »Klimaerwärmung – Autoabgase« und zweitens »Elektroautos – klimaneutral«. Die Scheinlogik stellt diese Doppelverknüpfung als Wahrheit dar. Jedoch gehört das alles nicht zwangsläufig zusammen. Wenn Sie nämlich die Produktion von Elektroautos einmal näher untersuchen, werden Sie auf einige Umweltschädigungen stoßen, die wiederum zur Klimaaufwärmung beitragen können (Batterien, Wasserverbrauch, notwendige Stromerzeugung und anderes mehr).

Korrekt und ohne falsche Verknüpfungen müsste der Satz etwa so heißen:

»Klimaerwärmung bedroht uns alle; Autoabgase spielen eine Rolle dabei: Lass uns untersuchen, wie wir Autos entwickeln, die weder schädliche Abgase erzeugen noch den Stromverbrauch und den Elektrizitätspegel in der Luft erhöhen. Oder den ganzen Verkehr neu konzipieren.«

Jeder Mensch hat an der Basis seines Denkens eine ganze Reihe solcher falschen Verknüpfungen. Durch bewusste Wahrnehmung Ihrer Gedanken werden Sie sie bemerken. Sobald Sie sich einer falschen Verknüpfung bewusst werden, wirkt sie nicht mehr.

Ebenso müssen Sie, um Klarheit zu erlangen, ein Gefühl von einer Tatsache unterscheiden lernen. Wut etwa ist keine Tatsache (Sie »sind« nicht wütend, Sie »fühlen« sich so). »Abgelehnt« oder »gedemütigt« sind keine Eigenschaften Ihres Wesens, sondern Gefühle.

Der Einstieg in die Praxis der Herzensarbeit wird Ihnen wesentlich leichterfallen, wenn Sie vorher schon geübt haben,

- Ihre Gedanken zu bemerken (statt in ihnen verloren zu sein),
- sie als Gedanken zu erkennen (statt mit ihnen identifiziert zu sein),
- zu merken, wenn Sie sie mit anderen Gedanken verknüpft haben,
- und Ihre Gefühle als Gefühle zu erkennen.

Und nach und nach werden Sie übrigens automatisch die falschen Verknüpfungen auch bei anderen erkennen – was sehr nützlich ist, um nicht denen in die Falle zu laufen, die Sie mit ihrer Kunstlogik von etwas überzeugen wollen.

Allgemeingültige Anleitung zu einer Körperzentrierten Herzensarbeit mit einem Lebensthema

Formulieren Sie Ihr Thema.
Formulieren Sie, was dieser Sachverhalt zum »Thema« für Sie macht.
Denken Sie an die (oder eine) Situation, die das Thema jetzt für Sie akut macht.

Lenken Sie Ihre Aufmerksamkeit in den Körper, spüren Sie den Körperzustand, der sich einstellt.

Lenken Sie Ihre Aufmerksamkeit darauf, wie Sie sich in diesem Körperzustand fühlen.
Öffnen Sie Ihr Herz für dieses Gefühl mithilfe der Schlüssel.
Prüfen Sie, ob Sie es ganz oder teilweise von jemand anderem übernommen haben, und geben Sie es, wenn möglich, zurück.
Denken Sie wieder an die Ausgangssituation.
Was hat sich verändert?
Wiederholen Sie diesen Ablauf – gleich oder an einem anderen Tag, je nach Ihrem Gefühl –, bis Ihr Thema keines mehr ist.
Prüfen Sie, ob Sie alle Elemente, aus denen es sich zusammensetzt, ans Licht und ins Herz geholt haben:

- den Grundschmerz, der unter dem Thema steckt (manchmal sind es mehrere),
- das gute Gefühl, das Ihnen das (Festhalten am) Thema beschert,
- die Sehnsucht, die sich im Thema versteckt (es ist ja ein Thema für Sie, weil Sie sich eigentlich nach etwas anderem sehnen),
- den Wunsch, das Thema loszuwerden,
- die Angst davor, es los zu sein.

Fremdgefühle erkennen und zurückgeben: Wer in Ihrer Familie oder Ihrem Umfeld hat oder hatte das Problem noch? Von wem könnten Sie diese Gefühle oder einige davon übernommen haben? Geben Sie sie zurück!

Nutzen Sie zusätzlich »Was-wäre-wenn-Fragen«, um alle Aspekte des Themas ans Licht zu bringen, beispielsweise:

- Was wäre, wenn Sie das Problem nicht mehr hätten?
- Was wäre gut, was wäre schlecht daran?
- Was wäre, wenn Sie das Problem bis ans Ende Ihres Lebens hätten?
- Was wäre schlimm, was wäre gut daran (wenn Sie es behalten dürften)?

Beantworten Sie diese Fragen nicht mit dem Verstand, sondern mit Körperzentrierter Herzensarbeit! Die Technik: Sie stellen sich das Entsprechende vor, spüren dann den Körperzustand bewusst und entdecken in diesem das Gefühl. Bieten Sie ihm die Herzensschlüssel an, und prüfen Sie, ob und von wem Sie es übernommen haben. Geben Sie es gegebenenfalls zurück.

Weiterführung der Herzensarbeit im »richtigen Leben«: Ein »Thema« ist am Ende einer gelungenen Körperzentrierten Herzensarbeit tatsächlich aufgelöst, und es entsteht ein völlig neues, positives Gefühl.

Doch damit das zum Thema gehörende Verhaltens- und Fühlmuster völlig verschwindet, müssen neue Strukturen im Gehirn angelegt werden, sonst verfällt man schnell wieder in die alte Automatik, die ja immerhin noch als Schiene in der Materie des Gehirns vorhanden ist. Um dies zu erreichen, ist konsequente Nachsorge notwendig. Ich habe das im einleitenden Kapitel über »Themen« schon erklärt, hier noch mal in Kürze.

Die dabei ins Herz geholten positiven Gefühle sollten Sie weiter pflegen: sich oft und viel an sie erinnern, sie immer wieder bewusst fühlen, im Herzen halten, bewusst in Situationen mitnehmen. Beobachten Sie, was sich dadurch verändert, eventuell mit Tagebuchnotizen.

Den Schmerz und die negativen Emotionen sollten Sie im Auge behalten: Nehmen Sie sich vor, sie sofort zu bemerken, wenn sie auftauchen, und dann auf der Stelle bewusst und mit dem Herzen wahrzunehmen. Beobachten Sie, wie dies Ihr Verhalten und die Situationen verändert.

Je häufiger Sie dies bewusst beobachten, desto öfter werden Sie sich auf neuartige Weise verhalten. Dadurch werden im Gehirn neue Strukturen geschaffen, die es Ihnen nach und nach immer leichter machen, nicht mehr in das alte Muster zurückzufallen, sondern neue Möglichkeiten des Verhaltens an den Tag zu legen.

Üben Sie im Alltag unbedingt, Gedanken bewusst wahrzunehmen, statt sie »nur« zu denken und mit ihnen identifiziert zu sein! Sonst laufen Sie Gefahr, in Ihrer Herzensarbeit allzu leicht auf einen Gedanken herein- und aus der Übung herauszufallen. Hier wieder ein Beispiel:

Inge möchte ein Thema anschauen, das mit ihrer Mutter zu tun hat. Sie kommt zu verschiedenen Gefühlen wie Trauer, Enttäuschung, Einsamkeit, und dann taucht Wut auf (darüber, dass ihre Mutter sie vernachlässigt hat). Für diese Wut kann sie ihr Herz öffnen. Aber danach taucht noch Hass auf. Und hier stoppt der Prozess. Denn Inge meint, dass sie ihre Mutter unmöglich hassen kann, sie habe das ja nun wirklich nicht verdient! Immerhin hat die Frau sie auf die Welt gebracht und versorgt, und überhaupt könne sie ja nichts dafür. Da weiß Inge nun nicht, wie sie die Herzensarbeit fortsetzen kann.

Inge hat die Position »bewusst Wahrnehmende« verlassen und sich mit einem Gedanken identifiziert, ohne es zu merken. Nun schaut sie nicht mehr hin als neutrale Beobachterin, sondern als die, die ihre Mutter auf keinen Fall hassen will. Stattdessen hätte sie an dieser Stelle ihrer Herzensarbeit den Gedanken »Ich kann die Frau nicht hassen, sie hat das wirklich nicht verdient« bewusst wahrnehmen können, anstatt sich mit ihm zu identifizieren. Dann hätte sie gemerkt, dass damit Gefühle verbunden sind, und sich um diese kümmern können.

Inge kann sich, wenn sie diesen Gedanken bemerkt hat, sofort fragen: »Und wie fühlt sich das an zu denken, dass ich sie nicht hassen kann, wie fühle ich mich damit?«, und für dieses Gefühl ihr Herz öffnen. Damit wäre sie wieder auf dem neutralen Beobachterposten, und der Prozess der Körperzentrierten Herzensarbeit zum gewählten Thema könnte weitergehen.

Fazit: Gedanken, die sich in den Prozess der Herzensarbeit einmischen, als solche erkennen, bewusst wahrnehmen und die Gefühle ins Herz holen, die sich mit ihnen verbinden. Dann den unterbrochenen Prozess fortsetzen.

Zusammenfassung

An jedem Thema, an dem Sie festhalten, gibt es etwas Schlimmes, was wehtut, und etwas Gutes, was für Sie angenehm ist. Um das Thema aufzulösen, müssen Sie sich beider Aspekte bewusst werden und für die damit verbundenen Gefühle Ihr Herz öffnen.

An jedem Thema sind verschiedene Schichten von Gefühlen beteiligt.

Zu vielen Themen gehören Fremdgefühle, von denen man sich befreien kann, indem man sie zurückgibt.

Zu jedem Thema gehören Verknüpfungen von verschiedenen Gedanken, die nur scheinbar und gemäß unserer Psycho-Lo-

gik, aber nicht tatsächlich zwingend zusammengehören. Diese Verknüpfungen werden aufgelöst durch neutrales Wahrnehmen und Erkennen als Verknüpfung.
Zu jedem Thema gehört die Identifikation mit einer Reihe von Gefühlen, die uns wie Tatsachen erscheinen. Durch Herzensarbeit werden diese Verwechslungen entdeckt, und wir lernen, Gefühle von Tatsachen und Gedanken von Realität zu unterscheiden.
Bei der Körperzentrierten Herzensarbeit zu einem Thema gehen Sie nach der Abfolge vor, die im Praxiskapitel über diese Methode geschildert ist: Ereignis – Körper – Emotion – Herz. Geben Sie Fremdgefühle zurück, und stellen Sie sich am Schluss noch einmal die Ausgangssituation vor, um sie jetzt aus neuer Perspektive zu erleben.
Arbeiten Sie auch mit »Was-wäre-wenn-Fragen«, um alle Aspekte des Themas ans Licht zu bringen.
Vorübung: Gedanken beobachten, statt sie zu denken.
Sofort erkennen, wenn Sie die neutrale Beobachterposition verlassen haben und mit einem Gefühl oder Gedanken identifiziert sind!

Kein Thema draus machen – eine Fortsetzungsgeschichte

Allzu gern machen wir aus allem ein Thema. Aus kleinen Ärgernissen, Dingen, die nicht sofort funktionieren, Bemerkungen, die uns ärgern, aus dem Wetter, aus Zeitdruck, aus unserer Figur, unserem momentanen Zustand.

Mein Mann fragt: »Wo hast du die Informationen notiert, die wir eben zusammengestellt haben?« In mir schießt Wut hoch. Warum werde ich so wütend – er hat doch nur eine harmlose, berechtigte Frage gestellt? Aber der Tonfall! Klingt in meinen Ohren strafend. Strenger-Papi-Ton.
Ich ziehe ich mich zurück, bevor ich reagiere, um mich um mein Gefühl zu kümmern. Wie fühle ich mich überhaupt, was wurde da ausgelöst? Ich spüre meinen Körper. Die Zähne sind zusammengebissen. Der Atem geht schnaubend. Wut. Worüber, was tut mir weh – wie fühle ich mich bei diesem Tonfall? Herabgesetzt.
Ich mache mir klar, dass das ein Gefühl ist und keine Tatsache – ich bin das nicht, ich fühle mich so –, und öffne mein Herz dafür. Es braucht Erbarmen und Mitgefühl. Da geht es mir schon besser, aber noch nicht gut. Da ist noch etwas, was mir wehtut: das Unrecht. Ich empfinde es als Unrecht, in strengem Tonfall angesprochen zu werden. Okay. Unrecht auch noch fühlen. Sitzt im Herzbereich. Braucht Anerkennung. Gefühlt werden. Als Gefühl erkannt werden. Ist das überhaupt mein eigenes Gefühl, oder habe ich es von meinem Mann übernommen? Ich prüfe das, indem ich mir vorstelle, ihm das Gefühl

von Unrecht zurückzugeben. Vielleicht hat er sich geärgert, als er den Zettel nicht gleich auf dem Schreibtisch sah, und das unbewusst als Unrecht empfunden. Treffer! Bei der Vorstellung der Rückgabe taucht Verständnis für ihn auf, und der Schmerz (des Unrechts) verschwindet aus meinem Herzen.
Lächeln. Frieden. Ich werde nichts davon erzählen. War ja so eine Kleinigkeit, und jetzt macht sie mir nichts mehr aus. Eigentlich hat er ja nur eine legitime Frage gestellt.

So geht es, wenn wir sofort »Stopp!« sagen, wenn wir merken, dass etwas ausgelöst wurde, und uns unseren Gefühlen zuwenden. Kein Drama. Doch wenn wir zulassen, dass das Thema uns einnimmt, kann es auch ganz anders enden. Was ja leider vielen Menschen ständig passiert.

Wenn mein Thema die Regie übernommen hätte … hätte ich losgeschimpft: »Wieso muss das immer so strafend klingen …? Du bist doch nicht mein Vater … und überhaupt habe ich nichts verbrochen …« Ich hätte mich da richtig reinsteigern und den Vorfall mit Ereignissen verknüpfen können, bei denen die Lage umgekehrt war: »Wenn ich *dich frage, wo etwas ist, hämmere ich dir die Frage doch nicht mit strengem Tonfall an den Kopf …« Dann hätte ich noch Türen knallend verschwinden und in mich hineinzischen können: »Ach, geh doch zum T…« Hätte ich ein streitsüchtiges Gegenüber, so hätte ein dicker Krach daraus entstehen können.*
Aus einer harmlosen kleinen Frage. Nur wegen des Tonfalls.

Nicht im Thema verschwinden – einfach Gefühl wahrnehmen

Statt einfach das aktuelle Gefühl wahrzunehmen und uns darum zu kümmern, machen wir ein Thema daraus und lösen eine ganze Lawine von Emotionen aus. Nehmen Sie nur die Erschöpfung. Ich kenne so viele Menschen, die darunter leiden, jahraus, jahrein. Erschöpfung, Kraftlosigkeit, Müdigkeit. Aber kaum jemand weiß, dass man das einfach fühlen und sich darum kümmern und damit sofort eine Besserung erzielen kann. Doch wenn wir in den Klauen unseres Themas sind, wollen wir keine Besserung. Wir wollen klagen und anklagen, schimpfen und jammern. Dadurch verewigen wir den Zustand, indem wir ihn mit Vergangenheit und Zukunft verknüpfen, statt ihn einfach jetzt zu fühlen. »Ich bin schon wieder todmüde! Aber wie immer darf ich jetzt nicht müde sein, ich muss doch diese Arbeit rechtzeitig fertig bekommen. Es ist immer dasselbe! Jeden Tag gibt es so etwas … Es gibt nie Zeit für mich … Ich bin es satt, immer arbeiten zu müssen, wenn ich müde bin, das geht schon seit Jahren so, soll das denn ewig weitergehen …?«

Und in der Tat kann es bis ans Lebensende so weitergehen – wenn man immer wieder in dieses Thema hineinfällt. Es gibt natürlich einen guten Grund dafür, warum wir das Thema festhalten, statt einfach gegenwärtig zu sein und zu fühlen, was es zu fühlen gibt. Diesen Grund findet man, indem man den Ablauf des Themas unterbricht und sich dem aktuellen Gefühl zuwendet.

Immer wenn ein Thema ausgelöst wird, gibt es ein Gefühl, das übersehen wird: das Gefühl, bei dem der Ablauf »Thema« einsetzt. Wenn man dieses bemerkt (was meist nicht der Fall ist, da wir nicht präsent und aufmerksam sind) und sich ihm zuwendet, bevor die ganze Litanei im Kopf beginnt, dann läuft auch alles ganz anders ab:

Ich merke, dass ich müde bin.
Ich wende mich der Müdigkeit zu. Spüre Erschöpfung, Kraftlosigkeit, Müdigkeit. Im ganzen Körper. In den Augen. Armen. Überall.
Erlebe diese Müdigkeit mit Anteilnahme und Interesse. Achte auf die Gedanken, die dabei auftauchen. »Ich habe keine Lust mehr. Ich will nicht mehr. Ich kann nicht mehr.« Achte darauf, wie ich mich fühle: Lustlos, müde … schaue tiefer hin und entdecke »Unwillen«. Interessant, war mir gar nicht bewusst. Sofort Erleichterung: »Endlich bemerkst du mich!«, sagt der Unwille. »Endlich werde ich beachtet.«
Da sind wir auch schon bei dem, was dieses Gefühl von meinem Herzen braucht: bemerkt werden. Beachtet werden. Was noch? Respekt. Und dass ich mich seiner erbarme, mich um es kümmere.
Fühlt sich jetzt gut an, der Unwille, besänftigt, nahezu stolz auf den Platz, den er im Herzen bekommen hat. Energie taucht auf. Freude. Er wartet darauf, dass ich ihn näher untersuche, ihn befrage, herausfinde, was er denn will, der Unwille.
Also dann. Lassen wir ihn mal reden.
»Ich will nicht«, sagt er. »Ich will nicht am Computer sitzen. Ich will nicht dauernd etwas tun müssen. Dies erledigen und das erledigen. Immer nur Pflichten.«
Das verstehe ich gut. Somit hat der Unwille ganz von selbst auch noch Verständnis bekommen (einen Herzensschlüssel, den ich vorher nicht probiert hatte).
Jetzt nicht weiterforschen – obwohl es mich interessieren würde, was noch alles dahintersteckt –, sondern erst mal den Unwillen respektieren, fühlen, beachten. Ich sitze also am Computer, Körper gequält, in meinem Herzen regt sich der Unwille – und wird beachtet. Er sitzt sozusagen mit mir am Schreibtisch, wie ein Kind, das auf meinem Schoß sitzt.
Ergebnis? Ich bin mehr bei mir, im Herzen zentriert, ich fühle den Unwillen, aber mein Kopf ist frei von ihm. Er wird wahrgenommen, beherrscht mich aber nicht mehr. Die Arbeit geht leichter. Die Welt

da draußen samt ihren Anforderungen ist ein wenig weiter weggerückt, weniger wichtig geworden; im Zentrum fühle ich jetzt mein Herz und darin meinen Verbündeten, den Unwillen. Der, wie ich an dieser Formulierung merke, jetzt auch noch Würdigung (noch ein Herzensschlüssel) bekommen hat.
Denn mein Verbündeter ist er, der Unwille. Weist er mich doch auf eine vernachlässigte Sehnsucht hin. Die Sehnsucht nach einer ganz anderen Art von Leben.
Der ich mich umgehend widmen werde, solange die aktuelle Aufgabe erledigt ist.
Ach, und übrigens, die Müdigkeit ist weg. Ich war ja nur müde, weil ich mit dem Unwille identifiziert war. Jetzt, wo ich ihn wahrnehme und mich um ihn kümmere, brauche ich die Müdigkeit offenbar nicht mehr.
Erste praktische Folge: Jetzt kann ich plötzlich »fünf gerade sein lassen« und den Computer herunterfahren, obwohl ich noch nicht mit der Arbeit fertig bin.
(Fortsetzung folgt …)

Wenn wir ein Gefühl sofort wahrnehmen, statt »ein Thema draus zu machen«, vermeiden wir, dass die Automatik sich abspult. Damit ist natürlich das Thema, das im Hintergrund gespeichert ist, nicht völlig verschwunden; aber der erste Schritt zu seiner Auflösung ist getan. Und damit beginnen wir das zu entdecken, was dazu führt, dass wir das Thema so gerne immer wieder abspulen. Weil es etwas in der Tiefe dieses Themas gibt, das auf sich aufmerksam machen möchte.

Man muss nicht gleich das ganze Thema »knacken«

Ein Schritt ist schon wertvoll. Bei diesem ersten Schritt können Sie durchaus erst einmal bleiben und das Gefühl, das Sie ins Herz geholt haben, im täglichen Leben bewusst beachten, bevor Sie den nächsten Schritt in der Herzensarbeit tun. Ein weiterer Teil des Themas kommt dann oft ganz von selbst ans Licht. Zusammenhänge mit früher tauchen auf, ganz locker, in Erinnerungen, Träumen, in einem Gespräch …

Körperliche Zusammenhänge: Ist nicht meine Galle seit einiger Zeit ziemlich gestaut? Könnte das der Unwille sein? Beobachten. Und dann, irgendwann, kommt der Anstoß, die Herzensarbeit mit diesem Thema zu vertiefen. Also hinsetzen. Augen schließen.

An den Unwillen denken, Kontakt aufnehmen. Körper spüren, Atem spüren. Ihn fragen: Wenn er das alles »nicht will«, was will er denn dann? Funkstille. Nichts Auffälliges im Körper. Geist leer.
Ich helfe dem Teil auf die Sprünge: »Du möchtest bestimmt ein anderes Leben – wie soll das denn aussehen?«
Da meldet sich überraschend eine Stimme aus einer ganz anderen Ecke, eine, die sagt: »Lass mir mein Leben, wie es ist, ich mag es. Ich will es behalten.«
Aha! Kennenlernen! Wie fühlt sich das an? Ich spüre, dass meine Aufmerksamkeit energetisch meinen Lebensraum umfasst. Fast, als wenn ich ihn umarme. Das geht vom Herzen aus. Wie fühle ich mich darin: festhaltend. Eigentlich: ängstlich. Ich habe Angst, dass mir mit der Frage nach einem anderen Leben dieses Leben hier weggenommen wird. Angst und der Wunsch, es zu behalten. Die Angst begnügt sich mit Wahrnehmung und Verständnis. Der Wunsch, es zu behalten, braucht mehr: gesehen werden (war mir nämlich total unbewusst), Anerkennung. Achtung. Beachtet werden. Nicht übergangen werden. Würdigung. Und natürlich als Gefühl wahrgenommen werden.

Erstaunlich! Wusste gar nicht, dass ich an diesem Leben so hänge. Nun gibt es offensichtlich also zwei Ichs: das eine, das dieses Leben ablehnt und ein anderes will (der Unwille), und das andere, das an diesem Leben hängt – so, wie es ist.
Was tun?
Einfach wahrnehmen.
Wenn ich mich mit einem der beiden Teile identifiziere oder mit beiden abwechselnd, dann gibt es ein Problem und keine Lösung. Aber jetzt, da ich mich mit keinem der beiden identifiziere, sondern einfach beide wahrnehme, gibt es kein Problem; daher sage ich mir: »Interessant! Mal sehen, wie das weitergeht!«

Die erste Folge ist schon fühlbar: Es gibt Entspannung. Ich sehe das alles, was der Unwille so negativ sah, jetzt wesentlich liebevoller an. Das pflegebedürftige Haus. Das gewöhnungsbedürftige Wetter. Der ordnungsresistente Schreibtisch. Der Computer mit den endlos sich neu generierenden Aufgaben und Schwierigkeiten. Haushalt & Co.: Die täglichen Pflichten haben sich von lästigen Bürden irgendwie in schätzenswerte Rituale verwandelt.
(Fortsetzung folgt …)

Aber ist es damit getan? War da nicht vorher noch ein ganz anderer, eigentlich entgegengesetzter Wunsch? Ziel der Übung ist es ja niemals, ein Gefühl durch ein anderes Gefühl zu verdrängen, eine Sehnsucht durch eine entgegengesetzte – damit ist das Problem nicht gelöst. Die eine ist nun entdeckt und versorgt, die andere möchte auch noch ins Herz.

Also greifen wir das Thema nach einiger Zeit (das können Stunden oder Tage sein) noch einmal auf, um dieses beim ersten Durchgang auf der Strecke gebliebene Gefühl auch noch zu versorgen.

Nun ist es so weit: Die beiden Neuentdeckungen sind gesichert, haben durch wiederholtes Wahrnehmen im täglichen Leben ihren festen

Platz im Herzen bekommen. Jetzt kann ich mich trauen, die Sehnsucht nach einer anderen Art zu leben, die ich zunächst zurückgestellt hatte, auch einmal kennenzulernen.
Also zurück zum Unwillen vom Anfang der Geschichte, Sie erinnern sich. Er ist ja auch noch da und wartet, dass ich ihn tiefer erforsche. Ja, er regt sich, als ob er mir bei meiner Forschung helfen wolle, grummelt ein paar Informationen: »Immer arbeiten, den ganzen Tag nur Sachen erledigen und erledigen und noch etwas erledigen … Wo ist eigentlich das Leben? Überhaupt will ich wieder in die Sonne zurück (wir sind kürzlich in den Norden umgezogen).« Aha … wir nähern uns der Sehnsucht …
»Was würdest du denn tun in diesem anderen Leben?«, frage ich diesen Teil.
»Nichts tun«, sagt er.
»Ich drücke es mal anders aus: Womit soll dieses Leben denn gefüllt sein?«
»Einfach mit Leben«, sagt er. »Das ist ja genau der springende Punkt. Eben keine ›Solls‹, keine Planung, keine Pflichten, kein ›Erledigenmüssen‹, kein Zwang … Einfach leben. Genießen. Entspannen. Was auch immer mir gerade gefällt. Ab und zu mal was tun. Aber ganz entspannt.«
Ja. Jetzt hab ich's erfasst. Fange an, die Sehnsucht zu fühlen. Sie ist groß, ein wenig schmerzlich. Es wirft ja sofort der Gedanke der Unmöglichkeit seinen Schatten auf diese Sehnsucht. Ruft mir all die hindernden Umstände ins Gedächtnis.
Aber halt, stopp: hier die Sehnsucht – ein Gefühl –, da die Unmöglichkeit – ein anderes Gefühl.
Nicht zulassen, dass sie einander verdrängen.
Eins nach dem anderen wahrnehmen.
Erst die Sehnsucht. Will Anerkennung. Gefühlt werden. Als Gefühl wahrgenommen werden. Und dann den magischen Schlüssel, der schlagartig alles verändert: Hochgehalten werden. Ganz gleich, wie die Umstände auch sein mögen …

Völlig neuer Gemütszustand. Erkenntnis: Wenn ich die Sehnsucht nach jenem anderen Leben hochhalte, kann ich mir auch erlauben, das Leben so, wie es jetzt ist, weiterzuleben – mit all seinen Pflichten, Quälereien und Ärgernissen und all den Schönheiten, die dazwischen aufblitzen wie Gras, das durch den Asphalt dringt. Es voll und ganz zu leben, ohne befürchten zu müssen, dass das ersehnte »andere Leben« dadurch verhindert wird. Denn die Sehnsucht nach diesem anderen Leben begleitet mich ja in meinem Herzen und wird hochgehalten, was auch immer geschieht. Damit entsteht eine sonnige Gewissheit, dass sie sich irgendwann erfüllen wird. (Der Gedanke der Unmöglichkeit erübrigt sich – nebenbei bemerkt – dadurch auch.)

Und so ist nun Frieden ins Gemüt eingekehrt: Aus einem Gegeneinander zweier unvereinbarer Wünsche ist ein Nacheinander zweier Erfüllungen geworden.

Dennoch gibt es ein Nachspiel: Erst Tage später fällt mir ein, dass ein Teil des Dramas auch übernommen sein könnte. Also nachprüfen. Gestartet war ich ja mit dem Unwillen – dem Leben gegenüber, wie es jetzt ist – und dem Wunsch nach einem andersartigen Leben. Mir fällt ein, dass ich ungefähr zu der Zeit, als das Thema in mir hochkam, mit einem Freund telefonierte, der mir sein Leid klagte: Er hatte die Nase voll von dem Leben, das er führte – niemals Zeit für sich selbst, nur Arbeit, nur Stress, er wollte ein anderes Leben. Von mir gefragt, was er denn in diesem anderen Leben tun würde, sagte er: »Nichts.«
Klingt ähnlich, nicht wahr?
Haben wir, er und ich, nur ein ähnliches Thema, oder habe ich von seinem etwas übernommen? Prüfen.
Also schließe ich die Augen. Rufe den Unwillen. Ja, er ist noch da. Freut sich, dass ich auch da bin und ihn wahrnehme. Ich stelle mir den Freund vor, mit dem ich gesprochen habe, und gebe ihm im Geist das Gefühl von Unwillen zurück. Der Freund nimmt ihn, erkennt

ihn sofort als sein Gefühl. Auch die Sehnsucht nach einem anderen Leben: Er nimmt sie, lässt sie aber sofort fallen. Ich interpretiere: vielleicht, weil er sie für sinnlos hält (wegen Unmöglichkeit). Aber das ist sein Problem, hier geht es ja um mich – ob das Thema von mir abgleitet, wenn ich ihm die Gefühle zurückgebe, oder nicht.
Schließlich probiere ich es noch mit dem Wunsch, das alte Leben weiterleben zu dürfen, halte ihn meinem Freund hin: Ist das vielleicht auch dein Gefühl? Scheint der Fall zu sein. Er nimmt ihn sofort, scheint ihn zu erkennen, vielleicht zum ersten Mal? Ich spüre Aufatmen und wie der Wunsch von mir abgleitet.
»Das alte Leben weiterleben dürfen« ist jetzt kein Thema mehr. War wohl gar nicht meins. Hingegen ist es jetzt auch kein Drama mehr, es einfach weiterzuleben. Spüre keinen Widerstand mehr. Das Einzige, was tatsächlich noch als mein eigenes Gefühl übrig bleibt, ist die Sehnsucht nach einer anderen Art von Leben. Aber jetzt wird mir klar, dass es überhaupt nicht mit meinem aktuellen Lebensrahmen im Widerspruch steht, sondern dieser im Gegenteil eine Brücke dazu ist. Statt passiv auf das »andere Leben« zu warten und im Unwillen gegen dieses Leben zu verharren, spüre ich jetzt Bereitschaft, das ersehnte andere in diesem hier zu verwirklichen.
Also alles kein Thema mehr. Einfach leben, die Sehnsucht hochhalten, alles wird sich ergeben.

Fazit: Das »Thema« spult sich ab, wenn in Ihnen ein negatives Gefühl oder ein seelischer Schmerz ausgelöst wird, Sie sich aber nicht um das Gefühl kümmern, sondern es sofort mit Gedanken an ähnliche Ereignisse und Schlussfolgerungen daraus zu Verallgemeinerungen oder Zukunftsprojektionen verknüpfen. Statt wahrzunehmen, wie Sie sich im Moment fühlen, verbinden Sie das aktuelle Gefühl mit Vergangenheit und Zukunft durch Formulierungen wie »immer«, »nie«, »schon wieder«, »andauernd«.

Ein Dauerthema machen Sie daraus, wenn Sie bei jedem neuen Auslöser die gleiche Litanei in Gedanken oder Worten abspulen, sodass Ihre lieben Mitmenschen die Augen zum Himmel heben und Sie innerlich auf stumm schalten, weil sie diese Ausführungen schon hundertmal gehört haben.

Wenn Sie in der Gegenwart sind, gibt es kein Thema, nur ein *Gefühl*. Sich dem Gefühl zuzuwenden und es wahrzunehmen erspart Ihnen, in das *Thema* einzutauchen.

In das Thema einzutauchen und sich von ihm davontragen zu lassen ist allerdings bequemer; es ist kein Aufwand. Die Gedanken, Gedankenketten und emotionalen Reaktionen spulen sich von selbst ab, sie sind ja gespeichert und werden automatisch abgespielt, sobald es einen Auslöser gibt. Sie brauchen nichts zu tun. Noch nicht einmal den Knopf zu drücken. Noch nicht einmal bewusst dabei zu sein. Hingegen erscheint es Ihnen wie Arbeit, diesen Ablauf zu unterbrechen, um sich dem Gefühl zuzuwenden.

Aber es lohnt sich: Ein »gefühltes Gefühl« ist ein zufriedenes Gefühl, und ein zufriedenes Gefühl gibt Sie frei. Auf einmal sind Sie raus aus dem Thema, fast schon ein neuer Mensch, und Sie mussten eigentlich gar nichts dafür tun. Nur fühlen.

So, wenn Sie sich das nächste Mal ärgern, aufregen, empören, wenn Sie verletzt oder traurig reagieren, machen Sie kein Thema daraus! Wenn Sie gerade jammern, klagen, schimpfen, alles kurz und klein schlagen oder der Welt Ihr Elend schildern möchten: Machen Sie kein Thema draus! Fühlen Sie es einfach. Lassen Sie die Welt da draußen die Welt da draußen sein, und kümmern Sie sich um die Welt in Ihrem Innern. Um Ihr Gefühl. Erst wenn Sie das gefühlt und versorgt haben, schauen Sie wieder in die Welt da draußen. Der Sie nun anders begegnen. Denn Sie sind jetzt nicht mehr in Ihrem Thema, sondern in der Gegenwart; nicht mehr in Ihren Interpretationen und Verknüpfungen, sondern in der Realität. Nicht mehr in der Blase Ihrer Gedankenwelt, sondern in Kontakt. Und dennoch ganz geschützt, bei sich, in Ihrem Herzen, zu Hause.

Die Empfehlung »Mach kein Thema draus!« gilt übrigens auch für positive Gefühle! Die fühlen wir nämlich in der Regel überhaupt nicht, sondern verwandeln sie sogleich in Gedanken und Mitteilungen. Aber auch sie wollen gefühlt werden – und erst wenn wir sie bewusst fühlen, erleben wir sie tatsächlich.

Wir sehen einen wunderbaren Sonnenuntergang, gerade will er anfangen, uns emotional zu berühren – schnell! Fotografieren! Mitteilen! Oder in eine Story verwandeln.

Ein Morgen im Januar. Es ist eiskalt. Wiesen und Bäume sind mit Reif überzogen. Ich mache einen kleinen Spaziergang – zu kalt für mehr –, fünfzig Meter nach rechts, fünfzig nach links. Die hügelige Wiesenlandschaft ist märchenhaft, mit all dem Reif und dem Nebel. Ich höre die Kirchenglocken aus dem nahe gelegenen Dorf. Plötzlich ergreift mich der ländliche Frieden, nach dem ich mich früher manchmal so sehr gesehnt habe.

Aber statt ihn zu fühlen, fange ich an zu denken: Wie kommt es eigentlich, dass ich den sonst hier nie fühle? Gibt es diesen ländlichen Frieden heutzutage nicht mehr, weil die künstlichen elektromagnetischen Felder alles stören? Oder weil wir zu viel am Computer sitzen? Überhaupt, was mir hier fehlt, ist der Hahnenschrei, hier gibt es keine Hühner …
Schade, der Moment ist schon wieder vorbei. Und ich gehe nach Hause und hole meinen Mann, um ihm das Schauspiel zu zeigen.
»Schön, nicht wahr?«, sage ich.
»Ja, schön«, sagt er.

Aber der Zauber ist vorbei. Das Gefühl ist verschwunden. Kein Wunder, ich habe es ja gar nicht gefühlt.

Zusammenfassung

Wir machen gern aus allem gleich ein Thema, statt einfach das aktuelle Gefühl wahrzunehmen. Stattdessen kann man sofort »Stopp« sagen, wenn man merkt, dass etwas ausgelöst wurde, und sich um sein Gefühl kümmern. Dann gibt es kein Drama.
Ein Gefühl wie Müdigkeit beispielsweise kann man einfach ganz bewusst (nicht nur als Körperzustand, sondern auch als Gefühl!) wahrnehmen und sich vermittels der Herzensschlüssel darum kümmern. Der richtige Schlüssel bringt sofort Erleichterung oder eine erleichternde Erkenntnis und einen besseren Umgang mit der Müdigkeit.
Hinter einem solchen Oberflächengefühl wie Müdigkeit kann ein wichtiges anderes Gefühl stecken, das eine Mitteilung Ihrer Seele ist. Sie finden es nicht, wenn Sie die Müdigkeit wegschieben, sondern wenn Sie sie fühlen.

Wenn Sie an einem Thema festhalten, gibt es immer einen guten Grund dafür. Dieser liegt in dem positiven Aspekt, den das Festhalten am Thema Ihnen verschafft.
Das allererste Gefühl bewusst zu bemerken und zu beachten, das, bei dem die Kette »Thema« ausgelöst wird, verhindert das weitere Ablaufen der Automatik (und tut gut).
Davon ist das Thema im Hintergrund allerdings nicht weg. Aber es kann ein wichtiger Schritt zur Auflösung des Themas sein. Vor allem wenn Sie bei diesem ersten Schritt erst einmal Pause machen mit der Herzensarbeit. Beachten Sie das entdeckte Gefühl nun in Ihrem täglichen Leben. Oft tauchen bei diesem Vorgehen ganz von selbst weitere Elemente des Themas auf.
Setzen Sie sich dann wieder hin zu einer ausführlichen Herzensarbeit, wenn Sie ein solches weiteres Element entdeckt haben oder sobald Sie den Impuls dazu verspüren.
Manchmal besteht das ganze Thema daraus, dass es zwei einander entgegengesetzte Wünsche gibt. Beide gilt es kennenzulernen und ins Herz zu holen! Das befreit aus dem Dilemma. Und Lösung kommt.
Positive Gefühle wollen auch bewusst gefühlt werden. Sie nicht zu beachten kann ebenfalls zu einem Thema führen.

Teil III
Themen

Sich (nicht mehr) unter Stress setzen (lassen)

Eine Statistik aus dem Jahr 2020 ergab, dass 80 Prozent aller Deutschen unter Stress leiden.[6] Als Stressfaktoren gelten Umweltreize wie künstliche elektromagnetische oder radioaktive Strahlung, Hitze, Lärm oder Abgase, Umweltgifte, schlechte Ernährung, Rauchen, Alkohol, biologische Faktoren wie Krankheitserreger und psychosoziale Faktoren, wobei es von unserer körperlichen,

6 Vgl. zum Beispiel »Gestresstes Deutschland: 80 Prozent der Bevölkerung leiden unter Stress …«, *Swisslife*, 2022, https://www.swisslife.de/ueber-swiss-life/presse/pressemitteilungen/newsfeed/2020/11-18.html (abgerufen am 6.6.2022).

geistigen und emotionalen Verfassung abhängt, inwieweit diese Letzteren uns schwächen.

Noch vor fünfzig Jahren gab es den Begriff »Stress« in unserem alltäglichen Sprachgebrauch nicht. Dabei hatten die meisten Menschen in unserer westlichen Zivilisation in früheren Zeiten viel schwerere Lebensumstände und dramatischere Schicksale als wir heute. Sie litten unter Überarbeitung, Armut, Krieg, Krankheit, Unfreiheit – aber nicht unter dem, was wir heute meinen, wenn wir von Stress reden. Dabei ist doch vieles heute so viel leichter geworden als früher, dank der Maschinen, die uns helfen sollen, Zeit und Energie zu sparen. Tatsächlich aber haben wir immer mehr Stress, seit wir diese zeitsparenden Maschinen nutzen. Das liegt unter anderem daran, dass die elektromagnetischen Felder, die diese Maschinen erzeugen, für unseren Körper Stressreize sind. Unser Körper steht unter Strom und wird nicht geerdet, das heißt, die überschüssige Elektrizität wird nicht in die Erde geleitet, sondern verbleibt im Körper, schwächt unser ganzes System und macht uns nervös, aggressiv und zugleich müde. Dazu kommt das Tempo, in dem Computer und andere Maschinen arbeiten. Unser Körper-Geist-Seele-System kommt da nicht mit. Daher fühlen wir uns unterschwellig ständig überfordert und gehetzt. Verglichen mit den Jahrmillionen unserer Evolution zum Menschen und als Mensch, ist die kurze Zeitspanne seit der Erfindung des Computers zu vergleichen mit einer Sekunde in der Ewigkeit.

Nur zu gern würde ich das Thema »Stress« lediglich auf der psychologischen und psychosozialen Ebene abhandeln. Aber das wird der enormen Stressproblematik, die wir mittlerweile erleben, nicht gerecht. Wenn der psychologisch bedingte Stress heute so groß ist, dann deshalb, weil unser ganzes biologisches System durch Einflüsse wie Elektrosmog und Luftverschmutzung bereits so belastet ist, dass jeder weitere Stressreiz – wie eilige Aufträge, Zeitdruck, Chefs, die Ärger um sich streuen, Mitarbeiter, die trödeln, Aufgaben, die nicht erledigt werden können, Arbeitsaufträge, die man unmöglich im vorgegebenen Zeitrahmen schaffen kann, Kunden, die einem auf die Nerven gehen, Familienangehörige, die etwas wollen, Mobbing und Konflikte am Arbeitsplatz – schlichtweg zu viel ist. Unser Körper, unser Nervensystem, unser Gehirn leidet aufgrund von Elektrosmog und Reizüberflutung ständig unter Überlastung. Viele Menschen sind andauernd am Rand des Zusammenbruchs, können gerade noch funktionieren, aber mehr geht nicht: Die Herausforderungen aus dem menschlichen Umfeld sind da einfach zu viel, können nicht mehr gemeistert werden. Da braucht man dringend Urlaub – sehr viel mehr Urlaub, sehr viel öfter –, aber das geht nicht, keine Zeit, also wird man krank oder lässt sich frühpensionieren.

Diese Art Stress gab es damals tatsächlich nicht. Es war wohl meist ein Ausgleich da, schon allein durch die Wärme vergleichsweise stärkerer menschlicher Präsenz. Aber diese erleben wir heute immer seltener. Natürlich können wir einander unsere Probleme elektronisch mitteilen; und vielleicht auf diesem Wege ermunternde Worte oder gute Ratschläge bekommen. Aber das ist nicht dasselbe.

Fazit: Elektrosmog, Mobilfunk, Bildschirmstrahlung und andere äußere Stressfaktoren, verbunden mit dem Mangel an menschlicher Wärme im direkten Kontakt, machen es immer schwerer, Stress abzubauen und Entspannung zu finden.

Das ist der Boden, auf dem »psychosoziale« Faktoren, mit denen man in einem gesunden biologischen und menschlichen Umfeld vielleicht umgehen könnte, uns krank machen, überfordern, uns so riesengroß und unüberwindbar erscheinen, dass viele nur noch ans »Aussteigen« denken (Urlaub, Rente, alles aufgeben und »abhauen«, Krankheit und schlimmstenfalls Suizid).

Solche psychosozialen Stressfaktoren können sein: Konflikte in der Paarbeziehung; Zeitmangel, Termindruck; Geldmangel; große Verantwortung; Mobbing, ständige Konzentration auf die Arbeit,

Reizüberflutung, schwerwiegende Ereignisse, Technostress (Überforderung durch neue technische Entwicklungen).

Gefühle, die Stress erzeugen

Auf diesem Boden gedeiht die allgemeine Neigung, sich bis zum Gehtnichtmehr stressen zu lassen. Auf der emotionalen Ebene steckt hinter dieser Bereitschaft immer Angst oder Schuldgefühl (oder beides). Wenn ich keine Angst habe und mich nicht schuldig fühle, lasse ich mich nicht stressen. Ich arbeite in meinem Tempo. Ich sage: »Halt. Stopp. Mal langsam.« Und prüfe die Sache erst mal. Ich achte auf mein Wohlergehen.

Die einfache und zugleich gründliche Lösung der psychologisch bedingten Stressproblematik besteht also darin, aus der Identifikation mit Angst und Schuldgefühl zu erwachen. Aber wie macht man das, man kann doch diese Gefühle nicht einfach über Bord werfen? Indem man, ganz im Gegenteil, sie bewusst und in ihrem vollen Ausmaß wahrnimmt und ihnen sein Herz öffnet. Sich also in der adäquaten Weise um sie kümmert. Dann hören sie auf, uns zu beherrschen. Und dann erst haben wir den notwendigen Abstand, um potenziell stressige Situationen richtig einschätzen zu können.

Hinter der »Bereitschaft«, sich stressen zu lassen, können auch negative Grundüberzeugungen stecken: »Ich bin nicht gut genug«, »Ich schaffe es nie«, »Ich bin nicht in Ordnung«, »In meinem Leben passiert immer das Schlimmste«, »Ich bin unwichtig (und leide darunter)«, »Ich bin wertlos« …

Aber ganz oft ist es auch einfach Unbewusstheit. Wir befinden uns in einer Art Hypnose, nehmen uns nicht einen Moment Zeit, um Abstand zu nehmen, zu uns zu kommen und die Situation einer nüchternen Prüfung zu unterziehen. Und Bildschirme versetzen in Hypnose, wie Wissenschaftler bereits vor Jahrzehnten anhand des Fernsehers festgestellt haben.

Körperzentrierte Herzensarbeit hilft, die tieferen Themen aufzulösen, die mit der Bereitschaft, sich stressen zu lassen, verbunden sind. Aber sie hilft auch, mitten in Alltagssituationen angewandt, in Sekundenschnelle zu sich zu kommen und Abstand zu gewinnen. Zu ihrem Erlernen brauchen Sie ein wenig Extrazeit, aber wenn Sie sie verstanden und verinnerlicht haben, können Sie sie in jeder Situation anwenden. Sie bietet eine wirkliche Lösung für die Stressproblematik und die Möglichkeit, zu einem neuen, gesünderen Verhalten zu finden, oder mehr Energie, mehr Motivation, mehr Entschiedenheit zu gewinnen und allem besser gewachsen zu sein. Oder auf Ihr Herz zu hören … Je nachdem, was Sie sich wünschen. Für den psychologischen Part ist sie daher eine sehr effiziente Lösung.

Stress braucht Entladung

Was den Stress beispielsweise durch Elektrosmog betrifft: Versuchen Sie, ihn zu meiden oder wenigstens zu reduzieren. Entladen Sie sich täglich. Lassen Sie die überschüssige Elektrizität aus Ihrem Körper in die Erde fließen, und zwar durch direkten Kontakt Ihres Körpers mit der Erde (über Fußsohlen, Finger, Hände oder den ganzen Körper) oder durch indirekten Erdkontakt über Wasser oder indem Sie einen tief in den Boden gegrabenen Erdungsstab (wie man ihn im Baumarkt findet) festhalten. Falls das alles nicht möglich ist, stellen Sie den Kontakt zu einer Wasserleitung aus Kupfer oder einem anderen Metall her.[7]

Auch die emotionale Ladung, die durch das Anstauen von Emotionen entsteht, die weder ausgedrückt noch bewusst gefühlt werden, können Sie entladen. Ein im Moment vielleicht tauglicher, aber

7 In meinem Buch *Innehalten* bin ich ausführlicher darauf eingegangen.

langfristig kontraproduktiver Versuch besteht beispielsweise darin, jemanden anzuschnauzen. Aber dies verschiebt die Spannung nur zu einer anderen Person, statt sie zu beseitigen, und so kehrt sie letztlich als Bumerang zu Ihnen zurück. Von der Sozialverträglichkeit einmal abgesehen. Geeignete körperliche Bewegung, aggressive Bewegungen, in Achtsamkeit ausgeführt (ohne den Körper zu verletzen), kräftiger Sport oder Tanzen, Singen, Tönen, jeder künstlerische Ausdruck wie Klavierspielen oder Trommeln oder Malen kann Sie von emotionaler Spannung entladen, vorausgesetzt, Sie drängen Ihre Gefühle dabei nicht zurück, sondern lassen sie im Gegenteil in diese Tätigkeit einfließen und schenken ihnen auf solche Weise Ausdruck. Aber bewusst wahrnehmend und ohne hysterische Übertreibung. Bleiben Sie damit so lange am Ball, bis Sie entspannt sind.

Stress reduzieren mit Herzensarbeit

Körperzentrierte Herzensarbeit bewirkt eine sehr tiefgehende Entladung, Beruhigung, Entspannung und Lösung der hinter dem Stress verborgenen Themen. Sie beruht nicht auf dem Ausdruck der Gefühle, sondern auf ihrer bewussten Wahrnehmung.

Mit dieser Methode können Sie jede Art von Stress entschärfen, ausgenommen den körperlichen Stress, der durch Umweltfaktoren erzeugt wird. Wenn Sie starker Sonnenstrahlung ausgesetzt sind und einen Sonnenbrand bekommen, wird nicht Herzensarbeit Sie retten, sondern Flucht in den Schatten. Wenn Sie diesen äußeren Stressfaktoren momentan nicht zu entrinnen vermögen, so können Sie sich aber um die Gefühle kümmern, die diesen körperlichen Stress begleiten, und damit eine Art inneren Frieden herstellen, der Ihnen helfen wird, die äußere Lage besser zu meistern oder die richtige Lösung zu finden.

Nachdem Sie Übung in Körperzentrierter Herzensarbeit haben, können Sie sie blitzschnell mitten in akuten Situationen anwenden.

Machen Sie sich daher mit der Methode vertraut, und üben Sie sie eine Zeit lang regelmäßig, um sie dann, wenn etwas passiert, parat zu haben.

Stresssituationen kündigen sich ja in der Regel nicht an, sondern überraschen uns. Und da wir im Allgemeinen nicht bei uns sind – wie wir es in der Herzensarbeit üben –, sondern außer uns (von Gedanken oder äußeren Eindrücken hypnotisiert), schlagen sie wie der Blitz in unser Inneres ein. Wenn Ihr Chef Sie anschreit und Sie mit Ihrer Aufmerksamkeit bei ihm sind statt bei sich, können seine Wut-, Zorn-, Ärger-Energien in Ihr System eindringen, da dieses ja ungeschützt ist. Sie selbst sind der Wächter Ihres Körper-Geist-Seele-Systems. Üben Sie daher, bei sich zu bleiben, egal, was geschieht. Das heißt, spüren Sie sich: Ihren Körper, Ihren Atem, Ihr momentanes Gefühl.

Wenn Sie merken, dass Sie nicht bei sich sind, kommen Sie einfach zu sich zurück. Den Körper spüren, fühlen, was das mit Ihnen macht, wie Sie sich gerade fühlen. Für dieses Gefühl da sein. Selbst wenn Sie die Methode der Körperzentrierten Herzensarbeit nicht kennen, wird diese einfache Anleitung Ihnen bereits Schutz und Erleichterung bringen.

Freddy leidet enorm unter Stress. Es ist auch enorm viel, was er auf die Reihe kriegen muss: einen Posteingang von mehreren Hundert Mails, der trotz aller Arbeit nie kleiner wird, und das ist nur die Begleiterscheinung seiner eigentlichen Arbeit, bei der er sich ständig mehr aufbürden lässt, als er schaffen kann. Er hat hohen Blutdruck, leidet unter Schlafstörungen, ist nervös. Sein Arzt rät ihm, sich mal eine »Auszeit« zu nehmen, aber das möchte Freddy nicht. Er ist so tief in die Stressmühle hineingeraten, dass er sich noch nicht einmal mehr vorstellen kann, da herauszukommen.
In der Herzensarbeit fragt er sich, warum er das so weit hat kommen lassen. Als Erstes stößt er auf ein positives Gefühl: Er fühlt sich wichtig. Erst ist er nicht bereit, sein Herz dafür zu öffnen, findet es

ein lächerliches Gefühl. Beim Durchprobieren der Herzensschlüssel merkt er aber, dass es Erlaubnis, Rehabilitation, Verständnis, Anerkennung, schließlich sogar Würdigung braucht – und dass es als Gefühl wahrgenommen wird statt als Tatsache.

Freddy erkennt, dass er einen großen Teil dieses Gefühls von seinem Vater übernommen hat, und gibt diesem seinen Anteil zurück. Danach fällt es ihm leichter, das Gefühl von Wichtigkeit einfach als Gefühl wahrzunehmen und da sein zu lassen. Ab jetzt »pflegt« er dieses Gefühl, indem er es in allen möglichen Situationen bewusst wahrnimmt. Interessanterweise kann er nun zum ersten Mal erkennen und auch würdigen, dass er tatsächlich einen wichtigen Beitrag leistet, und hat mehr Selbstachtung als vorher. Es fühlt sich an, als sei er dadurch ein wenig gewachsen, und der schöne Nebeneffekt ist der, dass er sich der Arbeit auch mehr gewachsen fühlt. Der Stress lässt nach.

Wenn Sie sich ein negatives Thema vorknöpfen und wie Freddy als Erstes eine positive Emotion entdecken, sagen Sie auf keinen Fall: »Nein, ein positives Gefühl gehört hier nicht hin, ich will ja die negativen kennenlernen.« Schieben Sie es auch nicht zur Seite mit dem Argument »Das ist ja nur ein Verdrängungsmanöver«, sondern lernen Sie es kennen! Nehmen Sie es bewusst wahr, und geben Sie ihm einen Platz in Ihrem Herzen, indem Sie die Schlüsselworte durchprobieren.

Freddys Geschichte geht jedoch weiter. Das Gefühl von Wichtigkeit zu entdecken und ihm Erlaubnis, Verständnis und Anerkennung zu geben hat schon den Stresspegel herabgesetzt, das Thema jedoch nicht aufgelöst. Nach wie vor bürdet Freddy sich mehr auf, als er schaffen kann, und immer noch kann er sich nicht so gut entspannen – wenn auch schon etwas besser als vorher –, geschweige denn sich freinehmen, um sich zu erholen. Freddy merkt, dass er keine Lust hat, bis ans Ende seines Lebens so zu leben, immer unter Druck, immer gefordert, nie frei. Er nimmt also eine weitere Sitzung in Körperzentrierter Herzensarbeit.

Als Ausgangssituation nimmt er die Vorstellung, bis ans Ende seines Lebens so weiterleben zu müssen. Was macht das mit ihm, wie fühlt sich das im Körper an, wie fühlt er sich damit?
Niedergedrückt. Das will einmal wahrgenommen werden, gefühlt werden, bemerkt werden. Und zwar in seiner ganzen Größe. Und es will als Gefühl wahrgenommen werden (statt als Tatsache). Und es will Mitgefühl. Und Beachtung.
Mit jedem Herzensschlüssel stellt sich Freddys Kontakt zu seiner Seele wieder her. Er erkennt, dass es seine Seele ist, die leidet. Das lenkt seine Aufmerksamkeit auf die Frage, was sich seine Seele denn wünscht. Anders gesagt, wonach er sich sehnt (und was er sich nicht wahrzunehmen gestattet). Die Antwort ist sofort da: »Leben!« Freddie öffnet sein Herz für diese Sehnsucht (die wichtigsten Schlüssel sind »für möglich halten« und »beachten«).
Von der Sehnsucht zu »leben« wandert seine Aufmerksamkeit zu der Frage, was ihn denn daran hindert. Doch nicht nur die Anforderungen von außen – es muss ihn ja im Innern etwas dazu veranlassen, seine Sehnsucht diesen Anforderungen zu opfern. Wovor hat er denn Angst? Was wäre denn schlimm, wenn er mal lockerließe …?

Sofort zeigt sich die Angst, wird fühlbar, etwas zieht sich in der Brust zusammen. Das Bild, das auftaucht, ist, dass alles zusammenbricht. Seine Welt ist in Trümmern. Nichts funktioniert mehr.
Nachdem Freddy die Angst, das alles zusammenbricht, gefühlt und mit allem versorgt hat, was sie von seinem Herzen braucht, geht es ihm besser. Er nimmt sich vor, sofort auf diese Angst zu achten, wenn er sich wieder dabei erwischt, sich zu viel aufzubürden. Erst mal »Stopp!« zu sich zu sagen, die Angst wahrzunehmen und dann zu entscheiden, ob er die Aufgabe annimmt oder nicht.

Aber an den Kern des Stressthemas kommt Freddy erst in einer späteren Sitzung, als er bereit ist, sich das, was ihm solche Angst macht, auch noch anzuschauen.

Also zurück zu der Vorstellung »Alles bricht zusammen«. Er macht sich diese Vorstellung ein wenig deutlicher, konkreter, versetzt sich hinein und spürt in seinen Körper hinein. Er spürt seinen Körper bis zur Außenseite der Arme, aber es ist so, als ob da sonst nichts wäre. Kein Energiefeld, keine Welt drum herum, nur dieser kleine, enge Körper. Er fühlt sich – völlig verloren.
Das ist das schlimme Gefühl, das er bisher immer zu vermeiden versucht hatte, indem er sich eine Welt kreierte, die ständig mit ihm in Interaktion war, ihm keinen Moment Zeit für sich selbst ließ. Im tiefsten Innern fühlte Freddy sich verloren. Seit seiner allerjüngsten Kindheit. Nun, da er es entdeckt hat, wird ihm klar, dass »verloren« keine Tatsache, sondern ein Gefühl ist und daher etwas, was er fühlen, wahrnehmen, bewusst erleben kann.
Mit diesem Gefühl im Bewusstsein und im Herzen verändert sich Freddys Wahrnehmung seiner Welt und seiner Position in ebendieser Welt nach und nach. Es entsteht eine Art Verbundensein (die darauf basiert, dass Freddy nun Zugang zum Herzen der anderen hat und merkt, dass sie im tiefsten Innern ebenso verloren, verletzt oder leidend sind wie er).

Statt aus der Angst vor dem Verlorensein handelt Freddy jetzt aus diesem Gefühl von Verbundenheit, fast Liebe heraus, und immer noch übernimmt er viele Aufgaben, aber jetzt aus freien Stücken und ohne Stress.
Und auf einmal ist er allem gewachsen, empfindet es nicht mehr als Last, kann es schnell und reibungslos erledigen, und wenn nicht, ist es auch kein Drama! Neulich hat er sich sogar ein Wochenende freigenommen. Für ihn eine Sensation! Vielleicht sogar der Anfang der Erfüllung für seine Sehnsucht zu »leben«!

Tipps für die Herzensarbeit bei Stress

Wählen Sie als Einstieg für die Körperzentrierte Herzensarbeit bei Stress eine Situation, in der Sie sich überfordert fühlen oder überfordern lassen.

Gehen Sie dann den klassischen Weg: Körper spüren, Emotion entdecken, Herzensschlüssel anbieten, eventuell (falls Fremdgefühl) zurückgeben – und zurück in die Ausgangssituation. Den gleichen Ablauf wiederholen, bis nichts mehr auftaucht. Geben Sie alles zurück, was Ihnen nicht gehört.

Wenn Sie nicht weiterkommen, arbeiten Sie mit »Was-wäre-wenn-Fragen«: »Was wäre schlimm, wenn ich mich nicht stressen lasse? Wenn ich diesen Auftrag zurückweise?« Oder: »Was ist gut daran, dass ich mich so stressen lasse?«

Beantworten Sie diese Fragen nicht intellektuell, sondern stellen Sie sich das jeweils lebhaft vor, und spüren Sie den Körperzustand, der sich dabei einstellt. Darin finden Sie das Gefühl. Öffnen Sie Ihr Herz dafür.

Des Weiteren: Machen Sie Pausen. Viele Pausen. Falls nötig, sehr kleine Pausen. Pausen, um zu sich zu kommen, den Atem, den Körper zu spüren. Einfach einen Moment bei sich zu sein.

Nehmen Sie immer mal wieder Abstand: Was mache ich hier eigentlich? Was bezwecke ich? Wozu bin ich da? Was geschieht hier? Wessen Gefühl habe ich gerade gespürt und übernommen?

Überprüfen Sie ab und zu Ihre Motivation! Wozu leben Sie? Wozu machen Sie diese Arbeit? Durch solche Betrachtungen aktivieren Sie Ihr »größeres Selbst«: Wenn Sie auch nur einen Funken Ihres wahren Wesens wiederfinden, merken Sie, dass Sie viel größer sind, als Sie im alltäglichen Bewusstsein denken. Das ist eine Ebene, aus der heraus Sie alles mobilisieren können, was Sie brauchen, um der jeweils gegenwärtigen Situation gewachsen zu sein. Sie entdecken diese Ebene durch Meditation oder Gebet.

Entziehen Sie sich dem Stress durch Elektrosmog und Mobilfunk so oft wie möglich. Schalten Sie ab, machen Sie »digital detox«. Gehen Sie in den Wald, in den Park, in die Berge, erden Sie sich. Entladen Sie sich.

Meditation, Tai-Chi, Massage ... das brauche ich Ihnen alles nicht zu erzählen. Wählen Sie das, was Ihnen guttut. Sport, Schwimmen, Gymnastik, Yoga, Die Fünf Tibeter: Ein kräftiger, gut durchbluteter Körper mit gut funktionierendem Drüsensystem macht Sie resistenter gegen Stress aller Art! Schwimmen hat außerdem den Vorteil, den Körper von Überschuss an Elektrizität zu entladen.

Nutzen Sie Bach-Blüten; beispielsweise die Notfallmischung (Rescue) oder Elm (Englische Ulme) bei Überforderung, Olive bei körperlicher und Hornbeam (Hainbuche, Weißbuche) bei geistiger Erschöpfung. Verwenden Sie ätherische Öle. Lassen Sie sich homöopathisch oder phytotherapeutisch beraten.

Zusammenfassung

Elektrosmog, Mobilfunk, Bildschirmstrahlung und andere äußere Stressfaktoren, verbunden mit dem Mangel an menschlicher Wärme im direkten Kontakt, machen es immer schwerer, Stress abzubauen und Entspannung zu finden.

Die zwischenmenschlichen und psychologischen Stressfaktoren wirken sich heute deshalb so stark aus, weil viele Menschen bereits durch diese Umweltfaktoren so geschwächt, irritiert und überfordert sind, dass sie keinen weiteren Stressreiz mehr ertragen können. Auf der emotionalen Ebene steckt hinter dieser »Bereitschaft« immer Angst oder Schuldgefühl oder negative Grundüberzeugungen über sich selbst. Aber oft ist es auch einfach Unbewusstheit: Man befindet sich fast permanent in einem Hypnosezustand. Auf diesem Boden gedeiht die allgemeine Neigung, sich bis zum Gehtnichtmehr stressen zu lassen.

Körperzentrierte Herzensarbeit hilft, die tieferen Themen aufzulösen, die mit der Bereitschaft, sich stressen zu lassen, verbunden sind.

In Alltagssituationen angewandt, hilft sie, blitzschnell Bewusstheit einzuschalten, zu sich zu kommen und Abstand zu gewinnen.

Sie beruht nicht auf dem Ausdruck der Gefühle, sondern auf ihrer bewussten Wahrnehmung.

Mit dieser Methode können Sie jede Art von Stress entschärfen, ausgenommen den körperlichen Stress, der durch Umweltfaktoren erzeugt wird.

Sie selbst, also Ihre bewusste Anwesenheit, sind der Wächter Ihres Körper-Geist-Seele-Systems.

Wenn Sie dem Thema mithilfe der Herzensarbeit zu Leibe rücken, achten Sie auf alle Gefühlsebenen – auch auf die verborgenen positiven Gefühle.

Arbeiten Sie auch mit »Was-wäre-wenn-Fragen«, zum Beispiel: »Was wäre schlimm, wenn ich mich nicht mehr stressen ließe?«
Praktische Tipps: körperliche und künstlerische Aktivitäten; viele kleine Pausen; Abstand nehmen und Motivation überprüfen; immer mal alles abschalten; meditieren. Wertvolle Hilfe bieten Bach-Blüten; ätherische Öle; Homöopathie.
Reduzieren Sie Elektrosmog und alles, was schnurlos strahlt.

Wenn Angst zum Thema wird … und wie wir uns aus ihrer Umklammerung befreien

Angst ist ein Gefühl wie jedes andere. Sie drückt sich im Körper meist als Zusammenziehen, Zittern oder Blockade aus. Wenn die Angst sich zeigt, möchte sie uns entweder auf eine reale Gefahr aufmerksam machen; dann spricht von den Herzensschlüsseln hauptsächlich »Beachtung« an. Oder sie hat überhaupt nichts mit der aktuellen Situation zu tun, sondern ist rein psychologisch bedingt: Etwas an der gegenwärtigen Situation erinnert an eine vergangene Situation, in der wir etwas erlebt haben, was eine tiefe Angst in uns hinterlassen hat. In diesem Fall braucht sie entweder die wärmeren Herzensschlüssel wie Verständnis oder Mitgefühl, oder sie muss von Verurteilung oder Verachtung befreit werden und da sein dürfen, vor allem aber als Gefühl wahrgenommen werden statt als Tatsache.

Doch manchmal ist Angst nicht nur ein Gefühl, sondern ein Lebensthema.

Sarah erzählt: »Ich bin fast nie entspannt: Der Balkon, auf dem ich sitze, könnte abstürzen; der hohe Kirchturm könnte mir auf den Kopf fallen; wenn mir jemand begeistert vom Segeln erzählt, sehe ich nur Sturm und Untergang; Fliegen heißt Abstürzen. Im Auto: Hinter jeder Kurve lauert der Tod. Wenn ich irgendwo auf die Toilette gehe, habe ich Angst, eingeschlossen zu werden. Wenn der Winter einbricht, ergreift mich eine namenlose Angst, ebenso, wenn ich den Vollmond sehe.
Ich leide nicht nur unter diesen existenziellen Ängsten, sondern auch unter psychologischen: abgelehnt, verurteilt, für schlecht befunden, gehasst, beneidet, verlassen zu werden, mich lächerlich zu machen …
Manchmal habe ich den Eindruck, dass ich einfach ›Angst an sich‹ habe und diese Angst sich ständig neue Auslöser sucht. Die Angst ist mein ständiger Begleiter. Nachts habe ich manchmal Panikattacken.«

Lutz erzählt: »Ich hatte immer Angst, schon als kleines Kind. Bis heute ist die Angst überall mit mir. Als Kind und als junger Mensch habe ich sie gut unter Kontrolle gehalten. Als Erwachsener habe ich gelernt, sie in Schach zu halten, indem ich mich gegen alles sehr sorgfältig absichere. Ich bin sehr achtsam, habe meine Augen überall, vergewissere mich bei allem im Voraus, soweit möglich, dass es gut laufen wird. So gesehen ist die Angst mir sehr nützlich, sie hat mich wach und umsichtig gemacht. Trotzdem wünsche ich mir manchmal, ich könnte das loslassen und einfach entspannt und vertrauensvoll leben. Das Seltsame ist: Vertrauen habe ich auch, gleichzeitig. Ein Teil von mir hat Angst, sichert sich ab und versucht, alles unter Kontrolle zu bekommen; ein anderer Teil hat ein ganz grundlegendes

Vertrauen, das aus einer spirituellen Perspektive kommt. Mal regiert der eine, mal der andere.«

Öffnen Sie Ihr Herz für Ihre Angst

Wenn Angst einfach ein gelegentlich auftauchendes Gefühl ist, dann wird es kein Problem sein, mit Körperzentrierter Herzensarbeit für sie zu sorgen und das dahinterliegende Problem zu lösen oder zumindest das Verhältnis zur Situation zu bessern: Angst auf der körperlichen Ebene kennenlernen, detailgenau spüren, auf der emotionalen Ebene bewusst fühlen, Herz dafür aufmachen; und schließlich das anschauen, wovor Sie Angst haben, um das eigentliche Gefühl zu entdecken (wie Sie sich fühlen, wenn das Gefürchtete eintritt) und zu versorgen.

Lena hat oft Angst, dass ihr Freund »böse wird«. Sie stellt sich eine solche typische Situation vor: Sie wollen zusammen wegfahren, er sitzt schon im Auto, und sie ist noch damit beschäftigt, ihre Sachen zusammenzusuchen.
Körperzustand: Unruhe, schneller Atem, Spannung im Magen.
Gefühl: Angst.
Braucht vom Herzen: bewusst und als Gefühl wahrgenommen werden: Verständnis. Da sein dürfen. Von Verurteilung befreit werden.
Wovor hat Lena solche Angst? Welcher Film läuft vor ihrem geistigen Auge ab – was kann denn schlimmstenfalls passieren?
Dass er »böse wird«.
Wie fühlt sich das im Körper an?
Der Blick geht nach unten, Haltung leicht gebückt.
Wie fühlt Lena sich darin? Schuldig, Strafe erwartend.
Was braucht dieses Gefühl? Wahrgenommen zu werden. Erbarmen. Als Gefühl erkannt zu werden.
Und: zurückgegeben werden an Lenas Mutter.

Nachsorge: Lena notiert sich »Angst (vorm Bösesein)« sowie »schuldig, Strafe erwartend« und nimmt sich vor, auf diese Gefühle zu achten. Auswirkung im täglichen Leben: In Situationen wie der beschriebenen – und anderen Situationen, in denen sie immer so reagiert hat – ist ihre Reaktion reflexartig erst mal die gleiche, aber dann schafft sie es, Angst und Schuldgefühl einfach zu fühlen, als Gefühle zu erkennen und da sein zu lassen. Sie hat ein verständnisvolles Lächeln für diese Kindergefühle, trägt sie liebevoll in ihrem Herzen, während sie der weiteren Entwicklung der Situation entgegengeht, ohne von Angst und Schuld beherrscht zu werden.

Normalerweise ist Herzensarbeit mit einer wie im obigen Beispiel gezeigten Angst so einfach. Manchmal dauert es ein wenig länger, weil sich andere Gefühle davorschieben; eventuell muss erst eine Angst vor der Angst wahrgenommen und versorgt werden oder der Wunsch, der Gefahr zu entrinnen. Oder eine Art Blackout, ein Zustand des Nichtfühlens, der ebenfalls als Gefühl wahrgenommen und ins Herz geholt werden kann (er braucht meistens Raum und Achtung).

Was tun mit der chronischen Angst?

Wenn es sich bei der Angst jedoch nicht um ein nur gelegentlich ausgelöstes Gefühl handelt, sondern um ein Lebensthema, dann ist sie nicht nur manchmal da, sondern immer und überall. Wie kann ich ein Dauergefühl bewusst wahrnehmen, dem fast alles als Auslöser dient? Dann müsste ich ja immer und überall auf meine Angst achten? Ist das denn überhaupt machbar?

Bei schwierigen Themen wie diesen ist es manchmal hilfreich, sich erst das Gegenteil anzuschauen. Das Gegenteil von Angst ist Vertrauen oder Gelassenheit, Entspanntheit oder Mut. Diese können Sie jedoch nicht erzeugen; und wenn doch, würde das auf eine

Verdrängung der Angst hinauslaufen, was kontraproduktiv ist. Bei der Körperzentrierten Herzensarbeit geht es nicht darum, ein Gefühl durch ein anderes zu ersetzen, sondern jedes Gefühl mit der gleichen Neutralität wahrzunehmen.

Nun: Wenn es einen Dauerzustand von Angst gibt, gibt es – aber meist völlig unbeachtet – auch einen Dauerzustand von Sehnsucht, nämlich die nach Sicherheit, Geborgenheit, nach Vertrauen oder Verlässlichkeit (je nachdem, welcher Art die betreffende Angst ist). Falls Sie stark unter Angst leiden, wird es Ihnen nichts nützen, wenn ich Ihre Aufmerksamkeit auf das Vertrauen lenke – Sie sind ja so stark von dieser Angst besetzt, dass Vertrauen völlig außer Reichweite ist. Aber wenn ich Sie frage: »Wonach sehnen Sie sich denn?«, oder: »Welche Sehnsucht ist denn mit dieser Angst verbunden?«, dann können Sie mit dieser Frage wahrscheinlich etwas anfangen: »Nach Gelassenheit«, »Vertrauen zu können«, »Loslassen zu können«, »In Sicherheit zu sein« …

Wenn Sie Ihre Sehnsucht formuliert haben, lernen Sie sie kennen. Spüren Sie sie körperlich, fühlen Sie sie bewusst, und öffnen Sie Ihr Herz für sie. Probieren Sie alle Herzensschlüssel durch – plus »dass ihre Erfüllung für möglich gehalten wird« beziehungsweise die Sehnsucht »vom Gedanken der Unmöglichkeit befreit wird«. Eventuell möchte sie auch »hochgehalten werden« (wie auch immer die Umstände sind).

Sehnsucht bringt Sie in Verbindung mit Ihrer Seele

Sehnsucht bewusst zu fühlen bringt Sie mit Ihrer Seele, also Ihrem innersten Wesen, in Verbindung. Bereits dadurch entsteht eine Art von innerer Sicherheit. Diese soll natürlich die Angst nicht verdrängen, aber es wird Ihnen danach leichter sein, sie bewusst wahrzunehmen, statt sich von ihr einnehmen zu lassen.

Indem Sie zuerst Ihre Sehnsucht entdecken und versorgen, lenken Sie Ihr Augenmerk statt auf die Angst und das Gefürchtete zunächst auf die Sehnsucht und das Erwünschte.

Danach können Sie entweder auf dem Weg ins Positive noch einen Schritt weiter gehen und das Ersehnte anschauen oder im Gegenteil Ihre Aufmerksamkeit über die Angst hinaus auf das Gefürchtete richten. Je nachdem, was Sie im gegebenen Moment mehr anzieht:

- Der Weg ins Positive: Stellen Sie sich vor, die Sehnsucht sei erfüllt. Spüren Sie, wie sich das anfühlt, entdecken Sie das (gute) Gefühl darin, öffnen Sie Ihr Herz dafür.
- Der Weg durchs Negative zum Schmerz: Öffnen Sie Ihr Herz für Ihre Angst. Schauen Sie dann das Bild an, das sich mit Ihrer Angst verbindet (also wenn das Gefürchtete eingetreten wäre). Machen Sie sich klar, dass es jetzt nicht darum geht, sich eine Tatsache anzuschauen, sondern ein Gefühl (das sowieso schon da ist). Es geht um den Schmerz, das ganz schlimme Gefühl, auf das die Angst sich bezieht. Um dieses hervorzulocken, müssen Sie sich für einen Moment in Ihrer Vorstellung der gefürchteten Situation aussetzen. Spüren Sie Ihren Körperzustand dabei, und entdecken Sie das Gefühl. Öffnen Sie Ihr Herz für diesen Schmerz.

Das Dauerangst-Thema ist oft übernommen

Wer ständig von Angst besetzt ist, hat in der Regel in der Vergangenheit schwer traumatisierende Situationen erlebt, und an manche davon ist vielleicht keine Erinnerung zugänglich. Es kann aber auch sein, dass die Dauerangst-Spannung von Vater, Mutter oder anderen wichtigen Begleitern der Kindheit übernommen wurde; manchmal sogar von Großvater, Großmutter oder anderen Vorfahren. Die meisten unserer Ahnen haben ja wirklich schlimme

Situationen erlebt, etwa Krieg(e), Hungersnot, Konzentrationslager oder Kriegsgefangenschaft, und es kann vorkommen, dass Sie existenzielle Nöte empfinden, die in Wirklichkeit gar nicht die Ihren sind, sondern die Ihrer Vorfahren.

Fragen Sie sich daher, von wem Sie dieses Gefühl übernommen haben könnten. Meist taucht die Intuition dazu sofort auf. Man muss sie nur ernst nehmen und gleich damit arbeiten, statt den Gedanken zu verwerfen und etwas zu sagen wie: »Nein, mein Großvater, das ist unmöglich, ich kannte den doch gar nicht …«

Ob die Intuition stimmt oder nicht, ist keine Frage des Nachdenkens, sondern des Ausprobierens. Probieren Sie einfach die Rückgabetechnik, wie sie im Kapitel über die Körperzentrierte Herzensarbeit beschrieben ist. Ist das Gefühl danach verschwunden oder leichter geworden, nehmen Sie das als Hinweis darauf, dass Sie es der richtigen Person zurückgegeben haben; ist dies nicht der Fall, war es wahrscheinlich die falsche. Dann müssen Sie weiterschauen.Wenn Sie den Eindruck haben, dass es sich um ein Fremdgefühl handelt, aber nicht wissen, wem es gehört, können Sie es auch an »Unbekannt« zurückgeben und sich dazu eine Gestalt vorstellen.

Sollte es trotz aller Rückgabeversuche unverändert in Ihnen vorhanden sein, nehmen Sie das als Hinweis darauf, dass es doch ganz Ihr eigenes ist, und gehen Sie noch mal zum Anfang zurück: genauer im Körper nachspüren, ob das Gefühl richtig benannt ist, prüfen, ob Sie es bewusst wahrnehmen oder mit ihm identifiziert sind, und noch einmal alle Herzensschlüssel samt Varianten langsam durchprüfen, eventuell sogar ein zweites Mal.

Das Gefühl soll danach nicht verschwunden sein, sondern wenn es geklappt hat, werden Sie es jetzt leichter als Gefühl wahrnehmen können statt als Tatsache.

Angst oder ein Angst-Thema kann auch ein von einem Kollektiv übernommen sein. Beispielsweise findet, während ich dies schreibe, die »Corona-Krise« statt, und die Luft ist erfüllt von der Angst all der Menschen, die sich fürchten: vor dem Virus, vor der Impfung, vor dem finanziellen Ruin, vor einer Diktatur, vor einer Entwicklung ins Ungewisse … Nachts überfällt mich manchmal Angst aus heiterem Himmel, und zugleich ahne ich, dass es nicht meine ist, und gebe sie ans Kollektiv zurück. Dann bleibt nur ein kleiner Rest, und das ist mein eigenes Gefühl, das ich dann versorge.

Bewusst gefühlte Angst wird ein wertvoller Begleiter

In solchen angstbesetzten Zeiten ist konsequente Herzensarbeit noch wichtiger als sonst. Sie hilft Ihnen, bei sich zu bleiben (statt außer sich zu sein), Ihre innere Stimme zu hören, Chancen und Möglichkeiten zu erkennen und Ihnen eine Art innerer Sicherheit zu verschaffen, die von den äußeren Umständen unabhängig ist. Wenn Sie Ihr Herz für Ihre Angst öffnen und sie sicher in Ihrem Herzen aufgehoben ist, mit allem versorgt, was sie braucht, dann hört sie auf, Sie zu terrorisieren, und fängt an, Ihre Freundin zu werden. Weil sie Sie aufmerksam, wach, achtsam macht.

Was nun die Dauer-Angst als Lebensthema betrifft, so ist es nicht nötig und auch nicht möglich, sie ständig wahrzunehmen. Packen Sie sie dann am Wickel, wenn sie gerade sehr stark ins Bewusstsein tritt, und widmen Sie ihr dann eine ausführliche Körperzentrierte Herzensarbeit. Danach ist es wichtig, sich weiter um diese Angst beziehungsweise das Gefühl, auf das sie sich bezieht, zu kümmern. Mit einer Sitzung ist das Thema nicht aufgelöst. Aber mit der Nachsorge können Sie nach und nach erleben, wie das Thema sich lockert und schließlich ganz verschwindet. Die Nachsorge besteht darin, dass Sie nach der Herzensarbeit im Alltag bewusst auf die betreffenden Gefühle achten, dass Sie sie sofort bemerken, wenn sie wieder ausgelöst werden, und Sie dann sofort als Gefühl wahrnehmen.

Sarah erzählt weiter: »Am meisten fiel mir meine Dauerangst immer beim Autofahren auf. Ich habe sie dann jedes Mal durch Schutzgebete kompensiert. Aber eines Tages wandte ich mich ihr, während ich unterwegs war, ganz bewusst zu und fühlte sie. Sie saß hauptsächlich in der Magengegend, die ganz verkrampft war. Ich bot ihr die Herzensschlüssel an, und sie hat alle gebraucht, aber die deutlichste Erleichterung war bei ›Erbarmen‹, also bei ihr sein und sie fühlen. Ich habe mir dann vorgenommen, immer weiter auf sie zu achten, sie nicht mehr alleinzulassen, und es ist mir auch etwa eine Woche lang gelungen. Es war eine deutliche Veränderung, die ich aber schwer formulieren kann. Es war eine Art Innigkeit in mir entstanden, eine Art Nicht-allein-Sein, fast ein Trost.«

Wenn hinter der Angst ein erlebtes Trauma steckt, kann der Zugang zu der tiefsten Gefühlsschicht – dem Schmerz – ein wenig länger dauern.

Sarah: »Ich schaffte es nicht, noch den nächsten Schritt zu tun und mir das anzugucken, wovor ich Angst hatte. Ich kann mir doch beim Autofahren nicht vorstellen, dass ich einen Unfall habe! Das hieße doch, ihn heraufzubeschwören. Mir wurde dann klar, dass ich Angst davor hatte, mir das anzuschauen, also noch eine Angst, eine andere als vorher. Die brauchte Verständnis und Anerkennung. Danach nahm ich mir vor, mir das in der Sicherheit meiner vier Wände bis zum Ende anzuschauen.«

Wenn Sie dann eines Tages merken, dass Sie jetzt bereit sind, sich das gefürchtete Schlimme anzuschauen, um den Schmerz unter der Angst kennenzulernen, dann machen Sie sich vorher noch einmal explizit bewusst, dass es darum geht, ein Gefühl (das sowieso da ist) wahrzunehmen und nach Hause ins Herz zu holen – und nicht eine Tatsache heraufzubeschwören oder in der Erinnerung an ein vergangenes Ereignis zu versinken. Binden Sie Ihre Bewusstheit an den Atem und den Körper, und bleiben Sie sich der Sinneseindrücke bewusst. Das wird Ihnen helfen, in der Gegenwart zu bleiben und Gefühle als Gefühle wahrzunehmen, statt sich von der Vergangenheit überwältigen zu lassen.

Atmen. Körper spüren. Sinneseindrücke wahrnehmen.
Es ist nur ein Gefühl.
Es war einmal eine Realität, aber die ist vergangen. Jetzt, hier, in Ihnen anwesend ist nur noch das Gefühl, das sie hinterlassen hat. Und das darauf wartet, endlich wahrgenommen zu werden. Das ist seine und Ihre Erlösung und der Anfang eines neuen Lebens.

Wenn Angst Ihr Dauerthema ist, wie Sarah und Lutz es schilderten, und Sie den ersten Schritt gegangen sind, indem Sie diese Angst bei einer entsprechenden Gelegenheit bewusst gespürt und ins Herz geholt haben, dann seien Sie sorgfältig und ausdauernd in Ihrer »Nachsorge«. Erinnern Sie sich so oft wie möglich daran, diese Angst bewusst wahrzunehmen; tragen Sie sie im Herzen, so wie man ein kleines Kind am Körper trägt. Wenden Sie sich ihr immer wieder innerlich zu: »Ich bin da. Ich spüre dich. Ich bin bei dir. Ich verstehe dich, achte dich, du darfst da sein (oder welcher Herzensschlüssel auch immer am meisten angesprochen hat).«

Allein das im täglichen Leben zu üben wird schon viel verändern. Oft kommen durch ein solches Üben im Alltag dann ganz von selbst die weiteren Schichten von Gefühlen, die mit dieser Dauerangst verbunden sind, an die Oberfläche. Dann braucht man sich gar nicht groß zurückzuziehen, um sich ihnen zu widmen, sondern kann das einfach sofort tun: Gefühl taucht auf, Sie spüren es im Körper und bieten ihm die Herzensschüssel an. Wenn Sie auf diese Weise mit einem Thema mitten im täglichen Leben »am

Ball« bleiben, entfaltet sich die erlösende Herzensarbeit ganz von selbst. Dann müssen Sie sich nur manchmal explizit hinsetzen und konzentrieren, um sich um schwerere Gefühle zu kümmern; der Rest geschieht ganz locker wie von allein. Oft hilft die Welt mit: Man bekommt Hinweise zum Thema durch etwas, was man sieht, hört oder was einem auffällt. Oder träumt.

Erinnern Sie sich täglich daran, dass Sie gerade eine Phase durchlaufen, die Sie dem Angst-Thema widmen. Bleiben Sie am Ball, aber ohne sich allzu krampfhaft darauf zu konzentrieren.

Praktische Tipps zum Lebensthema »Angst«

Unterstützen Sie Ihre Nieren und Ihre Milz: Die Nieren lieben Wärme. Reiben Sie die Handflächen aneinander, und legen Sie sie auf die Nieren. Trinken Sie genügend Wasser, am liebsten warm (aber nicht in der Mikrowelle aufgewärmt). Gönnen Sie sich mindestens zwei warme (oder, falls Sie Rohköstler sind, auf 40 °C gewärmte) Mahlzeiten am Tag. Die stärkende Farbe ist Schwarz. Tragen Sie also bei Bedarf etwa ein schwarzes Unterhemd.

Aus der Sicht der Traditionellen Chinesischen Medizin (TCM) liebt die Milz Warmes, Trockenes, und sie mag keine Feuchtigkeit. Tun Sie sich also lieber an einem warmen Getreidebrei gütlich als an einem kalten Müsli. Bevorzugen Sie kurz gebackene Gemüse statt Gurkensalat. Käse und Gesüßtes können sie belasten. Was der Milz hilft, sind bittere Nahrungsmittel und Gewürze, man kann zum Beispiel jeder Mahlzeit ein wenig Kurkuma beigeben. Die Milz wird geschwächt durch Grübeln und ein Übermaß an intellektueller Tätigkeit. Also: Herz öffnen statt Kopf zerbrechen.[8] Als milzfreundliche Farbe gilt Gelb.

---

8 So lautet übrigens der Titel eines meiner Bücher.

Lassen Sie sich von einem Homöopathen beraten: Es gibt ausgezeichnete Homöopathika zur Angstproblematik. Auch Bach-Blüten (beispielsweise Mimulus [Gauklerblume], Aspen [Espe] oder Rock Rose [Gewöhnliches Sonnenröschen], je nach Art der Angst).

Ebenso gibt es Akupressurpunkte, die man bei Angst selbst drücken kann, beispielsweise den Punkt Lunge 1 unter dem Schlüsselbein: Legen Sie die flache rechte Hand auf die linke obere Seite der Brust zwischen Schulter und Schlüsselbein, der Daumen berührt das Schlüsselbein, die Finger weisen in Richtung Schulter. Wenn Sie nun den Mittelfinger krümmen, landen Sie auf einem Punkt, der deutlich schmerzempfindlich ist. Tasten Sie ein wenig herum, bis Sie ihn finden. Massieren Sie ihn sanft. Tun Sie das täglich, wenn Sie unter chronischer Angst leiden, morgens und abends, oder sonst bei Bedarf, beispielsweise bei einer Panikattacke.[9]

Oder man begibt sich in eine Akupunkturbehandlung bei einem erfahrenen Arzt oder Heilpraktiker, der das Energie-Ungleichgewicht im Körper beseitigt und damit helfen kann, den Hintergrund der Angst aufzulösen.

Zusammenfassung

»Real angemessene« Angst braucht von den Herzensschlüsseln meistens vor allem »Beachtung«, während psychologische Angst andere Schlüssel mehr braucht, wie Verständnis, Erlaubnis, Mitgefühl.

Angst lässt sich problemlos mit Körperzentrierter Herzensarbeit versorgen; wichtig ist, den Schmerz dahinter zu entdecken

9 Zu finden unter https://www.youtube.com/watch?v=lkk6t4eguwo oder https://ogka.teachable.com/courses/akupunktur-meridiane2/lectures/4422468 (abgerufen am 24.6.2022).

und ebenfalls ins Herz zu holen. Wenn Sie herausfinden, dass das, was Sie in Wirklichkeit fürchten, ein Gefühl ist, und dieses Gefühl bewusst als solches wahrnehmen, dann hat die »psychologische« Angst ihre Grundlage verloren.

Falls Angst ein Dauerthema ist, muss man sie nicht ununterbrochen wahrnehmen, sondern sie dann am Schopf packen, wenn sie gerade besonders stark in Erscheinung tritt. Auch hier geht es vor allem darum, das Grundgefühl zu entdecken, auf das diese Angst sich bezieht, um aus der quälenden Identifikation mit ihm zu erwachen.

Wenn das noch zu schwierig ist, schauen Sie sich erst das positive Gegenstück an. Es ist in Ihrer Sehnsucht verborgen.

Dauerangst kann vom Vater, von der Mutter oder von anderen wichtigen Begleitern der Kindheit übernommen sein. Sie können das durch die Visualisierung der Rückgabe prüfen!

Manchmal fängt man Angst aber auch von einem Kollektiv auf wie beispielsweise in der Corona-Krise und bei allgemeiner Angsthysterie. Auch hier sollte man sie zurückgeben!

Ist Ihre Angst sicher im Herzen aufgehoben, mit allem versorgt, was sie braucht, dann hört sie auf, Sie zu terrorisieren, und fängt an, eine wertvolle Begleiterin zu werden.

Wie »Denkzwang« entsteht und wie Sie Ihren Kopf zur Ruhe kriegen

»Ich kann nicht aufhören zu denken: Ein Gedanke jagt den nächsten. Was kann ich nur dagegen tun?« Sätze wie diese höre ich immer wieder. Heute scheinen wir mehr denn je dem »Denkzwang« unterworfen zu sein, wir sind nicht mehr in der Lage, das »Geplapper« in unserem Kopf abzustellen und zur Ruhe zu kommen. Manchmal hält es uns nachts wach, oft hindert es uns aber auch daran, wach und aufmerksam zu sein für das, was in und um uns herum geschieht. Es kann sehr quälend sein.

Denken ist ein geistiger Verdauungsprozess. Eindrücke und Informationen müssen verarbeitet werden: analysiert, zerlegt, anderen Eindrücken zugeordnet, gelagert oder gelöscht. Wie beim körperlichen Verdauungsprozess geht es darum, das Aufgenommene so zu verarbeiten, dass das, was verwendet werden kann, assimiliert und das, was nicht gebraucht wird, ausgeschieden wird.

Aber was geschieht mit einem Verdauungssystem, das zu viel Nahrung bekommt, zudem in chaotischer Folge und sinnloser Zusammenstellung und ohne Rücksicht auf die eigenen Bedürfnisse? Stellen Sie sich einen Menschen vor, der von morgens bis abends und oft auch noch nachts in völlig zufälliger Weise alles in seinen Körper hineinstopft, was ihm begegnet, und zusätzlich auch noch Nahrung aufgedrängt bekommt. Überall begegnen ihm Nahrungsangebote, und er folgt allen, und das Tag für Tag.

Unser Verdauungssystem ist dafür natürlich nicht ausgelegt. Es kommt zurecht mit Nahrung, die seinen Bedürfnissen entspricht, in nicht allzu großen Portionen und am besten mit großen Pausen dazwischen. Wer zu viel und zu oft isst, überfordert die Organe und gönnt der Verdauungstätigkeit keine Ruhe. Er ist mit Nahrung und Nahrungsabfällen überlastet und zugleich ausgehungert, weil die wertvollen Inhaltsstoffe nicht mehr assimiliert werden können.

Geistig überfressen und zugleich unzufrieden

Genauso ergeht es unserem geistigen Verdauungssystem. Wir sind »überfressen« und zugleich unzufrieden und wollen mehr.

Denken Sie mal: Ein paar Millionen Jahre lang haben wir keine indirekte Kommunikation gekannt (höchstens über Trommeln oder Telepathie) und nur wenige Eindrücke zu verarbeiten gehabt. Seit etwa hundertsechzig Jahren aber kennen wir das Telefon, seit über hundert das Radio, seit neunzig Jahren das Fernsehen und seit bald dreißig Jahren das Internet. Und die mobile Telefonie begann ihre explosionsartige Ausbreitung vor etwas mehr als zwanzig Jahren. Ein exponenzielles Wachstum der Informationsmenge, die wir zu verarbeiten haben!

Wenn Sie nun berücksichtigen, dass das Denken eine Art »Wiederkäuen« von Informationen und Eindrücken ist, um sie verdauen zu können, dann ist es ganz logisch, dass wir nonstop denken und die Gedankentätigkeit überhaupt nicht mehr abschalten können, außer im Schlaf, unter Drogen – oder in Hypnose. Oder in tiefer Meditation. Unser geistiger Verdauungsprozess kommt nicht hinterher.

Diesen Denkprozess irgendwie gewaltsam abschalten zu wollen würde das Problem nicht lösen, nur verschieben. Denn die Eindrücke wollen nun mal verarbeitet worden. Es verlagert das Problem in den Schlaf, in die Träume oder auch auf die körperliche Ebene, wo es sich dann vielleicht tatsächlich als Verdauungsstörung äußert.

Wir müssen an die Ursachen heran. Es gibt deren drei: das »Überfressen« mit Information, Emotionen; und Elektrosmog.

- Wenn Sie dem Denkzwang entrinnen möchten, müssen Sie also erstens Informationen aktiv auswählen, statt sich passiv hineinziehen zu lassen, die digitalen Medien konzentriert und mit Bewusstsein nutzen und nur für das, was einem wirklich wichtig ist, und sich viele kleine und größere Pausen gönnen, in denen keinerlei Information hereinkommt und man spazieren geht, Sport treibt, sich Hand- oder Handwerksarbeiten hingibt – alles, was in den Körper, auf die Erde, in die Realität des gegenwärtigen Augenblicks zurückbringt. Natürlich wird der Denkprozess auch während solcher Pausen weitergehen, ebenso wie der körperliche Verdauungsprozess nicht plötzlich aufhört, während wir nicht essen. Aber Sie nehmen in diesen Pausen keine neue Nahrung auf.
- Dann gilt es zweitens, die Emotionen zu entdecken, die Sie im Denken festhalten, und
- drittens, den Elektrosmog zu reduzieren.

Der Geist ist gierig

Der Geist ist gierig, er will mehr und noch mehr Informationen … Es ist nie genug; daher sind wir nie zufrieden. Versuchen Sie einmal, die Gier nach mehr, die Sie ergreift, wenn Sie nicht abschalten können, bewusst als Gefühl wahrzunehmen und Ihr Herz dafür zu öffnen. Sie werden merken, dass dahinter ein Hunger, ein Bedürfnis, letztlich eine Sehnsucht steckt. Wonach? Schalten Sie einmal alles ab, was *connected* und *plugged* ist: Hören Sie kein Radio, schauen Sie nicht fern, lesen Sie keine Zeitung, und telefonieren Sie nicht. Achten Sie darauf, was Ihnen fehlt, was an Ihnen zieht, was Sie dazu treiben möchte, wieder an den Informationstropf zu kommen. Wenn Sie sich in dieses Ziehen vertiefen, werden Sie Ihre Sehnsucht entdecken. Fühlen Sie sie. Öffnen Sie Ihr Herz dafür.

Noch ohne wieder online zu gehen, immer noch abgeschaltet, stellen Sie sich nun die Erfüllung dieser Sehnsucht vor: Alles wieder angeschaltet. Sie sind wieder »drinnen«. Wieder dabei. Wieder angeschlossen. Wie fühlen Sie sich, wie heißt das gute Gefühl, um das es dabei geht? Verbunden? Finden Sie dieses gute Gefühl. Öffnen Sie Ihr Herz dafür. Pflegen Sie es in den nächsten Tagen und Wochen konsequent. Beobachten Sie dabei, ob die Sucht nach »Connection« ein wenig zurückgeht.

Wo Gier ist, ist auch Angst. Achten Sie ebenso auf die Angst, die auftritt, wenn Sie sich abkoppeln, wenn Sie einmal keine Informationen bekommen, vom Netz und der Handyverbindung abgeschnitten sind. Öffnen Sie auch für diese Angst Ihr Herz. Und für das, wovor Sie Angst haben. Letztlich ist es auch – nur ein Gefühl. Es bewusst zu fühlen, statt es für eine Tatsache zu halten, kann Sie befreien.

Denkzwang hat eine körperliche Ursache

Nur gibt es da noch ein anderes Problem, und zwar auf der körperlichen Ebene: die künstlichen elektromagnetischen Felder. All unsere Fernkommunikationsgeräte »strahlen« nämlich: Sie erzeugen und verbreiten elektromagnetische Felder, die nicht schön brav in Kabeln eingesperrt bleiben, sondern durch die Luft gepustet werden – Kabel sind ja unpraktisch. Das natürliche elektromagnetische Feld der Erde, auf das Ihr Körper geeicht ist, wird mit völlig andersartigen und meist chaotischen Schwingungen überlagert. Diese Fremdschwingungen bringen Ihren Organismus durcheinander, erzeugen Blockaden und Chaos im Nervensystem, machen nervös, ungeduldig, aggressiv, und sie sind für den Organismus Stress in Reinkultur. Zudem verändert sich durch sie das menschliche Gehirn: Das Denken wird angeregt – auf Kosten von Fühlen und Mitfühlen.

Viele Menschen träumen heute davon, diesem Stress zu entrinnen, und manche ziehen tatsächlich um aufs Land oder in die Natur. Nur leider nehmen die meisten von ihnen das mit, dem sie entrinnen wollen: ihre Handys, Laptops, Tablets, somit den Informationsfluss und die Strahlung. Sie hindern sich selbst daran, in den Genuss der friedlichen Beschaulichkeit zu kommen, die ihnen auf dem Lande beschieden sein könnte. Ich weiß noch, wie sich das anfühlt, denn die ersten fünfzig Jahre meines Lebens habe ich in einer Welt verbracht, die kein Internet und noch so gut wie keinen Mobilfunk kannte. Auf dem Land herrschte eine friedliche, ruhige, langsame Schwingung. Da war der Geist völlig zur Ruhe gekommen, mit einer köstlichen Intensität des Erlebens. Der Hahnenschrei, das sanfte Rauschen in den Blättern, der Duft von Heu, leises Piepen aus dem Baum, das Summen der Bienen …

Die Gefühle entdecken und versorgen, die Sie im Denken festhalten

Nun leiden wir aber unter Denkzwang und können schon deshalb gar nicht mehr zur Ruhe kommen – möchten es aber gern. Was tun?

Gegenfrage: Was tun Sie, wenn Ihr Verdauungsapparat überlastet ist, weil Sie nonstop und egal was gegessen haben? Ganz einfach:

- weniger essen,
- bewusster essen und
- Essenspausen einlegen.

Was beim Denkzwang aber aus den beschriebenen Gründen nicht so leicht ist. Zumal nicht nur digitale Kommunikation Sucht erzeugt, sondern das Denken selbst ebenfalls. Wir sind süchtig nach Denken.

Denken erzeugt ein positives Gefühl – sonst würde es uns nicht so anziehen. Und erspart uns ein negatives.

Beide finden Sie durch Körperzentrierte Herzensarbeit: Statt ihn nur wegzuwünschen, schauen Sie sich den Denkzwang-Zustand einmal ganz bewusst an. Spüren Sie, wie er sich körperlich anfühlt. Im Kopf, im Gehirn, in den Augen, im Kiefer, im Nacken, im Rest Ihres Körpers. Erleben Sie den Zustand bewusst und interessiert.

Richten Sie dann Ihre Aufmerksamkeit darauf, wie Sie sich in diesem körperlichen Zustand emotional fühlen.

Öffnen Sie Ihr Herz für dieses Gefühl.

Arbeiten Sie auf diese Weise weiter, immer wieder vom Körperzustand ausgehend, bis Sie alle Gefühle, die damit verbunden sind, ins Herz geholt haben.

Achten Sie auf positive und negative Aspekte. Falls nötig, arbeiten Sie mit »Was-wäre-wenn-Fragen«. Beantworten Sie sie nicht durch Nachdenken, sondern durch Imaginieren und Spüren.

Was ist für Sie gut daran, im Denken gefangen zu bleiben? Alternativ: Was wäre schlimm, wenn Sie das Denken aufgeben müssten oder unterließen?

Beachten und pflegen Sie die entdeckten Gefühle im Alltag weiter. Nach und nach werden Sie sich vom Automatismus befreien. Und wenn Sie doch wieder hineingefallen sind, was natürlich vorkommt, dann kommen Sie jetzt mit einem Fingerschnippen wieder heraus: sich einfach daran erinnern, das neue Gefühl wahrzunehmen. Üben Sie das, experimentieren Sie damit, lassen Sie nicht locker.

Es geht nicht darum, ein für alle Mal befreit zu sein; es geht darum zu wissen, dass Freiheit in jedem Augenblick da ist. Sie müssen nur bewusste Wahrnehmung einschalten.

Die heilende Motivation finden

Wenn Sie sich von etwas befreien möchten, sei es Übergewicht, sei es Kommunikationssucht oder Denkzwang, was auch immer, reicht es nicht zu sagen: »Ich möchte mich davon befreien.« Indem ich mich von etwas befreien möchte, bin ich ja immer noch besessen von diesem Etwas. Befreien können Sie sich nur durch eine klare und starke Motivation, durch ein Ziel.

Die Frage ist nicht, wovon Sie sich befreien möchten, sondern wozu. Was soll am Ende dabei herauskommen? Was möchten Sie erreichen, wonach sehnen Sie sich? Dort finden Sie die Motivation, die Sie befreien wird. Spielen wir es einmal wie folgt durch.

Abwesenheit von Motivation am Beispiel Essen:
Ich bin zu dick.
Ich esse zu viel.
Ich fühle mich unwohl.

Ich weiß, dass es mein Ruin sein wird.
Aber ich kann nicht aufhören.
Es ist so schwierig zu verzichten.
Ich mache weiter.

Anwesenheit von Motivation am Beispiel Essen:
Ich bin zu dick.
Ich esse zu viel.
Ich fühle mich hässlich.
Aber da ist dieser Kerl, in den ich verliebt bin.
Den ich in meinem Leben und in meinem Bett haben möchte. Der mich mehr interessiert als alles andere.
Dafür muss ich schlank und schön sein.
Ab sofort Rohkost.
Jede Karotte genieße ich im Gedanken an die Traumfigur, mit der ich ihn beeindrucken werde. Im Gedanken an ihn.

Abwesenheit von Motivation am Beispiel Internetsucht und Denkzwang:
Ich kann meinen Kopf nicht abschalten.
Ich weiß, es liegt daran, dass ich zu viel im Internet bin und zu viele Eindrücke und Informationen aufnehme.
Aber ich kann nicht aufhören.
Es zieht mich rein, hält mich fest, lockt mich, fasziniert mich. Ich könnte etwas Wichtiges verpassen.
Ich kann nicht aufhören.

Anwesenheit von Motivation am Beispiel Internetsucht und Denkzwang:
Ich kann meinen Kopf nicht abschalten.
Ich weiß, dass ich zu viel im Internet bin, mit Eindrücken und Informationen übersättigt.

Aber da draußen ist das richtige Leben, an dem ich so gern teilhaben möchte. Ich möchte richtig leben, lebendig, präsent, mich voller Kraft und Freude leben spüren.
Also sofort Connection auf das notwendige Minimum reduzieren.
Jedes Mal, wenn ich bewusste Cyber-Disziplin anwende, genieße ich die Kraft, die mir dadurch zuwächst, und die Vorfreude aufs richtige Leben sowie auf mein neues lebendiges Ich, das voller Kraft und Freude daran teilnimmt.

Das sind natürlich nur Beispiele. Finden Sie Ihre eigene Motivation. Entdecken Sie, welche Sehnsucht in Ihnen spricht, wenn Sie sich vom Denkzwang und der intellektuellen Übersättigung befreien möchten. Nach Frieden? Ruhe? Erholung? Klarheit? Meisterschaft? Präsenz? Lebendigkeit? Die Sehnsucht danach, sich wieder als körperliches Wesen zu erleben? Teil der Natur zu sein? Meditieren, genießen, entspannen zu können? In Kontakt zu sein? Sich und sein Leben unter Kontrolle zu haben? Die Sehnsucht aufzuwachen? Finden Sie diejenige, die Sie am stärksten motivieren kann, und zwar unabhängig von der Frage, ob sie realistisch gesehen erfüllbar ist oder nicht.

Laden Sie diese Sehnsucht in Ihr Herz ein. Fühlen Sie sie mit allen Fasern. Prüfen Sie, was sie von Ihrem Herzen braucht. Nehmen Sie sie mit, und halten Sie sie hoch.

Stellen Sie sich die Verwirklichung dieser Sehnsucht vor. Spüren Sie, was das mit Ihrem Körper macht. Fühlen Sie, wie Sie sich darin fühlen. Öffnen Sie Ihr Herz für dieses Gefühl.

Nützliche Tipps zum Thema »Denkzwang«

Bevor Sie sich entspannen und zur Ruhe kommen können, müssen Sie sich von überschüssiger elektrischer Spannung befreien. Sonst kommt das Denken nicht zur Ruhe. Erden Sie sich. Barfuß oder durch Liegen auf dem Erdboden, über einen Kupferstab, der tief in die Erde gesteckt wird, oder ein geerdetes Wasserrohr. Duschen, schwimmen, im Meer oder in einem Meersalzbad baden hilft auch.

Schalten Sie alles ab, was strahlt, zumindest für den Moment, da Sie sich entspannen und zur Ruhe kommen wollen (Handy, Smartphone, WLAN, Schnurlostelefon …), und auf jeden Fall nachts.

»Entstressen« Sie sich durch Schütteln, Klopfen, Hüpfen oder Tanzen, Rennen, Boxen oder was immer Ihnen sympathisch ist.

Üben Sie Meditation (nach Entladen und Entstressen). Tai-Chi beispielsweise ist wunderbar, um vom Denken ins Spüren und in die Ruhe zu kommen.

Lassen Sie sich massieren, wobei die Person, die Sie massiert, ruhig und zentriert und nicht ihrerseits geladen sein sollte. Achten Sie auf Intuition bei der Auswahl, fragen Sie Leute, die sich von ihr haben massieren lassen, achten Sie auf Ihr Gefühl nach der ersten Massage.

Gönnen Sie sich eine Craniosacral-Behandlung. Das ist eine aus der Osteopathie entwickelte Therapie, die ausgleichend und entspannend wirkt: sanfte, tiefgreifende Handgriffe, die Schädel (Cranium) und Kreuzbein (Os sacrum) verbinden.

»Entswitchen« Sie Ihr Gehirn: Viel Stress wird durch ein in der Kinesiologie »Switching« genanntes Gehirnphänomen erzeugt, das die Zusammenarbeit der beiden Gehirnhälften durcheinanderbringt. Switching stellt sich ein als Folge von Elektrosmog durch Handytelefonat, Computerarbeit und Ähnliches. Jede Über-Kreuz-Bewegung, wie beim Tanzen oder Marschieren, entswitcht das Gehirn. Sie finden auf YouTube Videos von Dr. Manfred Doepp zum Entswitchen.[10]

---

10 In meinem Buch *Innehalten* bin ich ausführlicher auf Entspannung, Entladung, Entswitchen und Auszeit eingegangen. Auf YouTube finden Sie Videos von Dr. Manfred Doepp, zum Beispiel »3 Übungen zum Entswitchen«, https://www.youtube.com/watch?v=M02Sa9UzBTQ (abgerufen am 6.6.2022).

Zusammenfassung

Denken ist unser geistiger Verdauungsprozess. Durch die ständige Aufnahme von Informationen aus den elektronischen Medien und elektronische Kommunikation nehmen wir ein Übermaß an geistiger Nahrung auf.
Zusätzlich wird unser Gehirn und unser Nervensystem durch künstliche elektromagnetische Felder überreizt und durcheinandergebracht.
Hinzu kommen Emotionen wie Gier und Angst, die uns an die elektronische Kommunikation binden. Es herrscht daher ein geistiger Verdauungsnotstand. Daher kommt der Denkprozess nie zur Ruhe.
Wenn man das Denken mit einer Medizin oder Droge gewaltsam abschalten könnte, wäre das Problem nicht gelöst, sondern nur verschoben. Man muss bei den Ursachen ansetzen.

Es gibt drei Ursachen:
- zu viel Information (digitale Medien und so weiter),
- zu viel Strahlung und
- Emotionen.

Maßnahmen:
- Informationseingang: weniger aufnehmen, bewusster auswählen, bewusster lesen beziehungsweise hören, viele Pausen einlegen, in denen nichts aufgenommen wird.
- Strahlung: WLAN abschalten und Internet nur über Kabel empfangen, Schnurlostelefon durch schnurgebundenes ersetzen, Handy abschalten, sooft es geht. Nachts alles abschalten. Öfter in die Natur gehen, sich möglichst häufig »entladen«.

- Emotionen: diejenigen Emotionen bewusst machen und ins Herz holen, die Sie zwingen, im Denken zu verbleiben, statt präsent zu sein, und auch diejenigen, die Sie hindern, Ihre digitale Verbindung abzuschalten. Achten Sie jeweils auf die positiven und die negativen Gefühle sowie auf die Sehnsucht.

Denken macht süchtig, ebenso, wie das Internet süchtig machen kann. Lernen Sie die Emotionen kennen, aus denen diese Sucht besteht. Öffnen Sie Ihr Herz für sie.
Um sich zu befreien, brauchen Sie eine starke Motivation. Finden Sie die Sehnsucht, aus der heraus Sie sich befreien möchten, und holen Sie sie ins Herz.
Helfen Sie sich, wieder in den Körper zu kommen, durch körperliche Aktivitäten, die Ihnen guttun, wie Sport, Tai-Chi, Schwimmen, Musik … Oder wohltuende Massagen.
Üben Sie Meditation.

Wie wir genau das herbeizaubern, was wir (nicht) wollen

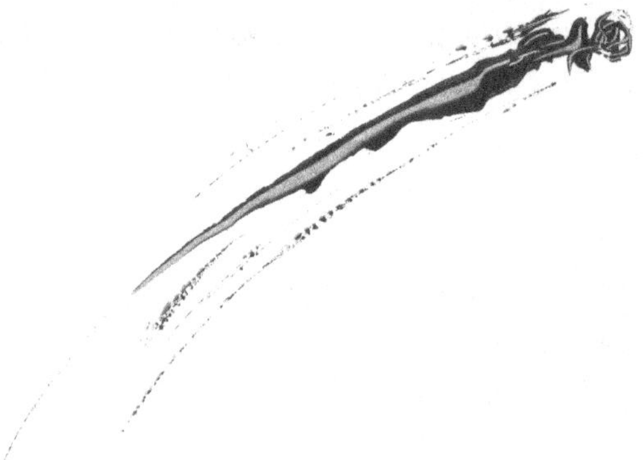

Sehnsucht und Wünsche sind das, was uns im Leben vorantreibt. In jedem Wunsch drückt sich eine Sehnsucht aus, und dieser wohnt eine Energie inne, die uns zu ihrer Erfüllung hinzieht. Aber warum bleiben dann so viele Sehnsüchte und Wünsche unerfüllt? Vielleicht machen wir beim Wünschen etwas falsch?

Wünsche erfüllen sich,[11] sofern sie nicht aus dem Unterbewusstsein heraus torpediert werden, zum Beispiel besteht der bewusste

11 Im Allgemeinen und soweit ich das beobachten konnte und Weisere als ich es beschrieben haben.

Wunsch »Ich sehne mich danach, mit meiner Musik groß rauszukommen«, aber ebenso der unbewusster Wunsch »Ich möchte im heimeligen Schutz der Unbekanntheit bleiben«. Alles, was dieser Möchtegern-Bühnenstar dann tut, um Karriere zu machen, tut er – ohne es zu wissen – aus der Perspektive desjenigen, der am liebsten gemütlich zu Hause sitzen möchte. Kein Wunder, dass es da nichts wird mit dem Traum vom Weltstar!

Die Lösung wäre, beide Wünsche nacheinander bewusst wahrzunehmen, zu fühlen, ins Herz zu holen. Im Kopf sind sie unvereinbar, im Herzen nicht. Die Lösung ergibt sich danach von selbst.

Wünsche erfüllen sich – sofern das machbar ist. Wenn Sie sich ein altes Steinhaus mit Türmchen und dicken Mauern in einem Park mit alten Bäumen, einem Bach, einer großen Scheune in einer ganz bestimmten Gegend wünschen, in der es überhaupt keine alten Steinhäuser gibt, dann wird es schwierig mit der Wunscherfüllung. Wenn Ihr Wunsch andere Menschen impliziert, die nicht gefragt wurden und möglicherweise nicht einverstanden sind oder durch die Erfüllung Ihres Wunsches Schaden erleiden könnten, ist es natürlich ebenfalls schwierig.

Das liegt auf der Hand, nicht wahr? Sie können sich wünschen, dass ein bestimmter Mensch in Ihrem Lebensdrehbuch eine bestimmte Rolle spielt, aber Sie können es nicht erzwingen. Was aber tut man mit einem solchen Wunsch? »Ich möchte Hans heiraten.« Oder: »Ich sehne mich nach einer Beziehung mit Eva.« Öffnen Sie Ihr Herz für diesen Wunsch oder diese Sehnsucht. Vielleicht haben Sie ja Glück, und Hans oder Eva wünschen sich das Gleiche. Entdecken Sie das gute Gefühl, das die Vorstellung der Wunscherfüllung in Ihnen weckt, öffnen Sie Ihr Herz dafür, und pflegen Sie es.

Wünsche erfüllen sich, achten Sie daher auf die richtige Formulierung

Die Sätze »Ich will Schokoladentorte« oder »Ich will keine Schokoladentorte« sind für Ihr Unterbewusstsein das Gleiche: Es versteht nur »Schokoladentorte«. Negative »Vorzeichen« wie »nicht«, »kein«, »nie« oder »auf keinen Fall« ignoriert es. Sie sagen ihm nichts. Diese Wörter haben ja auch, im Gegensatz zur Schokoladentorte, keine Realität. Sie sind Konstruktionen unseres Geistes.

Ich beispielsweise habe viele Jahre lang im sonnigen Süden gelebt und jahraus, jahrein, wenn der Winter nahte, gejubelt: Endlich kein Winter mehr!« Ich sagte mir und jedem, der es hören wollte, stets: »Ich möchte nie wieder zurück ins Winterland.« Während ich das bekräftigte, stand das Bild des Unerwünschten deutlich vor meinen Augen: Regen, Schnee, Nebel, grau, kalt, dunkel. Mein innerer Weihnachtsmann registrierte dieses Bild, verstand: »Okay, gebongt, Winterland«, und voilà. Zurück im Winterland, sitze ich nun an meinem Schreibtisch, in warme Wollsachen gehüllt, am helllichten Tag bei Lampenlicht, draußen genau diese nebelgraue Kälte, die ich »nie wieder« erleben wollte.

Wünsche erfüllen sich – aber sie brauchen Zeit dafür, manchmal viel Zeit.

Wir leben ja eben nicht (nur) in der geistigen Welt, sondern (auch) in der Welt von Raum-Zeit-Materie, und in dieser wollen wir unsere Sehnsucht ja verwirklicht sehen. Wir wollen unseren Wunsch in Fleisch und Blut als materielle Realität erleben, und dazu gehört nun mal der Faktor Zeit. Sagen Sie daher nicht: »Mein Wunsch hat sich nicht erfüllt«, oder noch falscher (weil Sie es damit zur zukunftswirksamen Affirmation machen würden): »Mein Wunsch erfüllt sich nicht«, sondern: »Mein Wunsch hat sich noch nicht erfüllt.« Das ist korrekt vom Inhalt her und lässt in Ihrem Geist die Möglichkeit offen, dass er sich noch realisiert.

Weitere Gründe, warum es mit der Erfüllung klemmen könnte

Möglicherweise ist Ihr Wunsch gar nicht wirklich Ihr eigener: Manchmal hegen wir eine Sehnsucht, die wir von jemandem oder für jemanden übernommen haben.

Lenas Mutter etwa träumte davon, Primaballerina zu werden, hat es aber nicht geschafft, weil Lenas Geburt ihr einen Strich durch die Rechnung machte. Lena hat dann schließlich versucht, es für sie zu erreichen. Sie tut sich aber schwer damit, schafft es mit Mühe in die hinteren Reihen einer Balletttruppe. Zu spät merkt sie, dass es auch gar nicht ihr eigener Wunsch ist, den sie da zu verwirklichen versucht.

Ein weiterer möglicher Grund ist Negativität: Manchmal verharren wir lieber im Schimpfen oder Weinen, statt unserer Sehnsucht den Weg freizuschaufeln – vielleicht, weil wir im Negativen etwas Positives oder Vertrautes finden. Manchmal hat uns die Macht der Gewohnheit oder der Sucht im Griff und hindert uns am Voranschreiten unserem Wunschziel entgegen.

Die Aufmerksamkeit kann in die falsche Richtung gehen: Statt das Bild des Erwünschten innerlich hochzuhalten, unseren Traum zu pflegen, richten wir unsere Aufmerksamkeit die ganze Zeit auf das, was wir nicht wollen, was wir weghaben wollen, was uns stört. Und dem Unterbewusstsein ist das Wort »nicht« ja unbekannt.

Es kann auch sein, dass wir es übertreiben: Manchmal nehmen wir den Wunsch einfach zu wichtig, machen zu viel Getue darum, zu viel Druck aufs Schicksal (»Es *muss* sich unbedingt erfüllen«). Das ist immer kontraproduktiv.

Vielleicht ist der Wunsch auch »kastriert«: Manchmal erfüllt sich ein Wunsch nicht, wenn wir zu viel an ihm herumzensieren, redigieren, ihn »spirituell korrekt« machen, veredeln … statt ihm einfach unser Herz zu öffnen – so, wie er ist.

Möglicherweise ist das Ersehnte nicht wirklich gut für Sie: Manchmal bleiben wir mit einem konkreten Wunsch identifiziert, versteifen uns darauf und ignorieren, dass unser Innerstes sich damit gar nicht wohlfühlt oder dass aus der Außenwelt Warnhinweise kommen … Womöglich greift dann unser höheres Selbst, ein Schutzengel oder ein weiser und wohlmeinender Mensch ein und vereitelt es … Besser, als mit solch einem konkreten Wunsch identifiziert zu bleiben, ist, ihn bewusst als Gefühl wahrzunehmen. Stellen Sie sich dann die Wunscherfüllung vor, und entdecken Sie das gute Gefühl darin (siehe Praxiskapitel Körperzentrierte Herzensarbeit). Dort finden Sie das, wonach Sie sich in Wirklichkeit sehnen.

Manchmal befindet sich ein Wunschziel deutlich außerhalb unserer Komfortzone beziehungsweise ist eine Nummer zu groß für uns: Ich möchte Milliardär werden, kann mir aber höchstens vorstellen, genügend Geld für meinen Lebensunterhalt zu haben, alles andere ist zu weit weg von meinem Selbstverständnis. Etwas zurückzustecken passt dann, zumindest im Augenblick, besser.

Manchmal halten wir es einfach nicht für möglich, glauben nicht an die Erfüllung unseres Wunsches – und sind so sehr mit diesem »Unmöglich!« identifiziert, dass wir die Erfüllung unserer Sehnsucht nicht zulassen oder sie gar nicht bemerken.

Richtig wünschen – Die Gesetze

Wünsche erfüllen sich jedoch in aller Regel, vorausgesetzt,

- sie haben keinen Gegner in Ihrem Unterbewusstsein,
- sie sind stärker als der Sog von Gewohnheit, Bequemlichkeit oder der Negativität,
- sie sind begleitet vom Bild des Erwünschten, das hochgehalten und gepflegt wird,
- sie implizieren nicht den freien Willen einer bestimmten anderen Person,

- sie sind erfüllbar,
- sie sind positiv formuliert,
- sie bekommen die Zeit, die sie zu ihrer Erfüllung brauchen,
- sie werden nicht mit zu viel Wichtigkeit und Stress belastet,
- sie beziehen sich auf etwas, was Sie sich vorstellen können, ohne sich unwohl zu fühlen,
- sie sind nicht in Ihrem Innern als »unmöglich« abgestempelt und begraben,
- sie beziehen sich nicht auf etwas, was Ihr Schutzengel verhindern würde.

Anders formuliert, haben wir hier somit schon die wichtigsten Gesetze, die es auf jeden Fall zu beachten gilt:

1. Wenn Sie sich etwas wünschen, achten Sie darauf, ob es nicht in Ihrem Unterbewusstsein einen entgegengesetzten Wunsch gibt. (Und falls es einen gibt, nehmen Sie diesen Wunsch bewusst wahr, und öffnen Sie ihm Ihr Herz.)
2. Vermeiden Sie negativ formulierte Wünsche, formulieren Sie Ihre Wünsche positiv. Statt »Ich möchte keine dunkle Wohnung« sagen Sie lieber: »Ich möchte eine helle Wohnung.« Statt »keinen Lärm« wünschen Sie »Stille« oder »Ruhe«.
3. Wenn Sie einen Wunsch hegen, der den freien Willen eines anderen impliziert, so öffnen Sie Ihr Herz für diesen Wunsch, und entdecken Sie das gute Gefühl, das Ihnen die Erfüllung dieses Wunsches verschaffen würde, durch entsprechende Anwendung der Körperzentrierten Herzensarbeit.
4. Prüfen Sie, ob der betreffende Wunsch nicht eventuell von einer anderen Person (Mutter, Vater, Partner, religiösen oder spirituellen Vorbildern) übernommen ist (probieren Sie die Rückgabe aus, und achte Sie auf die Reaktion).
5. Öffnen Sie Ihr Herz für Gewohnheit, Sucht, Bequemlichkeit, Angst oder Faulheit, sollten diese der Wunscherfüllung im Weg stehen.

6. Nehmen Sie Ihren Wunsch nicht allzu wichtig, legen Sie nicht zu viel Druck und Stress darauf (und falls doch, nehmen Sie die Angst, die dahintersteckt, bewusst wahr und ins Herz).
7. Achten Sie darauf, ob der Wunsch sich stimmig anfühlt und Sie sich damit wohlfühlen. Wenn er Ihnen zu hoch gegriffen erscheint und Sie sich damit nicht vertraut machen können, schrauben Sie ihn ein wenig zurück.
8. Prüfen Sie, ob Sie die Erfüllung für möglich halten (wenn Sie Herzensarbeit mit diesem Wunsch machen, werden Sie auf diesen Punkt stoßen, daher muss das hier nicht weiter erläutert werden).
9. Wenn Ihr Wunsch sich bisher noch nicht erfüllt hat, bedenken Sie, dass der »irdische Wunscherfüllungsprozess« Zeit braucht – manchmal viel, manchmal wenig, je nachdem wie viele Faktoren zur Verwirklichung zusammenkommen müssen. Statt also zu sagen: »Mein Wunsch erfüllt sich nicht«, sagen Sie lieber: »Er ist bisher nicht in Erfüllung gegangen.« Noch besser: »Wahrscheinlich ist er auf dem Weg zur Erfüllung.«

Ihre Ausstrahlung mit dem Wunschziel kompatibel machen

Viele geistige Methoden befassen sich mit dem Thema »Wunscherfüllung«: vom Urvater des Positiven Denkens, Prentice Mulford, über Murphy und andere spirituelle Lehrer des 19. und 20. Jahrhunderts bis zu dem interessantesten diesbezüglichen Autor unserer Zeit, dem russischen Physiker Vadim Zeland. Bei allen jedoch fehlt noch ein adäquater Umgang mit Gefühlen, das heißt ein Umgang, der den Gefühlen gerecht wird, der ohne Selbstvergewaltigung und Verdrängung praktikabel ist und dazu führt, dass wir eins mit uns sind. Die wichtige Rolle der Gefühle wird schon anerkannt, aber die Ratschläge, Gefühle betreffend, sind unvollständig, nicht wirklich realisierbar oder kontraproduktiv, da sie zu Verdrängung und Spaltung führen.

Die Brücke vom Geistigen zum Materiellen ist das Gefühl. Um Ihr Wunschziel zu erreichen, müssen »die Parameter Ihrer Ausstrahlung mit dem Ziel übereinstimmen«, wie Zeland das in seinem Buch *Transsurfing* ausdrückt. Anders gesagt: Sie müssen sich so fühlen, als hätten Sie es schon erreicht. Aber wie, bitte schön, soll das gehen, ich kann mich doch nicht zwingen, mich anders zu fühlen, als ich mich fühle? Soll ich denn meine Trauer oder meine Frustration mit einem fröhlichen oder friedlichen Gefühl übertünchen oder wegzureden versuchen: »Okay, du sitzt auf der Straße und hast kein Geld, aber freue dich, immerhin hast du ja noch Kleider am Leib«?

Mit Herzensarbeit geht es viel einfacher. Statt die negativen Gefühle durch positive zu ersetzen, nehmen Sie sie bewusst wahr und öffnen Ihr Herz dafür. Und statt Ihre Sehnsucht nur zu haben, fühlen Sie sie bewusst. Die Sehnsucht führt Sie zum Bild ihrer Erfüllung. Sie versetzen sich in dieses Bild hinein und entdecken (über den Körperzustand) das positive Gefühl, das die Erfüllung Ihnen verschafft. Und dies ist nun ein Gefühl, das Sie sich nicht künstlich einreden müssen, sondern das tatsächlich bereits in Ihnen vorhanden war, nur nicht wahrgenommen wurde. Nun haben Sie es entdeckt, lernen es kennen, fühlen es und öffnen Ihr Herz dafür.

Und schon fühlen Sie sich so, als hätten sie es bereits erreicht. Nun stimmen, wie Zeland es nennt, »die Parameter Ihrer Ausstrahlung mit Ihrem Ziel überein«. Jetzt brauchen Sie dieses Gefühl nur noch in Ihrem Herzen zu hegen und zu pflegen, das heißt, oft und viel zu fühlen.

Zusätzliche Tipps

Die folgenden Fragen sind mögliche Ansätze (nicht zum Nachdenken, sondern für eine Körperzentrierte Herzensarbeit):

- Was ist schlimm daran, dass (wenn) Ihr Wunsch sich nicht erfüllt?
- Was ist gut daran, wenn Ihr Wunsch sich nicht erfüllt?
- Was ist gut daran, wenn Ihr Wunsch sich erfüllt?
- Was ist schlimm daran, wenn Ihr Wunsch sich erfüllt?
- Können Sie sich vorstellen, dass es noch lange dauert, bis Ihr Wunsch sich erfüllt? Was ist schlimm daran, wenn es noch viel Zeit braucht?
- Stellen Sie sich vor, Sie begraben und vergessen Ihren Wunsch, Sie geben auf, lassen ihn fallen. Was ist schlimm daran?
- Was ist gut daran?
- Stellen Sie sich vor, Sie sind am Ende Ihres Lebens angekommen und Ihr Wunsch hat sich nicht erfüllt. Was ist schlimm daran?

Um es – als Fazit – ein wenig ironisch zu formulieren: Wenn Sie sich genau das herbeizaubern wollen, was Sie *nicht* wünschen, sollten Sie

- viel Aufmerksamkeit auf den negativen Ist-Zustand richten und sich oft darüber beklagen,
- Ihren Wunsch negativ ausdrücken (»Ich will, dass diese Unsicherheit aufhört«, »… dass dieser Virus verschwindet«, »Ich will nicht, dass …«, »Ich möchte keinen …«),
- Ihren Wunsch sehr wichtig nehmen,
- ungeduldig werden, Druck machen (»Es muss …«),
- innere Gegenstimmen oder Gegenwünsche unterdrücken oder wegreden.

Wenn Sie sich hingegen das herbeizaubern wollen, was Sie sich wünschen, sollten Sie

- viel Zeit damit verbringen, sich das Erwünschte vorzustellen,
- das herbeiwünschen, was Sie wünschen, statt das wegzuwünschen, was Sie nicht wünschen,
- Ihren Wunsch als Gefühl statt als Tatsache wahrnehmen, ihn im Herzen hegen, aber Ihren Kopf von ihm frei machen,
- der Erfüllung Ihres Wunsches die notwendige Zeit einräumen (nicht sagen: »Mein Wunsch erfüllt sich nicht«, »... nie« oder »... mal wieder nicht«, sondern: »Mein Wunsch hat sich bisher noch nicht erfüllt«, was ja auch das Einzige ist, was Sie mit Sicherheit wissen),
- entgegengesetzte Wünsche und andere innere Widersacher ans Licht und ins Herz holen,
- sich auf den Weg zu Ihrem Ziel machen, nicht nur fühlen und visualisieren, sondern auch handeln! Sie brauchen noch nicht einmal zu wissen, wo genau der Weg zur Erfüllung verläuft, Sie müssen nur merken, welcher Schritt jetzt gerade dran ist, und diesen tun.

Indem Sie die Methode der Körperzentrierten Herzensarbeit auf Ihren Wunsch anwenden, schlagen Sie alle Fliegen der oberen Aufzählungen mit einer Klappe. Denn:

- Ihre Aufmerksamkeit richtet sich fortan auf das positive Gefühl, das Sie in der Fantasie der Erfüllung entdeckt haben.
- Sie sind nicht mehr abhängig von der konkreten Erfüllung des Wunsches, da Sie ja das Gefühl, das diese Ihnen verschaffen würde, bereits in sich tragen. Der Wunsch kann sich nun erfüllen, in genau der erträumten Weise oder einer anderen, die zufriedenstellender für Sie ist, aber es ist für Sie weniger wichtig (da Sie sich ja schon so fühlen, wie Sie sich fühlen wollten).
- Sie brauchen keinen Druck mehr auszuüben, da Sie ja dieses Gefühl (das Ihr eigentliches Wunschziel war) schon haben.

- Sie brauchen andersgeartete Wünsche nicht mehr zu verdrängen, da Sie ja bereits im Besitz Ihres Wunschziels (eben des Gefühls) sind. Sie können sich leisten, diese unter dem Teppich hervorzuholen und anzuschauen.

Und schließlich: Sie haben den wichtigsten Beitrag zur Erfüllung Ihres Wunsches geleistet, nämlich Ihre innere Verfassung mit dem äußeren Ziel kompatibel gemacht.

Zusammenfassung

Sehnsucht, konkretisiert in Wünschen, ist unser Antrieb. Sie strebt nach ihrer Erfüllung.
Wünsche erfüllen sich – sofern Sie ihnen die Zeit dafür zugestehen, sie nicht durch einen Gegenspieler torpedieren, ihre Erfüllung machbar ist und Sie Ihren Wunsch richtig formuliert haben.
Bei der Formulierung Ihres Wunsches lassen Sie negative »Vorzeichen« weg, also Begriffe wie »nicht«, »kein« oder »nie«.
Wenn eine Sehnsucht sich nicht oder noch nicht erfüllt, kann es auch daran liegen, dass es gar nicht Ihre ist, sondern eine, die Sie von Vater oder Mutter übernommen haben, dass Sie zu viel in Negativität schwelgen; sich zu viel mit dem aufhalten, was Sie loswerden möchten, statt mit dem, was Sie erreichen wollen, dass Sie in kontraproduktiven Gewohnheiten gefangen sind.
Oder dass Sie zu viel Gewicht auf die Erfüllung dieser Sehnsucht legen, sie zu wichtig nehmen, zu viel Druck machen.
Vielleicht liegt es auch daran, dass Sie gar nicht Ihren echten Wunsch formuliert haben, sondern eine zensierte Version davon, die Sie nicht fühlen können, weil sie gar nicht stimmt.

Ihre Sehnsucht erfüllt sich vielleicht deshalb nicht, weil das Ersehnte weit außerhalb Ihrer Komfortzone liegt (Sie überfordert) oder weil Sie nicht daran glauben können.
Oder weil die Erfüllung nicht gut für Sie ist.
Sorgen Sie dafür, dass die Art, wie Sie sich fühlen, mit Ihrem Wunschziel übereinstimmt. Aber reden Sie sich das nicht ein, und erzeugen Sie nicht künstlich ein positives Gefühl, sondern entdecken Sie es in sich durch Körperzentrierte Herzensarbeit.
Arbeiten Sie mit »Was-wäre-wenn-Fragen«, um diese mit der Technik der Körperzentrierten Herzensarbeit zu beantworten und auf diese Weise weitere Gefühle ans Licht und ins Herz zu befördern.

Wie aus Wünschen Pflichten und aus Idealen Bürden werden

Sehnsucht ist etwas Wunderbares. Sie beseelt uns, treibt uns an, zieht uns in Richtung ihrer Erfüllung, verleiht uns Kraft und Motivation zum Handeln. Der Weg vom Sehnen zur Erfüllung ist einfach: Sehnsucht taucht auf, formiert sich zum Wunsch. Streben und Handeln ergeben sich ganz natürlich als Bedürfnis. Wir halten Ausschau nach den richtigen Gelegenheiten, Informationen, Helfern. Und schließlich ist da die Erfüllung.

Nun haben wir ja nicht nur einen Wunsch, sondern mehrere, sodass der Gesamtweg nicht so linear ist, sondern es sich eher um verschlungene Pfade handelt. Es tauchen Hindernisse auf: Wir unterdrücken unsere Sehnsucht, weil wir sie für sinnlos oder falsch halten; wir nehmen sie zwar wahr, sind aber zu stark mit negativen Erwartungen identifiziert, um sie ernst zu nehmen und ihr zu folgen; das Schicksal macht uns einen Strich durch die Rechnung und vereitelt die Erfüllung (vielleicht nur scheinbar oder nur vorübergehend, aber das können wir nicht wissen).

Manchmal aber sind wir es selbst, die diesen Ablauf unterbrechen. Eine Sehnsucht taucht auf. Ich folge ihr, fange an zu streben, zu handeln – und höre wieder auf damit. Lasse die Sache fallen. Äußere oder innere Einflüsse haben mir das Vertrauen, die Energie, die Motivation genommen, andere Angelegenheiten haben Priorität bekommen.

Meine Sehnsucht bleibt unerfüllt. Ich habe sie fallen gelassen, aber zugleich fühle ich mich verpflichtet, ihr die Treue zu halten. Weil ich sie, aus welchem Grund auch immer, trotzdem wichtig finde.

Nun ist aus etwas, was mich mit freudiger Erwartung erfüllte und mir Kraft und Schwung gab, etwas geworden, was mich niederdrückt: etwas, was ich tun muss, müsste, sollte. Eine Last.

Ich hatte mein Studium aufgegeben, um Sängerin zu werden. Ich hegte große Träume; wollte im Pariser »Olympia« auftreten wie einst Jacques Brel und all die Großen, die ich damals verehrte.
Ich nahm Gesangsunterricht, schuf mir ein Repertoire, fand Musiker, die mich begleiteten, sogar Produzenten, die Potenzial in mir erblickten, schaffte es zu kleinen und größeren Konzerten – dann aber geschah etwas, was mich in einen ganz anderen Beruf katapultierte, und unversehens startete ich eine ganz andere Karriere. Die »Singerei« kam herunter zur Nebentätigkeit, schließlich zum Hobby. Es blieb nicht genügend Zeit und Energie, um meine Kunst zu pflegen, geschweige denn, damit Karriere zu machen.
Was mache ich nun damit?

Einfach loslassen? Geht nicht. Die Sehnsucht ist ja da, so groß wie eh und je. Ja, warum kümmere ich mich dann nicht darum?
Herzensarbeit. Die Frage klären: Habe ich denn keine Lust dazu?
Ein Gefühl von Schwere, Müdigkeit, Unlust koexistiert mit einer großen Sehnsucht, meine Stimme klar und rein und schön erschallen zu lassen, zu tönen und meine eigenen Lieder zu singen und zu Gehör zu bringen.
Das Hauptgefühl ist Schwere, es impliziert Unfähigkeit, Belastung, es nicht zu schaffen, Müdigkeit. Es braucht alle Herzensschlüssel und möchte auch zurückgegeben werden; an einige Personen und ganz besonders auch ans Kollektiv (es liegt viel Schwere in der Luft als Folge der Corona-Krise).
Danach stellt sich ein Gefühl von Leichtigkeit ein.
Und zusammen mit diesem Gefühl eine innere Umstellung auf einen »leichteren« Umgang mit dem Thema.

Mit unseren Idealen ergeht es uns so ähnlich wie mit unseren großen Sehnsüchten. Der gerade Weg: Ideal keimt auf, weckt Energie, Begeisterung, Bewunderung, gefolgt von strebendem Handeln und schließlich von Verwirklichung.

Tatsächlich aber laufen wir mit einer Vielzahl von Idealen herum, die wir nicht verwirklichen, weil wir sie nicht pflegen. Wofür wir dann ein schlechtes Gewissen haben, mit einem Gefühl von Verpflichtung und Schuld herumlaufen, mit Wut auf uns selbst oder Resignation, mit Minderwertigkeitsgefühlen oder dem Gedanken, ein Versager zu sein.

Menschen, die ihre Ideale verwirklicht haben und die wir dafür bewundert hatten, werden dann zum Gegenstand unseres Neids oder zu Leuten, die uns an unsere Verfehlungen erinnern und denen wir daher lieber aus dem Weg gehen.

Ebenso wie wir unsere Sehnsucht nicht selbst erzeugen, ist auch ein Ideal nicht etwas, was wir uns ausdenken. Es ist etwas, was in uns angelegt ist, so wie in einem Samenkorn der Bauplan der Pflanze enthalten ist. Es ist das Bild von dem, was wir werden können, wenn wir uns nach Plan entwickeln. Oder jedenfalls eine Facette davon. Ob wir uns seiner bewusst sind oder nicht, es ist da; es wirkt in uns, zieht uns hin zu den Menschen, die es verwirklicht haben oder auf dem Weg zu seiner Verwirklichung sind. Wir müssen eigentlich gar nicht so viel damit tun, sondern nur der natürlichen Entwicklung unserer Persönlichkeit Raum geben. Vielleicht sind es gar nicht wir, die das Ideal realisieren möchten, sondern es ist das Ideal, das sich in uns verwirklichen möchte. Und uns dabei auf seine eigene Weise leitet, auf Wegen, die wir uns nicht hätten ausdenken können.

Aber wir quälen uns gern mit unseren Idealen herum. Wir lieben es, uns zu beschuldigen, dass wir ihnen so gar nicht entsprechen; wir lieben es, sie zu etwas zu machen, was uns das Leben verdirbt: Wenn ich am liebsten im Sessel herumlümmeln und einen dummen Film angucken möchte, verdirbt mir das Ideal den Spaß, indem es mich am Ärmel zupft und flüstert: »Solltest du nicht lieber daran arbeiten, mich zu verwirklichen?« So wird etwas, was mir Flügel verleihen könnte, zu einem Gewicht, das mich herunterzieht.

Nun könnten wir natürlich einfach aufhören, die Sache so wichtig zu nehmen, aufhören, uns Druck zu machen, uns schuldig zu fühlen, und stattdessen einfach *leben*. Wenn nun diese Idee wie ein Blitz der Erleuchtung in Ihr Bewusstsein einschlägt, fühlen Sie sich wahrscheinlich augenblicklich von der selbst auferlegten Bürde befreit und entspannen sich. Ein neues Leben fängt an! Ganz entspannt und voller Leichtigkeit. »Einfach leben!«, sagen Sie sich. »Jawohl! Das ist es!«

Und schon ist ein neues Ideal entstanden, das zu einer neuen Aufgabe heranwächst: Sie üben, »einfach zu leben« – mit mehr oder weniger Erfolg. Und schließlich wird aus der zündenden Idee eine weitere erdrückende Pflicht. Ein weiterer Strich auf Ihrer Schuldenliste. »Ich habe es nicht geschafft, mein Ideal zu verwirklichen;

und ich habe es auch nicht geschafft, es loszulassen und einfach zu leben.«

Somit geben Sie einer alten Grundidentifikation mal wieder Nahrung: »Ich bin ein Versager«, »Ich bringe nichts fertig«, »Ich bin faul«, »Ich bin schlecht«, »Ich bin überfordert« … Grundüberzeugungen wie diese möchten ja gern durch neue Erfahrungen genährt und bestätigt werden. Es liegt auch etwas Bequemes darin. »So bin ich eben. Ich schaffe es nicht.« Oder: »So ist das Leben.«

Falls dies oder etwas Ähnliches auf Sie zutrifft: Hören Sie auf, gegen sich selbst zu kämpfen, und schalten Sie die bewusste Wahrnehmung ein. Stellen Sie fest, welches Ihr Ideal ist und was genau es Ihnen schwer macht, es zu realisieren; und wie Sie sich damit fühlen, dass Sie es nicht oder nicht genügend schaffen. Desidentifizieren Sie sich von diesen Gefühlen, indem Sie sie bewusst spüren und fühlen und Ihr Herz für sie öffnen. Sowohl für die Pro-Ideal-Verwirklichungsgefühle (wie etwa Sehnsucht, Begeisterung, Bewunderung, Ungeduld, Forderung, Erwartung …) und das schlechte Gewissen als auch für die Anti-Ideal-Verwirklichungsgefühle (wie etwa Schwäche, Müdigkeit, Überforderung, Schwere, Trotz und all diejenigen Wünsche, die dem Ideal scheinbar diametral entgegengesetzt sind).

Wie Herzensarbeit hilft, Ideale müheloser zu verwirklichen

Wie fühlt es sich an,

- an das Ideal zu denken oder an einen Menschen, der es verwirklicht hat,
- sich vorzustellen, dieser Mensch zu sein,
- daran zu denken, wie wenig Sie davon verwirklicht haben,
- daran zu denken, wie viel Sie davon verwirklicht haben?

Was wäre das gute Gefühl, wenn Sie es verwirklichen?
Was wäre das schlechte Gefühl, wenn Sie es nicht verwirklichen?
Das gute Gefühl, wenn Sie es aufgeben (dürfen, können)?
Das schlechte Gefühl, wenn Sie es aufgeben?
Ist es überhaupt Ihr eigenes Ideal, oder von wem haben Sie es übernommen (Person, Kollektiv ...)?
Falls es übernommen wurde, sollten Sie das Ideal und die dazugehörigen Gefühle zurückgeben.
Beantworten Sie diese Fragen nicht durch Nachdenken, sondern durch Visualisieren und körperzentriertes Fühlen wie im Praxiskapitel beschrieben.

Und warum nicht einfach loslassen?

»Loslassen« bedeutet nicht, das Streben nach dem Ideal aufzugeben. Das wäre kein Loslassen, sondern ein Resignieren oder Kapitulieren, und es würde negative Gefühle hinterlassen. Loslassen, ja, aber anders: Nehmen Sie die Sehnsucht, Ihr Ideal zu verwirklichen, bewusst wahr, und öffnen Sie Ihr Herz für sie. Überlassen Sie danach der Sehnsucht, auf welche Weise diese Verwirklichung geschieht.

Halten Sie Ihren Geist offen für die Möglichkeit, dass alles, was mit Ihnen geschieht, Sie Ihrem Ideal näher bringt, auch wenn es gar nicht so scheint.

Wenn Sie nicht wissen, was eigentlich Ihre Ideale sind, stellen Sie sich folgende Fragen:

- Welche Menschen der Gegenwart oder der Vergangenheit (das ist völlig egal) bewundere ich am meisten? Nennen Sie als Ideal dennoch nicht einen anderen Menschen – das wäre kein Ideal, sondern ein Idol, also jemand, auf den man sein eigenes Ideal projiziert. Das wäre so, als wollten Sie, statt Ihre Einzigartigkeit zu entfalten, eine Kopie eines anderen Individuums werden. Fragen Sie sich: Für welche Qualität(en) bewundere ich sie?

- Welcher Mensch hat eine aufweckende Wirkung auf mich – so als erinnere er oder sie mich an etwas Wesentliches, was ich verloren oder vergessen hatte?
- Wie möchte ich sein? Wie wäre ich am liebsten?
- Welchem Ideal möchte ich dienen? Welchen Wert möchte ich realisieren?

Bedenken Sie: In der Regel hegt man nicht das ganze Leben hindurch das gleiche Ideal; sondern die Ideale ändern sich mit den Entwicklungsphasen.

Mit alten Sehnsüchten und Idealen aufräumen

Sortieren Sie alte Wünsche und Ideale, die zu lästigen Pflichten, Bürden und zur Quelle ständiger Frustration geworden sind, nicht einfach aus, wie man alte Briefe wegwirft. Sondern nehmen Sie sich Zeit, um sie anzuschauen. Es könnte sein, dass einige dieser alten Wünsche und Ideale sich als realisiert, erledigt oder nicht mehr relevant erweisen, wenn Sie sie in Ihrem heutigen Bewusstseinszustand betrachten. Das Gleiche gilt für diejenigen Wünsche und Ideale, die sich, bei Licht betrachtet, als Fremdgefühle erweisen – die Sie also von Vater, Mutter oder sonstigen Personen übernommen haben. Dies zu erkennen und sie in Ihrer Vorstellung zurückzugeben wird Sie von diesen Fremdgefühlen befreien. Diejenigen Wünsche oder Ideale aber, die einer Sehnsucht Ihrer Seele entspringen, sind nicht auszurotten. Sie können sie über Bord werfen, aufschreiben und verbrennen, für erledigt erklären – das nützt nichts. Der einzige Weg, sie loszuwerden, besteht darin, sie zu verwirklichen. Das Problem besteht ja nur in dem »Wie«. Darüber sind Sie und Ihre Seele sich wahrscheinlich nicht einig.

Nehmen wir als Beispiel das Ideal der Meisterschaft.

Sie möchten spirituelle Meisterschaft erreichen. Ihr Handwerkszeug dazu sind geistige und körperliche Übungen. Eines Tages verändern sich Ihre Lebensumstände, und in der neuen Konstellation fällt es Ihnen schwer, so regelmäßig und fleißig zu üben wie zuvor. Sie denken, Sie haben den Weg zur Meisterschaft verlassen, weil Sie Ihre Übungen nicht mehr machen. Sie machen sich Vorwürfe. Aber vielleicht gehört genau das, was jetzt passiert, zu Ihrem Weg zum Ziel dazu. Vielleicht ist es nur die nächste Phase auf dem Weg. Genau die Art, wie Sie jetzt Ihre inneren Konflikte behandeln, wie Sie Ihr Familienleben, Ihr Arbeitsleben gestalten, wie Sie darum kämpfen, alles auf die Reihe zu kriegen und doch noch ein wenig Zeit zu erübrigen, um für Ihre Seele und Ihren Körper zu sorgen, ist Ihre aktuelle Übung. Learning by doing: Fehler gehören dazu. Sind eigentlich keine Fehler, sondern Teil des Lernprozesses.
Und überhaupt ist aus der Sicht der Seele das Ganze vielleicht überhaupt kein Lernprozess und keine Übung, sondern das Leben ist eine Gelegenheit, sich selbst zu entdecken und zu feiern.

Ist das Ideal überhaupt noch aktuell?

Um festzustellen, ob ein Wunsch oder Ideal noch relevant ist oder nicht, stellen Sie sich vor, dass Sie die Erfüllung oder Verwirklichung nie erreichen. Nehmen Sie die Sterbebett-Perspektive ein. Das Leben ist zu Ende, und Sie haben es nicht erreicht. Wie fühlt sich das an, wie fühlen Sie sich damit, was braucht dieses Gefühl von Ihrem Herzen?

Wenn so etwas wie Erleichterung, Frieden, Gleichmut dabei herauskommt, macht es Ihnen offenbar nicht wirklich etwas aus, es nicht zu erreichen; somit wird es Ihnen nicht schwerfallen, die Sache abzuhaken.

Sollte sich bei dieser Vorstellung ein Schuldgefühl einstellen, ist es gut möglich, dass Sie das betreffende Ideal oder die betreffende

Sehnsucht übernommen haben; stellen Sie fest, von wem Sie es übernommen haben (Vater, Mutter, sonstige wichtige – vielleicht verstorbene? – Angehörige, spirituelle Lehrer, Kollektiv?), und geben Sie diese Fremdgefühle zurück. Falls Sie mit Ihrer Vermutung ins Schwarze getroffen haben, wird die betreffende Sehnsucht von Ihnen abgleiten, und Sie werden Ihr eigenes Ideal, Ihre eigene Sehnsucht entdecken – Gefühle, die bis dahin von den fremden Bestrebungen verdrängt worden waren.

Sollten sich jedoch Gefühle von Bedauern oder Trauer einstellen, oder Sie fühlen sich unzufrieden oder unerfüllt, ist das ein Zeichen dafür, dass die betreffenden Wünsche oder Ideale Ihre eigenen sind und noch Bedeutung für Sie haben. In diesem Fall brauchen sie Ihre Zuwendung. Formulieren Sie sie, spüren Sie sie im Körper, im Energiefeld, fühlen Sie sie auf der emotionalen Ebene, öffnen Sie Ihr Herz für sie, und achten Sie sehr genau darauf, auf welche Herzensschlüssel sie ansprechen.

Öffnen Sie zugleich Ihr Herz für alle Widerstände, die dabei auftauchen mögen, für alles, was es Ihnen schwer macht, sie zu verwirklichen. Urteilen Sie nicht, mischen Sie sich nicht ein, entdecken Sie einfach alle Gefühle, die zu diesem Thema gehören, in Ihrem Körper, und geben Sie ihnen einen Platz in Ihrem Herzen. Sie gehören alle dazu! Sie spielen alle eine wichtige Rolle im Verwirklichungsprozess.

Wie Körperzentrierte Herzensarbeit den Kampf um die Verwirklichung überflüssig macht

Am Ende einer gelungenen Körperzentrierten Herzensarbeit zu einem Problem oder Lebensthema – egal, welchem – steht immer ein neues, positives Gefühl. Die Entdeckung dieses guten Gefühls ist im Allgemeinen sehr überraschend: Man ahnte nichts von seinem

Vorhandensein. Nehmen wir das Beispiel von »Sarah und der unsicheren Welt«.

Sarah meint, jeder Mensch sollte in dieser Welt in Sicherheit leben können. Ihr Ideal hat etwas mit jener Sicherheit zu tun, die dadurch entsteht, dass alle Menschen einander respektieren, füreinander da sind, einander helfen und aufrichtig und vertrauenswürdig sind.
Eines Tages macht sie Herzensarbeit zu einem ganz anderen, sehr persönlichen Thema: mit etwas, was sie an ihr selbst stört, nämlich dass sie immer so vorsichtig, zaghaft und so wenig entschlossen ist. Das Gefühl, das sich dazu im Körper manifestiert, heißt »Unsicherheit«. Als sie tiefer in diese Unsicherheit hineinspürt, merkt sie, dieses Gefühl bezieht sich darauf, dass ihre Existenz nicht sicher ist. So als könnte der Boden unter ihren Füßen sich auftun und sie verschlingen, als wäre sie ständig in Gefahr. Sie versteht jetzt, warum sie immer so vorsichtig, so zaghaft ist. Das Gefühl braucht hauptsächlich Beachtung und Würdigung. Wahrgenommen werden. Beachtung. Und wieder Würdigung. Und als Gefühl wahrgenommen werden. Als mit diesem Herzensschlüssel der Groschen fällt (»Ja, ich kann es als Gefühl wahrnehmen, statt es einfach nur als Tatsache zu nehmen!«), ändert sich etwas. Wenn sie jetzt an die Unwägbarkeiten der existenziellen Welt denkt, bewusst »nicht sicher« als Gefühl im Herzen wahrnehmend, fühlt Sie sich nun plötzlich »ganz bei sich«, schaut die Welt mit offenen, irgendwie erwachten Augen an und entdeckt eine Art von Sicherheit durch dieses Bei-sich-Sein.
Sie beschreibt, wie dieser neue Zustand sich körperlich anfühlt, und entdeckt, wie sie sich darin fühlt: »Bei mir … zuversichtlich … kraftvoll … Als wenn ich mir auf einmal einer höheren Ebene meiner selbst bewusst wäre und dadurch … sicherer …« Nach einer Weile des Nachspürens sagt sie: »Sicher. So fühle ich mich. Sicher. Aber es ist nicht die gleiche Sicherheit, wie wenn man selbstsicher ist; auch nicht so, als wenn die Welt nun ein sicherer Ort wäre, wo nichts Schlimmes passiert; eher die Sicherheit, die dadurch entsteht, dass ich

mich als etwas entdeckt habe, was zu einer höheren Ebene erwacht ist. Und das sehr bei sich ist. Ja. Das Gefühl heißt ›sicher‹. Aber ich muss mir diese spezielle Bedeutung dazu merken, um das Gefühl später wiederzufinden.«
»Und was braucht dieses Gefühl von Sicherheit von deinem Herzen?«
»Erst mal ganz viel Zeit, es kennenzulernen, Raum … Und dann erinnert werden, immer wieder gefühlt werden, gepflegt werden.«
Im Nachgespräch sagt sie noch: »Ich habe dieses Gefühl entdeckt, und das heißt, jeder kann es entdecken. Jetzt kann ich mir vorstellen, dass das Leben jeden Menschen irgendwann dazu bringt, dieses Gefühl der Sicherheit inmitten der größten Unsicherheit zu entdecken, auf welche Weise auch immer.«

Damit Sehnsüchte und Ideale nicht zu Bürden werden

Disziplin und Entschlossenheit sind diejenigen Qualitäten, die uns am besten helfen können, unsere Sehnsüchte in zielstrebiges Handeln, unsere Ideale in Verwirklichung und unsere Bestrebungen in Erfolg zu verwandeln. Manchmal mangelt es uns jedoch daran. Oder wir arbeiten diszipliniert und entschlossen daran, geben es aber aus unerfindlichen Gründen wieder auf. Was ja weiter kein Problem wäre, wenn wir zugleich auch die Sehnsucht oder das Ideal über Bord werfen würden. Das gelingt uns aber nicht. Und hier wird aus dem, was uns beflügelte, etwas, was uns niederdrückt. Eine Bürde.

Statt daran zu arbeiten, dem Ideal zu entsprechen, und sich Stress damit zu machen, kann man es auch kontemplieren: Was wir (meditativ) betrachten, wirkt auf uns. Wenn Schönheit ein Ideal von Ihnen ist, kontemplieren Sie Schönheit, wo Sie sie finden! Dann färbt sie auf Sie ab. Besser gesagt, sie weckt ihre Entsprechung in Ihnen. Ihre eigene Schönheit. Daher ist die Kontemplation seit jeher eine sehr geschätzte spirituelle Praxis. Stellen Sie sich Ihr Ideal in einer bildlichen Form vor – oder beschaffen Sie sich eine bildliche Darstellung –, und betrachten Sie es. Lassen Sie es bewusst auf sich wirken, während Sie ruhig Ihren Atem spüren.

Zusammenfassung

Der Weg vom Sehnen zur Erfüllung ist einfach, sofern wir nicht selbst Hindernisse kreieren. Oder unser Ziel zu früh aufgeben.
Wenn Sie eine Sehnsucht fallen lassen, sich ihr aber gleichzeitig noch verpflichtet fühlen, wird eine Bürde aus ihr.
Das Gleiche gilt für Ideale: Ebenso wie Ihre Sehnsucht führt auch Ihr Ideal Sie zu seiner Erfüllung. Es braucht allerdings Ihre Mitarbeit dazu. Ganz ohne geht es nicht.
Wenn Sie es vernachlässigen, haben Sie ein schlechtes Gewissen, schämen sich und belasten sich mit einer Pflicht, die Sie niederdrückt, statt sich von einem Ideal erheben zu lassen.
Ein Ideal ist nicht etwas, was Sie sich ausdenken; es kommt aus Ihrem Innern und äußert sich in Sehnsucht und Bewunderung.
Eigentlich müssen Sie gar nicht so viel damit tun, sondern nur der natürlichen Entwicklung Ihrer Persönlichkeit Raum geben.
Aber wir quälen uns gern mit unseren Idealen herum, beschuldigen uns selbst, fühlen uns schlecht.
Wenn wir uns amüsieren wollen, kommt uns mit erhobenem Zeigefinger unser Ideal in den Sinn und verdirbt uns den Spaß.
Dann affirmieren wir, dass wir es mal wieder nicht schaffen, und geben damit einer alten negativen Grundidentifikation wieder Nahrung.
Machen Sie sich bewusst, welches Ihr Ideal ist und was genau es Ihnen schwer macht, es zu realisieren; öffnen Sie Ihr Herz für alle Gefühle, die damit verbunden sind.

Arbeiten Sie dabei auch mit »Was-wäre-wenn-Fragen«, um an verborgene Gefühle zu kommen.
Statt künstlich zu versuchen, Ihr Ideal loszulassen, öffnen Sie Ihr Herz für Ihren Wunsch nach Verwirklichung dieses Ideals. Überlassen Sie es dem Ideal, auf welche Weise die Verwirklichung geschieht. Das ist das richtige Loslassen.
Halten Sie Ihren Geist offen für die Möglichkeit, dass alles, was mit Ihnen geschieht, Sie Ihrem Ideal näher bringt, auch wenn es gar nicht so scheint.
Stellen Sie fest, welches Ihr Ideal ist, und machen Sie damit Herzensarbeit.
Sortieren Sie alte Wünsche und Ideale. Welche sind realisiert, erledigt, nicht mehr relevant, wenn Sie sie jetzt betrachten? Welche gehören Ihnen vielleicht gar nicht, sondern sind übernommen und müssen zurückgegeben werden?
Diejenigen Wünsche oder Ideale aber, die einer Sehnsucht Ihrer Seele entspringen, sind nicht auszurotten.
Öffnen Sie Ihr Herz für alle Widerstände, die auf dem Weg zur Verwirklichung in Ihnen auftauchen mögen, für alles, was es Ihnen schwer macht, sie zu verwirklichen.
Disziplin und Entschlossenheit sind diejenigen Qualitäten, die Ihnen helfen, Ihre Sehnsüchte und Ideale in zielstrebiges Handeln umzusetzen.
Statt daran zu arbeiten, dem Ideal zu entsprechen, und sich Stress damit zu machen, können Sie es auch kontemplieren.
Was Sie betrachten, wirkt auf Sie!
Konzentrieren Sie Ihre Auswahl auf Eindrücke, die Ihrem Ideal entsprechen. Wenn Sie bei anderen Bildern verweilen, schalten Sie Ihr Herz ein, während Sie sie betrachten.
Betrachten Sie alles mit Herz.

Wie wir Lebensthemen und Gefühle von anderen übernehmen

Lebensthemen der Eltern

In allen Familien gibt es Grundüberzeugungen, mit denen man sich identifiziert. Beispielsweise Überzeugungen über das Leben, die Ehe, die Menschen, die den Betreffenden mehr oder weniger bewusst sind, wie zum Beispiel:

- »Das Leben ist hart.«
- »Das Leben ist ein Spiel.«
- »Man muss die Schwächeren schützen.«

- »In dieser Welt reagieren die Stärkeren, so schau, dass du dazugehörst.«
- »Die Ehe ist die Erfüllung der Liebe.«
- »Die Ehe ist der Tod der Liebe.«

Daneben gibt es unausgesprochene Glaubenssätze, die von denen, die sie hegen, überhaupt nicht bemerkt werden, aber die Grundlage ihres Verhaltens bilden, wie etwa:

- *Wir sind die Normalen, die Richtigen, der Maßstab für alles – die anderen sind abnormal, dumm oder seltsam.*
  Von den Eltern übernommen vom Sohn, der erst im Alter von fünfzig Jahren feststellte, dass andere Menschen womöglich alles ganz anders sehen.
- *Wir sind in Ordnung, bei allen anderen müssen wir erst mal prüfen, ob sie in Ordnung sind.*
  Völlig selbstverständlich als Grundannahme präsent.
- *Wir sind überlegen (oder besser), aber natürlich zeigen wir das nicht, das wäre unsozial.*
  Von Tochter übernommen in personalisierter Form: *Ich bin überlegen (besser), aber das darf ich nicht sein, es wäre unsozial. Also mache ich mich kleiner, dümmer, schwächer, schlechter, als ich bin.*
- *Man muss sich so oder so verhalten, wenn man sich anders verhält, ist das nicht anständig.*
  Von Tochter übernommen in personalisierter Form: *Ich lebe wie in einem Korsett eingezwängt* (meist von Mutter oder weiblichem Kollektiv übernommen).

Neben solchen Überzeugungen gibt es ganze Themen, die von den Eltern oder Vorfahren übernommen werden, und manchmal auch ganze Schicksalsverläufe, beispielsweise das Stereotyp, »den Falschen zu heiraten«:

Irene hatte sich als junge Frau in einen Mann verliebt, der hübsch, frech und frei war, aber kein Geld und keinen »anständigen Beruf« hatte, wie ihre Eltern meinten. So heiratete sie einen Mann, den ihre Mutter passender fand. Sie wurde Hausfrau, bekam drei Kinder und führte ein Leben in Wohl- und Anstand. Von ihrer Jugendliebe hörte sie manchmal; zuletzt, dass er eine Weltumsegelung gemacht hatte. Sie dachte mit Wehmut an ihn und an das Leben, das sie hätte führen können. »Aber das wäre ja doch nichts geworden«, sagte sie sich dann. Manchmal allerdings schaute sie die gepflegte Dame im Spiegel an und fragte sich: »Wer ist das? Was ist eigentlich von mir übrig geblieben? Ich war wild, ich war frei, ich war voller sprudelnder Lebendigkeit – und schau, was jetzt aus mir geworden ist ...!«
Was Irene erst spät erfuhr, war, dass sie damit ein Lebensthema von ihrer Mutter übernommen hatte. Ihrer Mutter war es genauso ergangen: große Liebe, nicht standesgemäß, einen Mann mit anständigem Einkommen und ebensolchem Beruf geheiratet, brav und bürgerlich geworden, ein Leben lang um ihre erste Liebe getrauert, aber die Trauer entschlossen weggeschoben mit dem Hinweis darauf, dass der andere ein »Hallodri« war.
Ein Urteil, das sie wiederum von ihrer Mutter, also Irenes Großmutter, übernommen hatte.
Dass sie selbst in Wirklichkeit ganz anders dachte – ihr wäre es von sich aus nie in den Sinn gekommen, diesen Mann als »Hallodri« zu bezeichnen, schon der Ausdruck war ihr eigentlich fremd –, ist ihr nie aufgefallen.

Solche Übertragungsketten gibt es oft – von einer Person (im Beispiel die Großmutter) zu ihren Kindern und Enkeln –, und diejenige, die die Kette beendet, ist diejenige, die sich des Themas und der Übernahme des Themas bewusst wird:

Ines hat durch eine ausführliche Herzensarbeit endlich »zu sich selbst gefunden«: Ihr Ausgangspunkt war der Stress, den ihr Beruf

ihr bereitete, der Ehrgeiz, mit dem sie sich trotzdem durchzubeißen versuchte, und der Mangel an Freude in ihrem Leben.
Durch Körperzentrierte Herzensarbeit entdeckte sie, dass sie nicht ihr eigenes Lebensthema, sondern das ihrer Mutter lebte: Was ihre Mutter nicht geschafft hatte, sollte die Tochter schaffen! Ines hatte das gern auf sich genommen; es war nicht ihre Mutter, die ihr das suggerierte, sondern Ines selbst, die die Sehnsucht ihrer Mutter nach Erfolg und Erfüllung in diesem Beruf gefühlt und unbewusst übernommen hatte. Aber jetzt, in dieser Herzensarbeit, entschloss sie sich, diese Sehnsucht an ihre Mutter zurückzugeben. Danach hatte sie den Eindruck, zum ersten Mal sie selbst zu sein. Sie verließ das Seminar mit dem Vorsatz, ihr ganzes Berufsleben neu zu überdenken und herauszufinden, was sie eigentlich selbst wollte.

Von den Eltern übernehmen wir nicht nur einzelne Gefühle, sondern ganze Lebensthemen samt den dazugehörigen Überzeugungen und Gefühlen. Nach ihrer »Rückgabe« kann man sich als neuer Mensch erleben. Allerdings funktioniert diese Rückgabe nur, wenn man die mit dem Thema verbundenen Gefühle nicht nur oberflächlich erkennt, sondern auch fühlt:

»Meine Mutter war genauso. Wenn es laut wurde, zog sie sich nach innen zurück. Ich muss das von ihr übernommen haben. Aber so ist das wohl im Leben, man erbt auch Verhaltensweisen, oder?«

Das ist halbe Bewusstheit. Ganze Bewusstheit kann von einem solchen Reaktionszwang befreien. Warum nicht einen Schritt weiter gehen?

»Wenn es laut wird und ich mich nach innen zurückziehe – was passiert da eigentlich in mir? Wie fühlt sich das an, wie fühle ich mich dann? Vielleicht ängstlich? Ja, stimmt, ich habe Angst. Fühle mich sogar bedroht. Aha! So hat sich meine Mutter vielleicht in solchen

Momenten gefühlt! Bestimmt gibt es da eine Geschichte dahinter. Ich selbst habe nämlich in meinem Leben nie eine laute oder gefährliche Auseinandersetzung erlebt. Vielleicht ist das gar nicht mein Gefühl, sondern ihres!«

Geben Sie auf diese Weise die Gefühle, die zum übernommenen Thema gehören, einzeln zurück.

Manchmal übernehmen alle Kinder ein Grundthema von Mutter oder Vater, leben es aber auf ihre eigene Weise weiter.

Wie zum Beispiel Ellie und das Thema »Die Welt ist hart«: »Mutters Welt und damit unsere war hart, unbarmherzig. Man hatte es nicht gut, das gab es nicht. Wir drei Kinder haben ihre grundsätzliche Weltsicht übernommen, aber das Thema in verschiedener Weise weiterentwickelt. Ich selbst, die Älteste, bin wohlhabend geworden, dennoch hat Mutters Thema mich nicht losgelassen, mein Motto wurde: ›Ich habe es vielleicht gut, fühle mich aber schuldig.‹ Mein Bruder hatte ebenfalls die Chance, viel Geld zu verdienen, aber er hat sie nicht genutzt. Sein ›Motto‹: ›Ich sorge dafür, dass es mir schlecht geht, dann gehöre ich dazu.‹ Meine Schwester, die Jüngste, verhält sich genau wie Mutter: ›Ich bin hart zu mir und meinen Lieben. Das Leben ist hart.‹ Nur so sind sie dem gewachsen.

Ich selbst konnte mich mit der Herzensarbeit durch mein Thema hindurcharbeiten und all die Überzeugungen und Gefühle an meine Mutter zurückgeben, die ich von ihr übernommen hatte. Danach konnte ich zum ersten Mal das angenehme Gefühl, das der Wohlstand mir verschaffte, wahrnehmen, anerkennen, zulassen und würdigen – also mein Herz dafür öffnen. Das hatte ich mir vorher nie erlaubt.«

Gefühle der Partner

Auch von Liebes- und Lebenspartnern oder solchen, die es werden wollen, übernehmen wir Gefühle (wenn auch keine ganzen Themen).

Wenn Sie sich von fremden Themen oder Gefühlen befreien, können Sie das Glück erleben, vielleicht zum ersten Mal ganz bewusst Ihre eigene Art, zu denken und zu fühlen, zu entdecken. Das bedeutet nicht zwangsläufig, nun sein ganzes Leben umwerfen zu müssen (kann es aber zur Folge haben).

Jan hat das Mädchen geheiratet, das ihn unbedingt heiraten wollte, das sogar so weit gegangen war, mit Selbstmord zu drohen, wenn er sie nicht heiraten würde. Da er ein liebevoller und friedfertiger Mensch war, der keiner Fliege etwas zuleide tun konnte, und sie sehr gern mochte, hat er sie geheiratet. Im Verlauf ihrer Ehejahre fühlte er viel Liebe für sie und entwickelte eine gewisse Anhänglichkeit. Die Frau, die er wirklich heiraten wollte, begegnete ihm erst Jahre später. Bei der Herzensarbeit entdeckte er, dass er viele Gefühle, die er für eigene hielt, von seiner Frau übernommen hatte, ohne es zu merken: Eigentlich war die Liebe, die er gefühlt hatte, die ihre gewesen und nicht seine eigene; und ebenso die Anhänglichkeit und die Verlustangst.

In der Sitzung stellte er sich vor, die Liebe, die Angst und die Anhänglichkeit an seine Frau zurückzugeben, und fühlte sich danach zum ersten Mal wie ein eigener Mensch mit eigenen Gefühlen, Bedürfnissen und Rechten. Diese neue innere Verfassung erlaubte es ihm, sein Herz voll und ganz für die leidenschaftliche Liebe zu öffnen, die die neue Frau in ihm weckte. Doch entdeckte er auch unter diesen Gefühlen einige, die gar nicht ihm gehörten, sondern dieser Frau, und gab sie ihr im Geist zurück.

Was blieb – als eigene Gefühle –, war ein Gefühl von Verbundenheit mit seiner neuen Bekannten und Gefühle von Respekt, Treue und Zärtlichkeit gegenüber seiner Ehefrau.
Eine Entscheidung – in dem Sinne, wie man es erwarten würde, nämlich zwischen den beiden Frauen – traf Jan nicht, denn er fühlte sich ja jetzt ganz anders, ganz er selbst und bei sich. Nichts zerrte mehr an ihm, und so sah er keine Veranlassung, so etwas Dramatisches zu tun, wie eine Ehe beenden und eine Familie zu zerstören. Mit der neuen Frau hatte er noch keine Beziehung angefangen. So blieb äußerlich alles beim Alten.
Innerlich hatte sich jedoch viel verändert: Jan war weniger beeinflussbar, übernahm keine Gefühle mehr von anderen, weil er darauf achtete; und, was für ihn sehr wertvoll war, er hatte eine Frau kennengelernt, mit der er sich innerlich sehr verbunden fühlte.

Themenübernahme abstrakt

Angefangen beim Ursprung
Jemand erlebt etwas. Er oder sie zieht Schlussfolgerungen daraus. Diese verdichten sich zu einer Grundüberzeugung samt den dazugehörigen Gefühlen. Diese Gefühle und Überzeugungen werden bei bestimmten Auslösern immer wieder geäußert oder gedacht. Er oder sie bekommt Kinder. Diese oder einige von ihnen übernehmen die Grundüberzeugungen und die Erwartungen und Gefühle, die sich damit verbinden. Bei entsprechenden Auslösern wird dieses mütterliche oder väterliche Thema dann in ihrem eigenen Leben aktiviert.
Die Kinder übernehmen das Leitmotiv, wandeln es aber manchmal auf ihre eigene Weise ab. Die Kinder dieser Kinder übernehmen diese Themen ebenfalls und so weiter bis zum Jüngsten Tag – oder bis jemand aufwacht und die Kette abbricht.

Angefangen beim Aufwachen

Sie merken an Ihrer emotionalen Überreaktion, dass Sie mit irgendetwas »ein Thema haben«.

Sie schauen es sich an mit Körperzentrierter Herzensarbeit. Während Sie die Gefühle entdecken und ins Herz holen, die das Thema in Ihnen auslösen, kommt Ihnen die Frage in den Sinn: »Ist das überhaupt mein Gefühl?« Sie prüfen das, indem Sie sich vorstellen, es zurückzugeben – an Vater, an Mutter, an wen noch?

Mit allen weiteren Gefühlen und den dazugehörigen Überzeugungen machen Sie das Gleiche. Am Ende ist das Thema keines mehr – komplett zurückgegeben oder aufgelöst. Damit sind Sie am Ende der Kette, durch die das Thema sich von Generation zu Generation übertragen hat.

Wer weiß, vielleicht profitieren die Vorfahren, von denen Sie es übernommen haben, in irgendeiner Weise auch von dieser Erlösung. Wie auch immer, jedenfalls befreit es Sie und fühlt sich ungeheuer gut an. Ein neues Leben kann beginnen.

Legen Sie sich nun keine neuen Überzeugungen und Gefühle zurecht, sondern beschränken Sie sich darauf, mit Neugier und Interesse zu beobachten, wie Sie nun die Dinge sehen, wie Sie handeln, wie Sie sich fühlen, wenn wieder ähnliche Vorfälle passieren wie derjenige, der das Ganze ausgelöst hat.

Ach, und übrigens, achten Sie bei jeder Rückgabe eines Fremdgefühls auf Ihr eigenes Empfinden. Wie fühlt es sich an, nachdem Sie das Gefühl zurückgegeben haben?

Papis Credo *oder* Wie ich lernte, die Schwachen zu schützen (und dabei manchmal auf der falschen Seite war)

Mein Vater hat mir immer gesagt, dass man die Schwachen schützen muss. Dass sonst ganz schlimme Dinge passieren, wie die, die er im Krieg erlebt hat. Papi hat viel und mutig gekämpft, damit so etwas nie wieder passiert. Er hat mir Bilder gezeigt und Geschichten erzählt von den schrecklichen Dingen, die die Starken damals den Schwachen angetan haben.
Das hat sich mir tief eingeprägt.
Nun will ich gern die Schwachen schützen. Kämpfen kann ich nicht so gut. Aber reden. Ich verteidige sie.
Jetzt bin ich erwachsen, und es ist bei mir zur Automatik geworden. Automatisch verteidige ich die Schwachen und die Unschuldigen. Auch wenn sie gar nicht da sind. Wenn nur über sie geredet wird. ›Stark‹ kann jemand sein, der intellektuell oder spirituell überlegen ist, der lauter redet, dessen Partei in der Mehrheit ist, der wohlhabend oder ein Einheimischer ist, während »schwach« jemand sein kann, der arm, Ausländer oder Angehöriger einer Minderheit ist, nicht so gebildet oder intelligent ist oder nicht so gut reden kann.

Oder der ganz einfach abwesend ist, während man über ihn redet. Dadurch gehört er für mich automatisch zur Kategorie der Schwachen, die man verteidigen muss.
Jedoch habe ich angefangen zu merken, dass manchmal der Starke recht hat und der Schwache unrecht. Oder der »Starke« ein Mensch mit noblen Eigenschaften ist und der »Schwache« sich egoistisch und rücksichtslos verhält. Aber da ich ihn zu den Schwachen zähle, muss ich ihn trotzdem schützen und den Starken angreifen. Ich kann einfach nicht anders.
Dann ist mir noch etwas aufgefallen. Nämlich wenn viele Menschen mit einer Haltung wie meiner Menschen verteidigen, einfach nur weil diese in der schwächeren Position sind, ungeachtet ihrer Charaktereigenschaften, dann können diese »Schwachen« so stark werden, dass sie die Starken dominieren und großen Schaden anrichten können – während diese sich das gefallen lassen, weil sie sich für ihre stärkere Position schuldig fühlen.
Meine Welt ist also ein wenig komplexer geworden: »Schwach« und »stark« hat nichts mit »gut« oder »schlecht« zu tun, und unter den Schwachen wie unter den Starken gibt es Unschuldige, Freundliche und Harmlose, ebenso wie Rücksichtslose und Gefährliche.
Dennoch: Papis Credo ist zu meinem Thema geworden, und alle Erkenntnis kann daran nichts ändern. Immer wenn ich nicht mutig zur Tat schreite, um die Schwächeren zu schützen, fühle ich mich schuldig. Wenn jemand etwas Diskreditierendes über jemand anderen sagt (der damit für mich der zu schützende Schwache ist) und ich nicht widerspreche, fühle ich mich schlecht. Als hätte ich meinen Vater verraten. Als wäre ich einer jener Mitläufer, die an der Terrorherrschaft der Stärkeren genauso schuldig sind wie die Diktatoren ganz oben.
Ich bin aber ein großer Angsthase. Ich habe Angst, geschlagen zu werden oder mich einfach unbeliebt zu machen.
So sitze ich in einer Zwickmühle.
Das Thema habe ich von meinem Vater übernommen.

Die Zwickmühle aber ist meine.
Das ist die Ausgangsposition meiner Herzensarbeit.

Die Auflösung des Themas ist schnell erzählt: Ich denke an eine solche Situation, in der ich jemanden verteidige, weil er gerade in der schwächeren Position ist.
Ich stelle fest, wie es sich anfühlt, die Verteidigungsrede zu halten.
Ich fühle dabei den Wunsch, ein Unrecht zu verhindern oder wiedergutzumachen.
Der Schmerz unter all den Emotionen heißt »Unrecht«.
Ich fühle und erkenne Unrecht als mein Gefühl und öffne mein Herz dafür. Es braucht Anerkennung, wichtig! Und dann: als Gefühl wahrgenommen werden statt als Tatsache. (Stimmt. Es ist mein Gefühl. Ob es darüber hinaus eine Art Tatsache ist, das weiß nur Gott.)
Als Nächstes stelle ich mir vor, was wäre, wenn ich den betreffenden »Schwachen« nicht verteidigte. Schuldig würde ich mich dann fühlen. Und letztlich schlecht.
Ich öffne mein Herz für »schuldig« und »schlecht«, erkenne beide als von meinem Vater übernommen und gebe sie ihm zurück. Ich entdecke den Wunsch, für Gerechtigkeit zu sorgen. Und die Angst, abgelehnt oder angegriffen zu werden.
Der Wunsch braucht Verständnis und bewusste Wahrnehmung. Und dass er an meinen Vater zurückgegeben wird.
Die Angst braucht Verständnis, und sie muss von Verurteilung befreit werden.
Danach entdecke ich noch den Wunsch, von meinem Vater anerkannt und für »in Ordnung« befunden zu werden.
Und tief auf dem Grunde dieses Wunsches das Gefühl, anerkannt und in Ordnung zu sein.
Das ich teils in mein Herz hole und teils an ihn zurückgebe.

Wenn ich jetzt wieder ein einen Vorfall denke, in dem ich normalerweise automatisch einschreite, um für Gerechtigkeit zu sorgen – oder gern einschreiten würde, aber Angst habe –: Nun, da ich die Gefühle »anerkannt« und »in Ordnung« in meinem Herzen trage … ist es ganz anders. Nun bin ich frei, mich um die Sache zu kümmern, oder auch nicht. Es ist MEINE Entscheidung und nicht eine, die aus einem alten (und fremden) Glaubenssatz resultiert.

Wenn ich mich dann entscheide einzugreifen, dann nicht aus einem Schuldgefühl heraus; und wenn ich entscheide, nicht einzugreifen, dann führt es nicht zu Schuldgefühl. Und falls ich mich doch einmal schuldig fühle, dann geht davon das Gefühl, »anerkannt« und »in Ordnung« zu sein, nicht verloren. Das Schuldgefühl will mir dann einfach sagen: »Das war falsch, mache es nächstes Mal besser.«

Zusammenfassung

In allen Familien gibt es Grundüberzeugungen, die absichtlich oder unabsichtlich an die Kinder vermittelt werden.

Neben solchen Überzeugungen werden manchmal ganze Lebensthemen von den Eltern oder Vorfahren übernommen, manchmal auch ganze Schicksalsverläufe.

Körperzentrierte Herzensarbeit bietet den Vorteil, das Erwachen aus den fremden Programmen auf sehr einfache Weise dauerhaft und vollständig zu gestalten.

Generell übernehmen wir unbewusst Emotionen von anderen Menschen und identifizieren uns damit. Natürlich sind es vor allem unsere Eltern, von denen wir viele Gefühle und Denkweisen übernehmen. Und auch ganze Lebensthemen samt den dazugehörigen Überzeugungen und Gefühlen.

Wenn Sie das nächste Mal merken, dass Sie »ein Thema haben«, erinnern Sie sich daran, dass dieses Thema von Vater und/oder Mutter übernommen sein könnte! Geben Sie es zurück, aber nicht pauschal, sondern Gefühl für Gefühl.

Auch von Liebes- und Lebenspartnern oder solchen, die es werden wollen, übernehmen wir Gefühle. Manchmal auch Gefühle von Verliebtheit oder Anziehung. Herzensarbeit hilft zu erkennen, was uns selbst und was dem anderen gehört, um dann die Beziehung auf eine wahrere und klarere Basis zu stellen.
Wenn Sie sich von einem fremden Thema befreien, das Sie übernommen haben, können Sie das Glück erleben, vielleicht zum ersten Mal ganz bewusst Ihre eigene Art, zu denken und zu fühlen, zu entdecken.
Nach der Rückgabe von Fremdgefühlen und fremden Überzeugungen legen Sie sich keine neuen, besseren Überzeugungen und Gefühle zurecht, sondern beschränken sich darauf, mit Neugier und Interesse zu beobachten, wie sich das im täglichen Leben auswirkt.
Achten Sie bei jeder Rückgabe eines Fremdgefühls auf Ihr eigenes Gefühl, das dabei oder danach auftaucht. Öffnen Sie auch dafür Ihr Herz.

Wie wir lernen, uns auf gewaltfreie Weise abzugrenzen

Viele, die darunter leiden, dass sie sich nicht abzugrenzen vermögen, fragen mich, wie sie das lernen können. Andere wenden ein: »Wenn aus spiritueller Sicht sowieso alles eins ist, wieso soll ich dann lernen, mich abzugrenzen? Geht es nicht im Gegenteil darum, die Illusion der Abgrenzung zu überwinden und die Einheit zu erkennen?«

Es gibt Menschen, die »ich« und »du« deutlich unterscheiden können und somit auch eindeutig erkennen, was »deine« und was »meine« Angelegenheiten sind. Sie sind sich im Klaren darüber, was sie selbst wollen oder nicht wollen, und können dies von den Wünschen und Bedürfnissen anderer unterscheiden.

Viele sind aber zu dieser Unterscheidung nicht (oder weniger gut) in der Lage. Sie nehmen die Nöte und Wünsche anderer wahr und übernehmen automatisch die Verantwortung dafür; sie fühlen die Gefühle ihrer Mitmenschen und können sich nicht davon abgrenzen. Sie leiden darunter. Manchmal geht das so weit, dass sie klagen: »Ich bin wie ein Schwamm, der alles Negative aufsaugt.« Ihre eigenen Gefühle, Bedürfnisse, Wünsche, Rechte wahrzunehmen fällt ihnen hingegen schwer. Es ist, als wären sie ständig energetisch und gefühlsmäßig mit ihrem Umfeld verschmolzen.

Sich vor Gefühlsübernahmen schützen

Wenn Sie mit einer anderen Person in Kontakt treten, fühlen Sie auf jeden Fall unbewusst-automatisch die gefühlsmäßige und gedankliche Stimmung dieses Menschen und seinen energetischen Zustand. Ob Sie das nun auch bewusst wahrnehmen oder nicht, inwieweit Sie dazu neigen, sich davon beeinflussen zu lassen, dafür die Verantwortung zu übernehmen, alles zu übernehmen oder nicht – das hängt im Wesentlichen von drei Faktoren ab:

1. von Ihrer Bewusstheit im Moment der Begegnung,
2. von Ihren psychologischen Grundthemen und
3. von Ihrer Biografie.

Manche würden noch hinzufügen: von Ihrem Sternzeichen oder Ihrem Karma. Aber das fällt nicht in meinen Bereich …

Wenn Sie präsent sind, nehmen Sie wahr, was in Ihnen geschieht. Sie merken, wie Sie sich fühlen; und wenn plötzlich ein neues Gefühl in Ihnen auftaucht, während Sie mit einer Person in Kontakt sind, werden Sie erkennen können, dass es nicht Ihr Gefühl ist, sondern das dieser Person. Das heißt, Sie nehmen es zwar wahr, aber übernehmen es nicht.

Was Sie also brauchen, ist nicht Abgrenzung, sondern Präsenz und Bewusstheit. Achten Sie auf Ihre Gefühle, während Sie mit jemandem im Kontakt sind. Fragen Sie sich sofort: »Ist das hier mein Gefühl oder das des anderen?« Das wird Sie vor Übernahme fremder Gefühle schützen.

Um das zu lernen, üben Sie in Ihrem täglichen Leben, gegenwärtig zu sein. Spüren Sie sich. Gut zum Einprägen ist der Kurzbefehl: »Atmen.« Er soll Sie daran erinnern, Ihren Atem zu spüren. Das holt Ihre Aufmerksamkeit in den Körper und macht Sie wach für das, was im Augenblick in Ihnen geschieht.

Wenn Sie mit bestimmten Grundgefühlen identifiziert sind, werden Sie dazu neigen, Gefühle anderer Menschen zu übernehmen. Beispielsweise wenn Sie sich für alles verantwortlich oder grundsätzlich schuldig fühlen, wenn Sie geliebt, gebraucht oder wertgeschätzt werden möchten. Oder wenn Sie das gleiche Thema haben wie diese Menschen.

Bestimmte Verhältnisse oder traumatische Ereignisse in der Kindheit können dazu führen, dass man nicht oder schwer in der Lage ist, sich von Gefühlen, Wünschen und Bedürfnissen anderer abzugrenzen.

Einige Beispiele: Als Säugling war man – aus welchen Gründen auch immer – von der Mutter getrennt oder verlassen. Man hatte eine(n) überbesorgte(n) oder dominante(n) Mutter und/oder Vater. Von Bezugspersonen wurde man verlassen oder missbraucht. Man hat schockartige, einschneidende Ereignisse erlebt, die das Verhältnis zu den Bezugspersonen irreparabel zum Negativen verändern.

Eine gesunde Abgrenzung erreichen

Wenn Sie »nicht abgegrenzt« sind, schließen Sie andere Menschen – entweder alle oder nur Nahestehende – in Ihre Identifikation mit ein, so als seien sie Teil von Ihnen und umgekehrt.

Das kann dazu führen, dass Sie Ihrerseits zu übergriffigem Verhalten neigen. Sie respektieren die Grenzen anderer nicht, ganz einfach, weil Sie sie nicht bemerken. Vielleicht neigen Sie zu einer Art Dominanz, die nicht aus Herrschsucht besteht, sondern aus der Unfähigkeit, Grenzen zu erkennen.

Grundsätzlich gilt: Lernen Sie, präsent zu sein und Ihr eigenes Gefühl wahrzunehmen. Das wird Sie davor schützen, die Gefühle anderer zu übernehmen. Hier ein Beispiel:

Sie bewegen sich auf jemanden zu, in freudiger und liebevoller Stimmung, und werden (Ihrem Empfinden nach) zurückgewiesen. Statt freudiger und liebevoller Stimmung erleben Sie nun Gekränktheit und verschließen sich.

Im Moment der Begegnung waren Sie nicht bewusst und nicht bei sich, sondern Sie waren unbewusst identifiziert mit einer Erwartung, einem Wunsch, einer Sehnsucht (Ihre Freude zu teilen, Ihre Liebe auszudrücken und im Gegenzug Liebe zurückzubekommen oder Ähnliches). Daher wirkte die abweisende Haltung des anderen auf Sie wie ein Schock, dem Enttäuschung und Ärger folgten.

Dasselbe Beispiel bei eingeschalteter Bewusstheit:

Sie bewegen sich auf jemanden zu, in freudiger und liebevoller Stimmung, Sie fühlen Ihre Freude und Ihre Liebe bewusst und nehmen den Wunsch wahr, einen zärtlichen Moment zu teilen. Sie sind bei sich und fühlen sich.

Da Sie Ihre eigenen Gefühle bewusst wahrnehmen, bleiben die Gefühle der anderen Person »draußen«, schieben sich nicht über Ihre eigenen. Sie sagen sich: »Ein andermal. Im Moment ist er/sie mit etwas anderem beschäftigt.«

Mit Herzensarbeit Ihr Abgrenzungsthema auflösen

Nehmen Sie den letzten Vorfall, an dem Sie Ihr Abgrenzungsproblem bemerkt haben (oder den, an den Sie sich am deutlichsten erinnern können). Stoppen Sie den inneren Film an dem Punkt, an dem das Abgrenzungsproblem beginnt. Genau da sitzt nämlich ein Gefühl, das Sie übersehen haben. Beginnen Sie dort mit der Herzensarbeit.

Wie fühlt sich das, was da gerade geschieht, körperlich an? Wie fühlen Sie sich darin? Was braucht dieses Gefühl von Ihrem Herzen?

Ist es überhaupt Ihr Gefühl, oder haben Sie es übernommen? Wem müssen Sie es zurückgeben – der Person, mit der Sie die Situation teilen, also von der Sie sich gerade in jenem Moment nicht abgrenzen können? Oder jemandem aus Ihrer Kindheit?

Zurück in die Ausgangssituation (den Moment, an dem Ihr Abgrenzungsproblem in dieser Situation begann): Wenn Sie das Gefühl, das Sie jetzt ins Herz geholt haben, nun bewusst in Ihrem Herzen wahrnehmen (beziehungsweise es überhaupt nicht mehr da ist, da Sie es zurückgegeben haben), was verändert sich? Wie erleben Sie die Situation, wie halten und verhalten Sie sich?

Das Beispiel von Leilas Enttäuschung kann dies illustrieren:

Leila trifft Fred. Sie ist noch ganz beschwingt von der Idee, die ihr soeben in den Sinn gekommen ist. Sie erzählt Fred davon. Fred ist gerade in muffiger Stimmung, er hat eine Kritik einstecken müssen, die er nicht verdaut hat.

»Na ja«, kommentiert er Leilas Idee, »ich habe schon Originelleres gehört.«
Leilas Laune sinkt sofort in den Keller. Entmutigung macht sich breit. Auch ein wenig Ärger.

Dieselbe Geschichte, kommentiert:

Leila trifft Fred. Sie ist noch ganz beschwingt von der Idee, die ihr soeben in den Sinn gekommen ist.
Leila versäumt es, ihr beschwingtes Gefühl bewusst zu fühlen.
Sie erzählt Fred davon.
Leila nimmt den Wunsch nicht wahr, ihre Begeisterung zu teilen.
Fred ist gerade in muffiger Stimmung, er hat eine Kritik einstecken müssen, die er nicht verdaut hat.
Fred nimmt diese Stimmung nicht bewusst wahr, fühlt nicht seine Enttäuschung, seine Entmutigung, seinen Ärger. Stattdessen versucht er, sie an Leila weiterzugeben mit seinem Kommentar.
»Na ja«, kommentiert er Leilas Idee, »ich habe schon Originelleres gehört.«
Fred fühlt nicht, dass da auch ein wenig Eifersucht ist: Leilas Idee ist nämlich gut, während er selbst gerade mit einer Idee abgeblitzt ist.
Leilas Laune sinkt sofort in den Keller. Entmutigung macht sich breit.
Leila hat, da sie ihre eigenen Gefühle nicht wahrgenommen hat, die von Fred wahrgenommen, wodurch ihre eigenen in den Hintergrund gedrängt wurden.

Dieselbe Geschichte in Leilas Herzensarbeit:

Leila schaut sich den kleinen Vorfall im Nachhinein an. Da ihr Hauptproblem die Abgrenzung ist, stoppt sie den Erinnerungsfilm an dem Punkt, an dem sie ihre gute Laune verliert.
Im Körper bemerkt sie, wie ihre Schultern sich senken, ihr Brustraum schwer wird und ihre Mundwinkel sich nach unten ziehen.

Wie sie sich darin fühlt: In schneller Folge tauchen drei Wörter auf: böse, enttäuscht, verletzt. Sofort kommt ihr der Verdacht, dass es Fred ist, der sich so fühlt, und dass sie seine Gefühle fühlt. Die nichts mit ihr zu tun haben, sondern mit dem, was Fred vorher erlebt hat. Während sie sich vorstellt, ihm diese Gefühle zurückzugeben, öffnet sich ihr Herz für ihn, Verständnis und Mitgefühl entstehen.
Leila möchte nun in ihrer Rückschau noch zum Anfang der kleinen Geschichte zurückgehen, um sich ihr ursprüngliches, schönes Gefühl wiederzuholen: die Beschwingtheit. Sie spürt im Körper Leichtigkeit, im Herzen Ausdehnung, auf den Lippen ein Lächeln. Das Gefühl nennt sie »Freude«. Sie öffnet ihr Herz dafür und lässt nun den inneren Film vorlaufen bis zu dem Moment, da Fred seinen Kommentar abgegeben hat. Während sie das Gefühl von Freude im Herzen hält, erlebt sie nun die Szene im Geist noch einmal. Diesmal erkennt sie sofort, dass er sich gerade nicht so gut fühlt. Ihre Freude über ihr eigenes Glück geht davon nicht weg, aber es gesellt sich Mitleid und Interesse (an dem, was in ihm vorgeht) dazu.

Dieselbe Geschichte in Freds Herzensarbeit:

»Mir war gerade ein meiner Ansicht nach geniales Konzept, das ich erarbeitet hatte, von meinem Chef buchstäblich aus der Hand geschlagen worden, und zwar mit einer sehr unflätigen Bemerkung. Ich war von Ärger geradezu zerfressen und sehr mies drauf, als Leila mir entgegentänzelte und mir von irgendeiner Idee erzählte, ich konnte nicht genau zuhören, verstand nur, dass sie sehr freudig darüber war. Ich war noch so voller Ärger, dass ich irgendetwas Missmutiges dazu sagte. Nachher merkte ich, dass ich Leilas Laune verdorben hatte.

Als ich mir das im Nachhinein anguckte, entdeckte ich großen Ärger, der verstanden und geachtet werden wollte und den ich teilweise von meinem Chef übernommen hatte. Bei der Rückgabe tauchte die Ahnung auf, dass er sich seinerseits über etwas anderes geärgert und diesen Ärger an mir ausgelassen hatte. Diesen ganzen Ärger hatte ich auf Leila gerichtet, einfach weil er da war und weil sie in seine Schusslinie kam. Nach der Rückgabe des Ärgers an meinen Chef fühlte ich eine Art Verständnis ihm gegenüber, und mein eigenes Gefühl war eher eine Enttäuschung, die ich ins Herz holen konnte, gefolgt von dem Wunsch nach Anerkennung.

Dann kam mir in den Sinn, wie enttäuscht Leila sich gefühlt haben musste. Ich glaube, ich konnte ihre Enttäuschung sogar fühlen. Ich entschuldigte mich bei ihr.«

Nachbemerkung von Fred: »Nachdem Leila mir von ihrer Herzensarbeit erzählt hatte, fiel mir noch ein, dass auch ich mein erstes Gefühl nicht bewusst wahrgenommen hatte: den Stolz auf mein Konzept und die Erwartung, dass es angenommen und gelobt werden wollte. Wenn ich das bewusst gefühlt hätte, wäre es vielleicht alles nicht so schlimm verlaufen.
Ich versuchte, diese Gefühle im Nachhinein noch aufzuspüren und ins Herz zu holen, aber das gelang mir nicht mehr, irgendwie waren sie verschwunden. Ich nehme mir aber vor, beim nächsten Mal darauf zu achten.«

Sie sehen: Nichtabgrenzung bedeutet, fremde Gefühle für eigene zu halten; gesunde Abgrenzung heißt, Gefühle anderer bei diesen anderen zu belassen, auch wenn man sie in seinem Herzen wahrnehmen kann, und stattdessen die eigenen zu fühlen.

Diese kleine Geschichte ist natürlich ein einfacher kleiner Vorfall. Meistens sind wesentlich mehr Gefühle mit im Spiel. Wenn nötig, arbeiten Sie sich daher weiter mit der körperzentrierten Wahrnehmung durch Ihr Abgrenzungsthema, bis Sie alle Gefühle, die zu dieser Situation gehören, entdeckt, gefühlt, ins Herz geholt und, falls nötig, zurückgegeben haben.

Nicht glücklich sein können, wenn andere leiden

Hier ein Beispiel für ein häufiges Abgrenzungsproblem, das ebenfalls im Folgenden kommentiert wird:

Wenn er leidet, leide ich auch.
Ich kann nicht glücklich sein, wenn er leidet.

Dieselbe Geschichte, kommentiert:

Wenn er leidet, leide ich auch.
Leiden Sie auch, oder übernehmen Sie sein Leid?
Wenn Sie auch leiden, finden Sie heraus, warum: Was macht es mit Ihnen, wenn er leidet?
Wenn es sein Leid ist, das Sie fühlen (Sie es also von ihm übernommen haben): Warum haben Sie es übernommen, welcher Wunsch, welche Angst steckt dahinter? Stellen Sie sich vor, ihm sein Leid zurückzugeben, und achten Sie auf die Gefühle, die dabei in Ihnen auftauchen. Öffnen Sie Ihr Herz für sie.
Ich kann nicht glücklich sein, wenn er leidet.
In der Tat können Sie nur entweder glücklich sein oder leiden. Das liegt daran, dass Sie sich mit Gefühlen identifizieren. Würden Sie sie als Gefühle erkennen, könnten Sie Glück und Leid zugleich fühlen.
Steckt auch ein moralischer Gedanke dahinter? Etwa, es wäre unmoralisch, glücklich zu sein, während ein anderer leidet …? Dann fragen Sie sich, was schlimm daran wäre, wie Sie sich dann fühlten. Schlecht? Schuldig? Verurteilt? Ungerecht? Öffnen Sie Ihr Herz für dieses Gefühl.

Ich fühle Leid, versorge es mit Herzensschlüsseln. Der Verdacht keimt auf, dass es X gehört. Ich stelle mir vor, es an X zurückzugeben. Klappt nicht ganz, ich habe zu viel Mitleid mit ihm.

Ich erkenne Mitleid als mein eigenes Gefühl, öffne mein Herz dafür. Danach kann ich das Leid an X zurückgeben.

Manchmal geht es so einfach, manchmal steckt aber noch ein tieferer Schmerz hinter der Übernahme:

Nun habe ich den Eindruck, von X getrennt zu sein: dort er mit seinem Leid, hier ich mit meinem Mitleid. Das scheint mir unerträglich.
Ich öffne mein Herz für das Gefühl, es nicht aushalten zu können.
Und dann für den Schmerz des Getrenntseins.
Zugleich wird mir klar, warum ich gedacht hatte: »Ich kann nicht glücklich sein, während er leidet.«
Weil ich dachte, dass das uns trennen würde. Und weil ich Trennung für unerträglich hielt.
Nun weiß ich, dass alles Gefühle sind und keine Tatsachen.
Das Endgefühl, das auftaucht, während ich das betrachte, heißt »Verbundenheit«.

Wenn Sie mit der Herzensarbeit zum Thema »Abgrenzung« nicht weiterkommen, aber den Eindruck haben, dass das Thema noch nicht ganz erfasst ist, können Sie mit »Was-wäre-wenn-Fragen« arbeiten, beispielsweise mit folgender: »Was wäre, wenn ich mich [in dieser Situation] abgrenze? Wie stelle ich mir das vor, wie fühlt es sich an, wie fühle ich mich?« Oder: »Was wäre, wenn ich für immer so ›unabgegrenzt‹ bleibe(n dürfte)?« Und weiter:

- »Was ist das Gute an dem nicht abgegrenzten Zustand?«
- »Was ist das schlimme Gefühl darin?«
- »Erzeugt die Vorstellung, sich abzugrenzen, eine Angst?«
- »Gibt es in der Nichtabgrenzung auch eine Sehnsucht?«
- »Gibt es eine Sehnsucht nach Abgrenzung?«

Versuchen Sie nicht, diese Fragen mit dem Verstand zu beantworten, sondern stellen Sie sich das jeweils lebhaft und konkret vor, spüren Sie in den Körper hinein, entdecken Sie darin, wie Sie sich fühlen, und öffnen Sie Ihr Herz für das Gefühl (beziehungsweise geben Sie es zurück).

Gibt es darin, sich nicht abgrenzen zu können, auch ein gutes Gefühl?

Jedes Thema hat auch seinen positiven Aspekt. Aber der wird fast immer übersehen. Die Angelegenheit ist ja ein Thema für uns, weil wir das Negative daran sehen und es uns stört. Lernen Sie dieses gute Gefühl einmal kennen!

Wenn ich dein Leid übernehme, sind wir zusammen.
Wie sich das Zusammensein anfühlt? Warm im Herzen, einseitige Erweiterung des Energiefelds zu dir hin.
Wie ich mich darin fühle? Mir fallen nur »Nichtworte« ein: nicht allein, nicht getrennt … Positiv ausgedrückt: geborgen.
Wenn ich mir nun mit dem Gefühl von Geborgensein im Herzen vorstelle, dass ich dein Leid bei dir lasse, statt es zu übernehmen – wie erlebe ich das dann?
Dann kann ich dich mit dem, was du durchmachst, besser respektieren und deinem Leben und Weg vertrauen.

Das ist eine große Veränderung gegenüber dem Zustand vor der Herzensarbeit, jedoch vorerst nur innerlich und nur einen kurzen Moment lang erlebt. Der Prozess der tatsächlichen Realisierung der Veränderung braucht Zeit, denn immerhin geht es ja nicht nur um Gedanken und Gefühle, sondern darum, in der Materie Ihres Gehirns angelegte Strukturen zu verändern. Also sich immer wieder daran erinnern, das gute Gefühl zu fühlen!

»Geborgen«: Ich schreibe viele kleine Klebezettel und verteile sie. Präge mir noch einmal gründlich ein, wie es sich im Körper anfühlt, damit es nicht nur ein Wort ist. Jedes Mal, wenn ich mich an das Gefühl erinnere, wird es wieder warm und weich in meinem Herzen. Ich erinnere mich daran bei Gesprächen, bei Ereignissen, Begegnungen, während ich die Nachrichten höre … Nach und nach bin ich immer mehr bei mir, in meinem Herzen, und das Gefühl von Geborgenheit wird mir vertrauter. Ich kann mich besser abgrenzen – oder besser gesagt: Ich brauche das Verschmelzen nicht mehr.

Das ist nur ein Beispiel. Statt auf Geborgenheit kann es auch auf Sicherheit oder Verbundenheit hinauslaufen oder noch andere positive Gefühle. Sie finden dieses positive Gefühl, indem Sie sich den Zustand der Nichtabgrenzung einmal ganz bewusst erlauben und ihn dann spürend und fühlend kennenlernen wie im obigen Beispiel geschildert.

Die Frage der Abgrenzung aus spiritueller Perspektive

Auf die am Anfang dieses Kapitels erwähnte Frage gehe ich deshalb ein, weil sie mir so oft begegnet. Die Frage war: »Wenn aus spiritueller Sicht sowieso alles eins ist, wieso soll ich dann lernen, mich abzugrenzen? Geht es nicht im Gegenteil darum, die Illusion der Abgrenzung zu überwinden und die Einheit zu erkennen?«

Wenn Sie glauben, dass alles eins ist, dass es *ein* Ziel gibt, dass dieses Ziel für alle Menschen dasselbe ist und dass dieses darin besteht, die Einheit zu erkennen – dann erscheint es in der Tat unsinnig, sich abgrenzen zu wollen. Doch Sie haben es vielleicht gemerkt, das sind alles Annahmen, die miteinander verknüpft wurden. Was wirklich hinter der Frage steckt, ist vielleicht die Sehnsucht, die Einheit zu entdecken?

Alles hängt davon ab, mit welcher Perspektive man gerade identifiziert ist oder wo man gerade steht in seiner Entwicklung. Auf dem Weg nach oben, wo man der Sehnsucht nach Erwachen auf einer Ebene jenseits der Welt der Vielfalt folgt? Auf dem Weg nach unten, wo man sich nach Verwirklichung in dieser sehnt?

Wie wäre es mit Folgendem? Um das Besondere, Einzigartige zu sein, als das ich mich manifestieren möchte, muss ich mich abgrenzen, muss entdecken und verwirklichen, wer ich bin, im Unterschied zu dir. Gerade weil im Hintergrund meines Bewusstseins und in der Tiefe meines Herzens unser Einssein ständig vorhanden ist, kann ich es wagen, meine Individualität zu behaupten, und dir – dem anderen – ein echtes Gegenüber sein, ebenso wie du mir ein Gegenüber wirst, wenn du deine Individualität lebst und behauptest.

Ein schöner Gedanke, nicht wahr? – Aber eben auch nur ein Gedanke. Solange wir niemals unsere Gedanken für Tatsachen halten, bleiben wir offen für die Wahrheit.

Zusammenfassung

Manche Menschen können ihre Gefühle, Bedürfnisse, Rechte, Verantwortungsbereiche von denen anderer klar unterscheiden, andere haben Schwierigkeiten damit, sich abzugrenzen. Sie fühlen die Gefühle anderer und übernehmen sie automatisch oder übernehmen die Verantwortung dafür.
Ob Sie dazu tendieren, sich Gefühle anderer oder die Verantwortung dafür zu eigen zu machen oder nicht, hängt davon ab, ob Sie sich im Moment der Begegnung bewusst sind, welche Veranlagung Sie mitbringen und von welchen Themen Sie beherrscht werden.

Um sich in gesunder Weise abzugrenzen, müssen Sie im Moment des Kontakts da und wach sein und bemerken, was in Ihnen vorgeht.
Um sich grundsätzlich von Ihrem Abgrenzungsproblem zu befreien, arbeiten Sie dieses Thema anhand einer konkreten Situation mit der Methode der Körperzentrierten Herzensarbeit durch. Nutzen Sie dazu auch »Was-wäre-wenn-Fragen«, um an alle Gefühle heranzukommen.
Wichtig dabei ist, die Sehnsucht zu entdecken, aus der heraus Sie lieber verschmolzen bleiben, als sich abzugrenzen, und das gute Gefühl darin sowie die Angst und den Schmerz, die damit verbunden sind.
Abgrenzen oder nicht abgrenzen, der spirituelle Aspekt: Nicht abgegrenzt in der Einheit – abgegrenzt in der Vielfalt, wir sind beides. Alles hängt davon ab, womit Sie gerade identifiziert sind.

Wie wir ständig helfen wollen und was dahintersteckt

Wenn wir jemanden leiden sehen, rührt das an unser Herz, weckt Mitleid und den Wunsch zu helfen. Jemandem helfen zu können, der in Not ist, ist etwas Wunderbares. Und selbst Hilfe zu bekommen ebenso.

Der Hang, immer helfen zu wollen, kann innere Zwickmühlen erzeugen, zum Beispiel wenn man Angst hat, zu helfen oder sich einzumischen, weil man nicht weiß, was auf einen zukommt, wenn man sich nicht abgrenzen kann und daher fürchtet, in etwas verwickelt zu werden … oder wenn man sich ganz einfach überfordert fühlt. Manchmal steckt in der Tiefe des Helferdrangs auch ein Schuldgefühl.

Sarah fühlte sich zum Beispiel schuldig, nicht genug geholfen zu haben:

Als sich herausstellt, dass Sarahs Mutter dement geworden ist, ist Sarah schockiert und erschüttert. Sie hat schon in den letzten Monaten gemerkt, dass etwas nicht stimmt, aber ihre Mutter hat sich entschieden gegen jede Einmischung in ihr Leben gewehrt, und so hat Sarah nicht weiter nachgeforscht. Nun muss sie ihre geliebte Mutter in die Pflegeabteilung eines Altersheims einliefern, da sie es sich nicht leisten kann, jemanden einzustellen oder selbst ihre Arbeit aufzugeben, um ihrer Mutter die Pflege und den Schutz angedeihen zu lassen, die sie in ihrem Zustand braucht.

Sarah entfaltet fieberhafte Aktivität, um ihrer Mutter zu helfen – das allerbeste Heim, ein schönes Zimmer, und von da an besucht sie sie fast täglich, ist geradezu besessen von der Idee, ihr helfen zu wollen. Bei der Herzensarbeit zu dem Thema entdeckt sie zunächst das Gefühl von Liebe. Diese Liebe war zwar immer da gewesen, aber sie war Sarah immer so selbstverständlich, dass sie sie noch nie bewusst als Gefühl wahrgenommen und ins Herz geholt hat. Dann ein großes Bedauern, eine riesige Trauer – die sie teilweise von ihrer Mutter übernommen hatte und ihr nun zurückgeben konnte – und vor allem Schuldgefühl.

Die Identifikation mit diesem Schuldgefühl ist hartnäckig. Immer wieder wirft Sarah sich vor, sich nicht rechtzeitig gekümmert zu haben, nicht insistiert zu haben, als sie ihrer Mutter vorgeschlagen hatte, in ihre Nähe zu ziehen, nicht eingegriffen zu haben, obwohl sie doch schon merkte, dass etwas nicht stimmte.

Schließlich gelingt es Sarah, ihr Herz für das Schuldgefühl zu öffnen. Dabei keimt in Sarah der Verdacht auf, dass dieses Schuldgefühl teilweise ihrer Mutter gehört. Und tatsächlich: Die Vorstellung, ihr dieses Schuldgefühl zurückzugeben, bringt deutliche Erleichterung. Sarah ahnt, dass ihre Mutter sich auch schuldig gefühlt hat. Vielleicht, weil sie damals Sarahs schüchterne Hilfsangebote abgelehnt hat und ihr jetzt so viel Kummer und Arbeit macht.

Nach dieser Rückgabe fühlt Sarah sich befreit; sie kann nun die Liebe zu ihrer Mutter fühlen, ohne dabei von Schuldgefühlen erdrückt zu werden. Ohne zu leugnen, dass sie besser hätte handeln können. Und mehr noch, sie nimmt ihre Mutter trotz Demenz nun wieder als autonomes Wesen wahr, das seine eigenen Entscheidungen getroffen hat, und nicht mehr nur als armes abhängiges »Ding, das nicht mehr gut im Kopf ist«. In ihre Beziehung zu ihrer inzwischen verstorbenen Mutter ist Respekt, Ebenbürtigkeit und eine Art heiterer Frieden eingekehrt.

Helfen, wo Not ist, gehört zu unserer Natur. Bei vielen Menschen aber ist das Helfenwollen ein regelrechtes Lebensthema. Man spricht dann vom Helfersyndrom. Wenn es ein Thema ist, dann immer deshalb, weil Emotionen dahinterstecken, die nicht beachtet werden. Dann kann das Helfersyndrom nach dem positiven Start in ein nützliches und liebevolles Leben sogar ein Weg in die Negativität der Bitterkeit sein. Zum Beispiel bei Arnold:

Arnold ist Heilpraktiker, und er hilft jedem. Er verfügt über eine enorme Energie und Positivität, und seine Praxis ist überlaufen. In seiner Freizeit macht er Hausbesuche, oft gratis, für seine alten und armen Patienten. Arnold ist ein wunderbarer Mensch, die Großzügigkeit und Hilfsbereitschaft in Person. Jeder mag ihn. Aber er hat ein großes Problem: Er kann keinem eine Bitte abschlagen.
Arnold sorgt für alle, nur nicht für sich selbst. Er kümmert sich auch nicht um seine Gefühle – keine Zeit! –, und daher hat er nicht bemerkt, dass er die ganze Zeit über einen Schmerz in sich herumträgt – den Schmerz, benutzt und ausgenutzt zu werden. Und die Trauer darüber, seine Seele zu vernachlässigen und den Dingen, die ihm selbst guttun, keinen Raum zu geben. Arnold ist darüber zornig, wütend, schließlich bitter geworden. Was einst als kleine Enttäuschung angefangen hat, ist zu einer solch großen Verbitterung geworden, dass Arnold eine sehr negative Sicht der Menschheit und der Welt entwickelte.

Es sind oft die unschuldigen, engagierten, begeisterten Helfer, die in der allergrößten Negativität landen. Wie kommt das? Ganz einfach: Sie haben sich ihre Gefühle nicht bewusst gemacht und sich nicht darum gekümmert. Wenn wir unsere Gefühle unterdrücken, kommt nie etwas Gutes dabei heraus. Wir ignorieren dann die Botschaften unserer Seele. Im Folgenden finden Sie einige Beispiele.

Sie sind so sehr damit beschäftigt, anderen zu helfen, dass Sie sich selbst darüber vernachlässigen.
Daran ist ja zunächst nichts verkehrt, im Gegenteil. Ein Thema wird es nur dann, wenn Sie nicht vollständig eins damit sind und darunter leiden – und letztlich andere in Mitleidenschaft ziehen. Zum Beispiel Ihre Familie. Oder all die Menschen, die Ihnen helfen müssen, wenn Sie an den Folgen Ihrer übertriebenen Hilfsbereitschaft zugrunde zu gehen drohen.

Schauen Sie sich das Helferthema einmal mit Körperzentrierter Herzensarbeit an. Entdecken Sie die Sehnsüchte, Ängste und seelischen Wunden dahinter. Vielleicht hilft das Helfen Ihnen, einen bestimmten Grundschmerz nicht fühlen zu müssen. Probe aufs Exempel: Was wäre, wenn Sie nicht helfen? Welches schlimme Gefühl würde sich dann einstellen? Ergründen Sie das nicht mit dem Kopf, sondern mit dem Herzen, indem Sie sich das in einer bestimmten realen Situation vorstellen und sich in die Vorstellung hineinfühlen.

Sie erwarten Dank oder Gegenleistung für Ihre Hilfsbereitschaft und werden enttäuscht.
Dankbarkeit ist ein Gefühl, das sich ganz natürlich einstellt, wenn man Hilfe bekommt (es sei denn, man wollte diese Hilfe gar nicht). Daher ist es auch natürlich, Dankbarkeit für seine Hilfe zu erwarten. Wenn sie ausbleibt, ist es normal, dass es etwas auslöst. Dass man Enttäuschung fühlt beziehungsweise schockiert oder traurig ist. Enttäuschung ist ja kein Problem, sondern einfach ein Gefühl.

Ein Thema wird erst daraus, wenn »Man bekommt ja keinen Dank« zur Überzeugung gerinnt und Bitterkeit auslöst. Dahinter steckt auch wieder ein – nicht gesehener – Grundschmerz: Beispielsweise fühlen Sie sich nicht wertgeschätzt, nicht gesehen, nicht geachtet oder empfinden es als Unrecht. Überzeugungen wie »Undank ist der Welten Lohn« können auch von einem oder beiden Elternteilen oder einem Kollektiv, in dem Sie groß geworden sind, übernommen worden sein (und zurückgegeben werden).

Ihre Hilfsbereitschaft, gepaart mit der Unfähigkeit, Nein zu sagen, führt dazu, dass Sie ausgenutzt werden (oder es so empfinden).
Das wäre ja an sich noch kein Thema, sondern einfach ein Tatbestand. Vielleicht sind Sie jemand, der kein Problem damit hat, der sich gern zur Verfügung stellt nach dem Motto »Bitte, gern geschehen, freut mich, wenn ich nützlich sein kann«. Aber es kann auch sein, dass »ausgenutzt « oder »missbraucht zu werden« bereits als Thema in Ihnen vorhanden ist, womöglich seit Ihrer Kindheit. Es ist ebenso möglich, dass die Menschen, von denen Sie ausgenutzt werden, Sie auf ein Thema aufmerksam machen, beispielsweise dass Sie sich grundsätzlich für schuldig, wertlos, ungeliebt oder unerwünscht halten und durch Ihre Hilfs- und Opferbereitschaft davon erlöst werden möchten – oder die Daseinsberechtigung erhalten wollen, die Sie sich unbewusst nicht zugestehen.

Sie helfen gern und viel, aber es geht Ihnen oft schlecht danach.
Wahrscheinlich helfen Sie nicht nur durch Ihr Handeln, sondern auch indem Sie versuchen, den Leidenden die emotionale Bürde abzunehmen oder zu erleichtern, und ihre Gefühle übernehmen. Das ist Ihnen vielleicht selbst nicht bewusst. Achten Sie während der Hilfsaktion auf Ihr eigenes Gefühl, seien Sie bei sich, und fühlen Sie sich; und wenn Sie sich nach der Hilfsaktion in irgendeiner Weise schlecht fühlen (zum Beispiel erschöpft oder deprimiert), geben Sie diese Gefühle an die Person zurück, der Sie geholfen

haben. Die Anleitung zu der »Rückgabe von Fremdgefühlen« finden Sie im Praxiskapitel zur Körperzentrierten Herzensarbeit. Lesen Sie dazu auch das Kapitel »Wenn wir darunter leiden, uns nicht abgrenzen zu können …«.

Auch wenn Sie selbst Hilfe erhalten, kann das Themen auslösen

Im umgekehrten Fall, wenn Sie selbst die Person sind, die Hilfe braucht und bekommt, kann das ebenfalls ein Thema auslösen, zum Beispiel wenn Sie

- ständig Hilfe bekommen und davon abhängig werden,
- sich durch die Hilfsaktionen herabgesetzt, beschämt oder minderwertig vorkommen (dann sollten Sie sie als Gefühle statt als Tatsachen erkennen, fühlen und ins Herz holen!),
- sich »genervt« fühlen von zu vielen unerbetenen Hilfsangeboten,
- eigentlich gar keine Hilfe wollen oder jedenfalls diese nicht, sich aber verpflichtet fühlen, sie anzunehmen,
- sich nachher schuldig oder zu Gegenleistung verpflichtet fühlen,
- den Eindruck haben, von denen, die helfen, ausgenutzt oder missbraucht zu werden.

Wenn Sie tatsächlich ständig auf Hilfe angewiesen sind (wegen Krankheit, Behinderung, Armut), können Sie vielleicht noch schlechter als andere mit diesen Themen umgehen, da die Identifikation mit den negativen und schmerzlichen Gefühlen durch die Realität der Hilfsbedürftigkeit noch verstärkt werden. Doch auch hier kann Körperzentrierte Herzensarbeit enorm helfen, denn wenn Sie für Ihre Gefühle Ihr Herz öffnen, geht es Ihnen viel besser, als wenn Sie sich von ihnen beherrschen lassen.

In welchem dieser Beispiele auch immer Sie sich erkennen oder von welchem Sie sich angesprochen fühlen: Mit der

Körperzentrierten Herzensarbeit können Sie Licht hineinbringen und mit sich und den betreffenden Mitmenschen ins Reine kommen.

Tipps zur Herzensarbeit mit dem Helferthema

Wenden Sie die Methode zunächst ganz einfach so an, wie ich sie im Praxiskapitel beschreibe. In Kurzform: Denken Sie an die oder eine Situation, in der das Helferthema sich manifestiert, und legen Sie los: Körper wahrnehmen, Gefühl entdecken, Herz öffnen. Eventuell Fremdgefühl zurückgeben. Und so fort, bis Sie dem Thema auf den Grund gekommen sind – und es keins mehr ist.

Wenn Sie ständig helfen möchten und wissen wollen, was dahintersteckt, arbeiten Sie mit folgenden Fragen:

- Wie fühlen Sie sich nach erfolgter Hilfsaktion?
- Was macht es mit Ihnen, wenn Sie nicht helfen (können, sollen, dürfen …)?
- Was macht es mit Ihnen, wenn Sie sich vorstellen, das Helferverhalten ganz fallen zu lassen und sich selbst oder einem anderen Projekt zuzuwenden?
- Was macht es mit Ihnen, wenn Sie sich vorstellen, bis ans Ende Ihres Lebens mit Helfen beschäftigt zu sein?

Wenn Sie umgekehrt ein Thema damit haben, dass Ihnen geholfen wird:

- Welches gute Gefühl taucht auf, wenn man Ihnen hilft?
- Welches schlimme Gefühl löst es aus, wenn Ihnen geholfen wird?
- Welches schlimme Gefühl taucht auf, wenn man Ihnen nicht hilft?
- Welches gute Gefühl taucht auf, wenn man Ihnen nicht hilft?

Wenn Sie tatsächlich Hilfe brauchen

Auch in einer realen Notsituation kann man noch *bewusst* fühlen – statt sich unbewusst von Gefühlen beherrschen zu lassen. In akuten Notsituationen ist das erste Gefühl meist Panik. In Panik ist Angst enthalten sowie das Gefühl, es nicht aushalten zu können. Kümmern Sie sich mit Ihrem Herzen um diese Gefühle, statt sich von ihnen verrückt machen zu lassen, dann sind Sie wieder bei sich und haben einen etwas klareren Kopf, um die Situation zu überblicken und das Richtige zu tun. Falls Sie in dieser Notsituation zu zweit oder zu mehreren sind, erinnern Sie sich an Rückgabe: Angst, Panik, Nicht-aushalten-Können und die damit verbundenen Gefühle wie Verzweiflung haben wahrscheinlich auch die anderen Beteiligten. Geben Sie ihnen ihren Teil zurück, dann wird es Ihnen selbst leichterfallen, einen klaren Kopf zu bekommen und zu behalten.

In chronischen Situationen, wenn Sie also permanent de facto hilfsbedürftig sind, achten Sie auf das Gefühl von Hilfsbedürftigkeit, Ohnmacht, Ausgeliefertsein, Unterlegenheit, Schwäche oder Hilflosigkeit und auf die Widerstände dagegen (zum Beispiel Wut). Achten Sie auch auf die Sehnsucht, die Sie vielleicht vollständig beerdigt haben, da Sie ihre Erfüllung für unmöglich halten. »Herzensarbeit« bedeutet nicht »Verstandesarbeit«. Erbarmen Sie sich dieser Sehnsucht, indem Sie sie fühlen und Ihr Herz für sie öffnen.

Ein letzter Hinweis zu diesem Thema: Wer hilft wem? Ich konnte es oft erleben, dass der Mensch, dem ich geholfen habe, letztlich mir geholfen hat oder ein Geschenk für mich war. Prüfen Sie diesen Aspekt ebenfalls, und würdigen Sie das gute Gefühl, das dadurch in Ihnen geweckt wurde. Öffnen Sie Ihr Herz dafür.

Zusammenfassung

Wenn wir jemanden leiden sehen, rührt das an unser Herz. Viele Menschen helfen ganz selbstverständlich. Andere scheuen davor zurück, weil sie Angst haben. Helfen, wo Not ist, gehört zu unserer Natur. Bei manchen Menschen aber wird es zum Lebensthema. Oft enden die unschuldigen, engagierten, begeisterten Helfer am Ende in der allergrößten Bitterkeit.

Das kann dann geschehen, wenn sie sich nicht um ihre eigenen Gefühle kümmern, zum Beispiel um die Enttäuschung, keine Dankbarkeit zu ernten, wenn sie das Gefühl haben, ausgenutzt oder nicht wertgeschätzt zu werden, oder weil sie Gefühle derjenigen übernehmen, denen sie helfen, statt auf ihre eigenen zu achten. Mit Körperzentrierter Herzensarbeit können Sie dies aufdecken und ändern.

Auch Hilfe zu bekommen kann ein Thema auslösen. Hier kann Körperzentrierte Herzensarbeit ebenfalls Licht hineinbringen.

Wenn Sie unter dem Helfersyndrom leiden, beachten Sie auch das gute Gefühl, das das Helfen Ihnen verschafft.

Lernen Sie ebenso das Gefühl kennen, das in Ihnen ausgelöst wird, wenn Sie nicht helfen (können).

Durch »Was-wäre-wenn-Fragen« können Sie das Thema von allen Seiten beleuchten.

Wenn Sie selbst Hilfe brauchen oder bekommen, achten Sie auf Ihre Gefühle; nehmen Sie Dankbarkeit und Erleichterung gegebenenfalls ebenso bewusst wahr wie Hilflosigkeit, Demütigung, Unterlegenheit, Ohnmacht, Wut und andere schmerzhafte oder negative Gefühle.

Auch in einer realen Notsituation können Sie die vorherrschenden Gefühle noch bewusst fühlen, ihnen innerlich Zuwendung geben und damit ruhiger und handlungsfähiger werden.

Egal, von welcher Seite aus Sie das Hilfethema bearbeiten: Gehen Sie wie im Praxiskapitel über die Methode beschrieben vor, beziehungsweise machen Sie Körperzentrierte Herzarbeit mit »Was-wäre-wenn-Fragen«, um alle Aspekte des Themas zu beleuchten.

Emotionale Abhängigkeit oder Wie ich ohne dich (nicht) leben kann

Wie kommt es, dass manche ihr Leben oder Glück von einer anderen Person abhängig machen? Ich meine, bevor diese Person in ihr Leben trat, haben sie doch auch gelebt und gelacht …?

»Ohne dich kann ich nicht leben«: Ich kenne einige Leute, die mit diesem »Argument« drohten, sich umzubringen, und einige weitere, die das tatsächlich taten.

Emotionale Abhängigkeit erscheint wie eine Tatsache, und wenn man ihr erlegen ist, sieht es zunächst so aus, als sei tatsächlich kein Kraut dagegen gewachsen.

Doch in Wahrheit besteht sie einfach aus Gefühlen, die man aber nicht als solche wahrnimmt, sondern mit Tatsachen verwechselt, und Gedanken, die man ebenfalls nicht als solche wahrnimmt, sondern für die Wahrheit hält.

»Ohne dich kann ich nicht leben« ist ein Gedanke. Die Identifikation mit diesem Gedanken führt zu Emotionen. Beide zusammen können im Extremfall selbstzerstörerische Wirkung haben.

Wer diesen Gedanken benutzt, um jemanden an sich zu binden, lässt zu, dass dieser Gedanke zu einer Art sich selbst erfüllender Prophezeiung wird – man will ja beweisen, dass man tatsächlich nicht ohne ihn oder sie leben kann (nach der Devise »Du bist schuld, wenn ich zugrunde gehe, warum hast du mich auch verlassen?«).

Der Kern der emotionalen Abhängigkeit ist immer die Angst vor dem, was passiert, wenn man das Objekt der Abhängigkeit verliert. Letztendlich fürchtet man sich vor Gefühlen, die man für unerträglich hält. Angst und Unerträglichkeit (das Gefühl, es nicht aushalten zu können) sind also auf jeden Fall dabei. Mit »Ich brauche dich« sagt man in Wirklichkeit: »Ich habe Angst, dass ich das Gefühl des Alleinseins [oder einen anderen seelischen Schmerz] nicht aushalte. Deshalb sollst du bei mir bleiben, denn wenn du da bist, muss ich es nicht fühlen.«

Öffnen Sie Ihr Herz für diese Angst! Sie kann sehr groß sein, und sie braucht neben den anderen Herzensschlüsseln wie »geachtet werden«, »verstanden werden«, »da sein dürfen«, »Erbarmen« vielleicht auch, dass sie »in ihrer ganzen Größe wahrgenommen wird«. Und natürlich als Gefühl statt als Tatsache (das sollten Sie immer als letzten Schlüssel erwähnen).

Nehmen Sie das Gefühl von Unerträglichkeit (anders gesagt, »es nicht aushalten zu können«) einmal bewusst wahr. Wie fühlt es sich an, was braucht es von Ihrem Herzen? Probieren Sie alle Schlüssel durch bis hin zu »als Gefühl wahrgenommen werden statt als Tatsache«. Wenn es dann immer noch übergroß ist, fragen Sie sich, ob Sie es (ganz oder teilweise) von jemand anderem übernommen haben. Denken Sie dabei immer auch an die Person, von der Sie sich abhängig gemacht haben! Erscheint nicht logisch, ist aber oft der Fall.

Probieren Sie auch, ob Sie die Abhängigkeit selbst als Gefühl wahrnehmen können. Öffnen Sie auch dafür Ihr Herz.

Der große Schmerz hinter der emotionalen Abhängigkeit von anderen Menschen hat immer etwas mit Trennung zu tun: Der Schmerz kann »verlassen« heißen oder »getrennt«, »abgetrennt«, »allein«, »im Stich gelassen« oder »Verlust«. Wenn Sie also durch Angst und Unerträglichkeit hindurch sind, finden Sie heraus, was es denn ist, wovor Sie solche Angst haben und was so unerträglich zu sein scheint.

Und welches gute Gefühl verleiht Ihnen die Abhängigkeit? Wenn es Ihnen noch schwerfällt, sich diesen negativen und schmerzhaften Aspekten Ihrer (scheinbaren) Abhängigkeit zuzuwenden, können Sie auch als Erstes den positiven Aspekt des Themas kennenlernen. Den gibt es nämlich auch: das gute Gefühl in der Abhängigkeit.

Das positive Gefühl als Erstes zu entdecken und zu versorgen wird Ihnen den Mut geben, auch die negativen Gefühle und den Schmerz anzuschauen und ins Herz zu holen.

Wie Sie unabhängig werden

Grundsätzlich machen Sie sich immer abhängig, im Großen wie im Kleinen, wenn Sie von jemandem etwas Bestimmtes wollen und mit diesem Wollen identifiziert sind. Sie projizieren eine Sehnsucht auf eine spezielle Person. Mit Herzensarbeit können Sie diese Projektion zurücknehmen und die Sehnsucht sowie das Ersehnte in sich selbst finden. Was nicht bedeutet, dass Sie »darauf verzichten sollen, etwas von außen bekommen zu wollen, weil Sie es ja ohnehin nur innen finden« (wie viele meinen): Sondern es geht darum, Ihre Sehnsucht ganz bewusst zu fühlen und ihr den Platz in Ihrem Herzen zu geben, der ihr gebührt.

Wenn Sie bei der Herzensarbeit korrekt und streng nach Methode vorgehen, werden Sie auf schnellste und einfachste Weise das entdecken, worum es Ihnen geht mit Ihrer Sehnsucht.

Nehmen wir ein Beispiel:

»Dieser Mann zieht mich an, ich sehne mich danach, mit ihm zusammen zu sein.«

Hinterfragen Sie diesen Wunsch nicht, Sie zensieren ihn auch nicht, Sie nehmen ihn genau so, wie er ist, zum Ausgangspunkt der Übung.

Spüren Sie Ihren Atem, Ihren Körper. Laden Sie Ihre Sehnsucht ein, sich fühlen zu lassen. Spüren Sie sie körperlich, fühlen Sie sie emotional, prüfen Sie, was sie von Ihrem Herzen braucht. (Geben Sie sie zurück, falls nötig.)

Achten Sie nun auf das Bild, das die Sehnsucht Ihnen von ihrer Erfüllung malt. Entdecken Sie das positive Gefühl in dem Körperzustand, der sich zum Bild der Wunscherfüllung einstellt. Öffnen Sie Ihr Herz dafür.

Nun haben Sie das entdeckt, worum es bei Ihrer Sehnsucht eigentlich ging: um ein Gefühl.

Fühlen Sie es oft, immer wieder, rufen Sie es sich in Erinnerung, pflegen und hegen Sie es in Ihrem Herzen.

Wenn Sie dies ganz bewusst üben, entfällt die Abhängigkeit: Denn Sie haben ja das gute Gefühl schon, das dieser Mensch Ihnen verschaffen sollte.

Das verändert Ihre Ausstrahlung zum Positiven. Womöglich erfüllt sich jetzt Ihr Traum. Womöglich ist es Ihnen jetzt nicht mehr so wichtig. Entfällt die Projektion, kann die Wahrheit hervortreten.

Fazit: Schalten Sie schon ganz am Anfang einer Anziehung, einer Verliebtheit, einer Faszination bewusste Wahrnehmung ein, nehmen Sie Ihre Gefühle bewusst wahr, und öffnen Sie Ihr Herz für sie!

Wie fühlt es sich an, wenn jemand sich von Ihnen abhängig macht?

Lernen Sie auch die andere Perspektive kennen. Indem Sie Ihr Überleben oder Ihr Glück von einer anderen Person abhängig machen, versuchen Sie, ihr eine Bürde zu übertragen. Versetzen Sie sich mal in sie hinein. Dann werden Sie verstehen, was ich damit meine.

Jemand drängt Ihnen die Bürde seiner Abhängigkeit auf. Wie fühlt sich das an, wie fühlen Sie sich damit? Nehmen Sie diese Bürde überhaupt an? Sie könnten das ja auch von sich weisen.

Wenn Sie es annehmen, warum machen Sie aus dem »Ich brauche dich« dieses anderen Menschen eine Verpflichtung für sich?

Weil Sie ihn sehr lieben?

Dann empfehle ich Ihnen, diese Liebe einmal ganz bewusst zu fühlen und Ihr Herz für sie zu öffnen – und zu prüfen, ob es ganz Ihr eigenes Gefühl ist oder teilweise auch das der betreffenden anderen Person.

Weil Sie es Ihrerseits »brauchen«, dass dieser Mensch von Ihnen abhängig ist?

Dann öffnen Sie Ihr Herz für das gute Gefühl, das Ihnen die Abhängigkeit dieses Menschen verschafft.

Weil Sie Angst haben, sonst verlassen zu werden?

Öffnen Sie Ihr Herz für die Angst und den Schmerz, auf den sie sich bezieht – beispielsweise sich allein, verlassen, wertlos zu fühlen oder den Schmerz von Verlust.

Weil Sie Angst haben, für schlecht oder schuldig befunden zu werden?

Ihr Grundthema – und zugleich der schwache Punkt, an dem der andere Sie mit seiner (wahrscheinlich unbewussten oder ungewollten) Manipulation packen konnte …? Schauen Sie sich an, was Ihrer Vorstellung nach geschehen würde, wenn Sie die Verpflichtung, die die abhängige Person Ihnen aufbürden möchte, zurückweisen. Wie fühlt sich das an, welche Gefühle tauchen auf, was brauchen diese von Ihrem Herzen? Geben Sie übernommene Gefühle oder Gefühlsanteile zurück.

Weil Sie gern die Energie nehmen, die die andere Person Ihnen schenkt, indem sie Sie wichtig nimmt und Ihnen viel Aufmerksamkeit zuteilwerden lässt?

Sie sollten das gute Gefühl, das dieser Energiezuwachs Ihnen gibt, bewusst entdecken und ins Herz holen. Wenn Sie das nicht tun, sondern damit unbewusst identifiziert bleiben, riskieren Sie, sich Ihrerseits abhängig zu machen – von dieser fremden Energiequelle.[12]

Bei jedem Abhängigkeitsverhältnis, egal, von welcher Seite aus Sie es betrachten – als Abhängige(r) oder als Objekt von Abhängigkeit –, denken Sie immer daran, dass das Gefühl, das Sie gerade entdecken, der anderen Person gehören könnte! Falls das der Fall ist, sollten Sie es zurückgeben!

---

12 James Redfield schreibt sehr Lesenswertes über diesen zwischenmenschlichen Energiehandel in seinem berühmten visionären Roman *Die Prophezeiungen von Celestine.*

Wer ist abhängig und wer nicht?

Abhängigkeit in einer Beziehung ist fast immer gegenseitig, auch wenn es den Anschein hat, als sei eine Person abhängig und die andere nicht.

An einer nicht abhängigen Person gleitet die Abhängigkeit der anderen sozusagen ab; es gibt keinen Haken, wo man die Schnur, mit der man sie gern an sich festbinden möchte, befestigen könnte. Außer dieser Mensch ist so frei von Ängsten, so großherzig und gleichmütig, dass er sich festbinden lässt, ohne ein Problem damit zu haben. Einen solchen Menschen kann man problemlos äußerlich, aber niemals innerlich an sich binden, denn er ist so frei, dass er sich sogar freiwillig an Sie binden kann, ohne das Bewusstsein seiner Freiheit einzubüßen.

Erinnern Sie sich an die Freiheit Ihres wahren Wesens. Wer in einem höheren Bewusstsein verwurzelt ist, in dem Wissen um die grundsätzliche Freiheit und Unbegrenztheit seiner selbst als Seele, wird sich weder von jemand anderem abhängig machen noch jemand anderen an sich binden müssen, um sich sicher zu fühlen. Umgekehrt wird man aber auch kein Problem damit haben, sich zu binden oder sich überhaupt in eine einschränkende Bedingung zu begeben. Man weiß ja, dass jede äußere Bindung wie alles Materielle nur vorübergehend ist, während die innere Bindung auf der Ebene der Seele durch Zuneigung, innere Verwandtschaft, Sympathie oder Liebe unabhängig ist von Raum und Zeit und somit nicht beendet, nur vorübergehend vergessen werden kann.

Können Sie sich eine Beziehung zwischen zwei freien Menschen vorstellen? Was wäre, wenn Sie Teil einer solchen Beziehung wären? Jeder von Ihnen vollkommen frei und selbstständig?

Wenn diese Vorstellung in Ihnen nichts als heitere und sonnige Gefühle aufkommen lässt, haben Sie kein Thema (mehr) mit

Abhängigkeit, von welcher Seite auch immer. Sollte sie aber Angst oder Unsicherheit auslösen, dann kümmern Sie ich um diese Gefühle. Die Technik des Kümmerns kennen Sie ja. Sie heißt Herzensarbeit. *Körperzentrierte* Herzensarbeit, damit alles wirklich gefühlt und nicht nur erdacht wird.

Manchmal erleben zwei Menschen eine ausgewogene gegenseitige Abhängigkeit. Also »Emma braucht Paul, und Paul braucht Emma«. In dieser fühlen beide sich wohl und geborgen, solange Balance und Gegenseitigkeit bestehen. Beginnt jedoch eine der Parteien, sich selbstständig zu machen, fühlt die andere sich bedroht. Wenn das Ihnen geschieht: Achten Sie auf Anzeichen, schalten Sie sofort Bewusstheit ein, kümmern Sie sich gleich um die allerersten Gefühle, die sich melden, wenn die Sache außer Balance gerät. Das kann Ihnen ein Drama ersparen.

Ich brauche dich, und du brauchst den Schnaps

Er braucht Alkohol, sie braucht ihn: ein typischer Fall von Co-Abhängigkeit.[13] Und guter »Stoff« für eine Tragikomödie! Oder eigentlich eher »Komitragödie«.

Sylvie erzählt: »Mein Mann hat das Trinken aufgegeben. Ich bin ja so froh darüber! Endlich habe ich das Gefühl, einen verlässlichen Begleiter zu haben, und nicht jemanden, der jeden Moment in einen

13 Unter dem Begriff »Koabhängigkeit« beziehungsweise »Co-Abhängigkeit« versteht man in der Regel zweierlei: einerseits die Situation des engen Umfelds von Suchtkranken (also die Lage ihrer Partner, Kinder oder Eltern), andererseits eine Liebes- oder Beziehungssucht, die im Extremfall so weit gehen kann, dass man an einer Partnerschaft festhält, obwohl man an ihr zu zerbrechen droht (Anm. d. Red.).

kindlich-verrückten Geisteszustand wegkippen kann! Auch wenn ich gestehen muss, dass ich das ganz witzig fand. Ich freue mich sehr für ihn, dass er jetzt von der Sucht befreit ist. Aber ich muss dir ein Geständnis machen: Manchmal denke ich wehmütig an jene Zeit zurück! Denn wenn er trank, war er so entspannt, und das nutzte ich, um mich auch gehen zu lassen, ein wenig mitzutrinken und mitzurauchen.«

Sylvie erzählt dies bei ihrem ersten Seminar und nimmt sich auch sofort dieses Thema für ihre erste Herzensarbeit vor. Sie entdeckt dabei:

»Ich brauchte ihn, hätte nichts ertragen, was uns hätte auseinanderbringen können … und dachte, um weiter mit ihm zusammen sein zu können, müsste ich ihn auch in der Sucht begleiten. Mir war damals überhaupt nicht bewusst, dass ich einfach Angst hatte, ihn zu verlieren, dass ich meinte, das nicht aushalten zu können, und deshalb sein Suchtverhalten teilte. Diese Gefühle habe ich erst jetzt durch die Herzensarbeit entdeckt. Es war damals eine Mehrfach-Verstrickung: Ich brauchte meinen Mann, er brauchte seinen Alkohol, ich brauchte sein Suchtverhalten, und er brauchte meine komplizenhafte Haltung … Eigentlich ein ganz nettes Arrangement, nur dass da jede Menge Selbstverleugnung und Verdrängung mit im Spiel war.
Seit er aufgehört hat zu trinken – Gott sei Dank! –, habe ich einen nüchternen Mann an meiner Seite. Das ist natürlich wunderbar. Aber auch ein wenig bedrohlich: Denn diese neue Version von ihm ist sehr scharfsichtig, sehr klar, und daneben fühle ich mich sehr unvollkommen und habe den Eindruck, dass er meine Schwächen erkennt und meine Selbstlügen durchschaut …
Ich merke schon beim Erzählen, dass ich da noch einiges anzuschauen habe! Aber ich weiß ja jetzt, wie das geht, deshalb macht es mir keine Angst mehr.«

Wie fühlt es sich an zu brauchen?

Im »Brauchen« ist immer ein Wunsch oder eine Sehnsucht enthalten. Und ebenso eine Angst, das Gebrauchte loslassen zu müssen, zu verlieren, nicht mehr zu bekommen.

Manchmal erscheint diese Angst so groß, so grauenhaft, dass man die Herzensarbeit gar nicht erst anfangen möchte, aus Angst vor dieser Angst. Die Lösung besteht dann darin, die Angst vor der Angst zu fühlen und ins Herz zu holen. Entdecken Sie auch den Schmerz, auf den sich Ihre Angst bezieht: Was ist das Schlimme, das (in Ihrer Vorstellung) eintreten würde, wenn Sie X aufgeben müssten oder »losließen«?

Im »Brauchen« ist meistens Verzweiflung enthalten. Und natürlich ein Wunsch, eine Sehnsucht. Öffnen Sie Ihr Herz für alle Gefühle, die mit dem »Brauchen« verbunden sind, und geben Sie alle diejenigen zurück, die Ihnen nicht gehören.

Zusammenfassung

Abhängigkeit ist Angst. In jeder Abhängigkeit gibt es ein zentrales Gefühl: das Gefühl von Unerträglichkeit. Hinter beidem steckt ein Schmerz: das, wovor Sie Angst haben, was Sie nicht aus(zu)halten (glauben).

Sie können mit diesen negativen Aspekten in die Herzensarbeit einsteigen, aber manchmal geht es leichter, erst den positiven Aspekt kennenzulernen: das gute Gefühl, das der abhängige Zustand Ihnen verschafft. Öffnen Sie dafür Ihr Herz, kann bereits das Ihnen zu größerer Freiheit verhelfen.

Wenn Sie beginnen, sich von jemandem angezogen beziehungsweise fasziniert zu fühlen oder sich in ihn zu verlieben, schalten Sie sofort bewusste Wahrnehmung ein: Öffnen Sie Ihr Herz für

Ihre Gefühle, vor allem für die Sehnsucht, die dieser Mensch in Ihnen wachruft, und das gute Gefühl, das die (Vorstellung der) Wunscherfüllung Ihnen verschafft. Dann befreien Sie sich selbst, den anderen und die Beziehung von einer verzerrenden und abhängig machenden Projektion.

Womöglich wird die ersehnte Beziehung genau dadurch erst möglich. Oder Sie erkennen, dass der Mensch, wie er wirklich ist, Sie gar nicht interessiert.

Indem Sie sich von jemandem abhängig machen, versuchen Sie, dieser Person eine Bürde zu übertragen. Nehmen Sie einmal die Perspektive dieser anderen Person ein. Jemand macht sich von Ihnen abhängig. Wie fühlen Sie sich damit? Finden Sie das gute Gefühl, das es Ihnen verschafft, und das schlimme oder unangenehme Gefühl sowie eventuell die negativen Emotionen. Abhängigkeit in einer Beziehung ist fast immer gegenseitig.

Um nicht in die Abhängigkeitsfalle zu tappen, begeben Sie sich auf eine höhere Bewusstseinsebene. Werden Sie sich Ihrer grundsätzlichen Freiheit als Seele bewusst. Bleiben Sie in diesem Bewusstsein verwurzelt. Die emotionalen Reaktionen werden vielleicht immer noch ähnlich ablaufen, aber Sie sind nicht mehr damit identifiziert. Völlig verschwinden werden sie erst, wenn Sie Ihr Herz für die Emotionen geöffnet haben.

Im Zustand von »Ich brauche dich, du brauchst mich« kann man ein Gleichgewicht finden und sich wohlfühlen. Kommt dieses Gleichgewicht ins Wanken, heißt es, sofort Bewusstheit einzuschalten und sich um die auftauchenden Gefühle zu kümmern.

Co-Abhängigkeit kann auch bedeuten, sich von jemandem abhängig zu machen, der seinerseits von etwas anderem abhängig ist. Auch hier kann Körperzentrierte Herzensarbeit zu Lösung und Befreiung führen.

Wie wir andere (und uns selbst) belasten, wenn wir uns zu sehr um sie sorgen

Wir sorgen uns gern um die Menschen, die uns wichtig sind. Wenn ich mich um einen Menschen sorge, fokussiere ich meine Aufmerksamkeit auf die Schwächen dieser Person, auf ihre Zerbrechlichkeit oder Hilflosigkeit. Ist sie warm genug angezogen, wird sie sich nicht erkälten? Wird sie heil nach Hause zurückkommen? Wird sie bei ihrem Examen das Richtige sagen?

Sorge ist hauptsächlich eine mütterliche Emotion (auch Männer haben mütterliche Gefühle). Sorge umhüllt das Kind mit Aufmerksamkeit in einer Mischung aus Ängsten und Wünschen, zusammen mit Liebe oder Zärtlichkeit: die Angst, dass ihm etwas Schlimmes passiert, der Wunsch, dass es ihm gut geht.

Mit der Angst ist ein Bild verbunden; das Bild des Schlimmen, das passieren könnte. Mit dem Wunsch ist ebenfalls ein Bild verbunden: das Bild dessen, was ich mir für diese Person wünsche. Dass sie gesund ist, geschützt, heil, dass es ihr gut geht …

Die emotionale Ladung ist stärker in der Angst als in dem Wunsch; somit ist das negative Bild stärker mit Gefühl geladen. (Achten Sie einmal darauf, welches Bild zieht Ihre Aufmerksamkeit stärker an, wenn Sie sich sorgen?)

Der Sog des Negativen ist im Allgemeinen stärker als die Zugkraft des Positiven. Wenn ich mich sorge, projiziere ich somit ein negatives Bild auf die Person, um die ich mich sorge. Wenn ich in meiner Sorge hauptsächlich das positive Bild (dessen, was ich mir für sie wünsche) wahrnehme und hochhalte, kommt der Sorgen-Einfluss vielleicht als etwas Freundliches, Warmes, Unterstützendes bei der Person an. Ist jedoch das negative Bild stärker, so könnte es sein, dass es sich ihrem Geist als schwächender Fremdeinfluss einprägt, wie etwa im folgenden Beispiel:

Jedes Mal, wenn ich zum Bach hinter unserem Haus hinunterklettere, warnt mich mein Mann. Ich solle aufpassen, nicht zu rutschen, es sei sehr glitschig dort, ich könne in den eiskalten Bach fallen … Seine Sorge, zum x-ten Male geäußert, trägt schließlich Früchte: Ich werde ängstlicher. Mein Schritt wird unsicher, meine Beine werden wacklig, und was vorher eine leichte und selbstverständliche Sache war, wird zur furchterregenden Aufgabe. Die Sorge rührt mich, ich verstehe sie (bin ich doch im umgekehrten Fall mindestens genauso), aber sie schwächt mich auch.
Ich schaue mir das Gefühl, das durch die Warnungen in mir ausgelöst wurde, einmal bewusst an: erst ein leichtes Genervtsein, dann Unsicherheit, schließlich Angst. Die Angst gebe ich sofort an ihn zurück, auch einen Teil der Unsicherheit. Die Unsicherheit ist allerdings teils auch meine eigene, die ich nie wahrgenommen hatte. Ich merke, dass sie gefühlt, beachtet und gewürdigt werden möchte (macht sie

mich doch vorsichtig). Dem Genervtsein gehe ich auf den Grund und entdecke, dass ich mich durch die wiederholten Warnungen kleingemacht fühle. Ich erkenne es als Gefühl und öffne mein Herz dafür. Nun gehe ich zum Bach mit Umsicht und einer Wärme im Herzen, die mich als positive Essenz der mir entgegengebrachten Sorge begleitet.

Sorge, die sich jemand um uns macht, kann ganz verschiedene Wirkungen haben, je nachdem, welche Themen dabei in uns ausgelöst werden. Mancher fühlt sich berührt und getröstet. Oder im Gegenteil geschwächt. Oder lässt sich davon anstecken, indem er das Gefühl übernimmt. Oder reagiert trotzig, weist die Negativvision dieser Sorge entschieden zurück. Ich bin doch nicht so schwach oder dumm, wie diese Person denkt!

Je wichtiger ein Mensch uns ist, desto mehr neigen wir dazu, unsere Sorgen auf ihn zu projizieren. Letztlich sorgen wir uns dann gar nicht so sehr um die andere Person, sondern um uns selbst. Manchmal sind zwei Leute regelrecht miteinander in das Sorgenthema verstrickt – wie Victor und seine Großmutter Marie im folgenden Beispiel. Beide hängen sehr aneinander, und das hat einen guten Grund und eine lange Vorgeschichte. Sie zog den Enkel auf, nachdem seine Eltern verstorben waren, und er hat sonst keine Familie. So umhegen sie einander mit Zärtlichkeit.

Victor ist traurig. Er muss seine Katze einschläfern lassen. Es bricht ihm das Herz. Seine Großmutter Marie begleitet ihn zum Tierarzt. Während das Tier eingeschläfert wird, bricht Marie zusammen. Sie hat keine nähere Beziehung zu dieser Katze gehabt; aber die Trauer und der Schmerz ihres geliebten Enkels, zusammen mit ihrer eigenen Sorge um ihn, das alles ist für einen Augenblick zu viel für sie gewesen.
Doch Marie ist schnell wieder auf den Beinen. Sie ist eine starke Frau, die in ihrem langen Leben schon weit Schlimmeres durchgestanden

hat. Ihr ist sofort klar, dass ihr Schwächeanfall dadurch kam, dass sie versucht hatte, Victor die Last der schweren Emotion abzunehmen. Sie hilft Victor, die Katze in ihrem Garten zu begraben, winkt ihm zum Abschied, als er zur Rückreise nach Hause aufbricht, und abgesehen von ihrem Mitleid für ihn ist die Sache damit für sie erledigt. Aber Victor ist zu Tode erschrocken von Maries Zusammenbruch, und von diesem Tag an hört er nicht auf, sich um seine Großmutter Sorgen zu machen.

Gleich am nächsten Tag ruft er bei ihr an. Aus irgendwelchen technischen Gründen wird das Telefongespräch aber abgebrochen. Nun wird Victors Sorge riesengroß: Er ruft sofort bei ihren Nachbarn an, Marie könnte wieder in Ohnmacht gefallen sein … Die Nachbarn gehen schauen und finden die Frau wohlauf in ihrem Gemüsegarten bei der Arbeit. Es stellt sich heraus, dass Marie sich nicht die geringsten Gedanken gemacht hat über das abgebrochene Gespräch. Die Telefonverbindung bricht hier ja öfter ab.

Aber jetzt verlangt Victor, dass seine Oma Tag und Nacht ein Handy bei sich hat. Es ist nicht so sehr aus Sorge um sie, sondern mehr um sich selbst: Die einzige Person, die er nach dem tödlichen Unfall seiner Eltern noch hat auf der Welt, soll jederzeit für ihn erreichbar sein und ihn erreichen können!

Marie, die noch nie ein Handy haben wollte, wehrt sich erfolgreich. »Ich fühle mich pudelwohl mit meinen 85 Jahren«, sagt sie, »und ich denke nicht daran, ein Handy mit mir herumzutragen, um meinen überbesorgten Enkel zu beruhigen und dann vielleicht selbst von der Strahlung krank zu werden!«

Marie wünscht sich, dass Victor sie mit seinen Sorgen in Ruhe lässt und sie einfach ihr Leben so leben lässt, wie sie es immer getan hat, als freie, starke und unabhängige Frau. Sie selbst sorgt sich allerdings ihrerseits ständig um ihn, er hat einen schwierigen Beruf, ein stressiges Leben … Auch damals, als sie ihn großgezogen hatte, umhüllte sie ihn schon mit ihrer Sorge. Der Junge hat damals ihre Sorgen gefühlt und unbewusst übernommen, und nach all den Jahren kommt jetzt dieses Sorgegefühl wie ein Bumerang zu Marie zurück. Beide fühlen sich nicht wohl mit dieser Überbesorgtheit, können aber nicht anders.

Wie kann man auch aufhören, sich zu sorgen, wenn man sich um jemanden sorgt, den man liebt? »Einfach vertrauen«, sagen Sie jetzt vielleicht. Aber davon geht die Sorge nicht weg. Sie wird nur in den Hintergrund gedrängt, wo sie umso mehr an uns nagt. Es ist viel einfacher: die Sorge bewusst fühlen, statt sich zu sorgen. Wie fühlt sie sich an, wo sitzt sie im Körper, was braucht sie vom Herzen? Dabei werden Sie merken, dass hinter der Sorge eine Angst steckt; diese können Sie ebenso bewusst wahrnehmen und ins Herz holen. Und auch das schlimme Gefühl, das hinter der Angst steckt und das Sie entdecken, wenn Sie sich das Gefürchtete einmal vor Augen halten und spüren, was das mit Ihnen macht.

Die Sorge um einen kranken Freund

Ich sorge mich um einen alten Freund. Er hat sich für eine medizinische Behandlung entschieden, die riskant ist.
Ich beschließe, mich meiner Sorge einmal zuzuwenden, statt immer bei den Angstbildern zu sein. Sie füllt meine Brust mit Schwere und Beklemmung. Darinnen fühle ich Angst. Angst um ihn. Angst, ihn zu verlieren. Aber auch seine Angst. Das merke ich sofort und gebe ihm seinen Teil zurück.
Ganz vage habe ich das Gefühl, dass er die Angst zurücknimmt und sich bedankt. Meine eigene Angst versorge ich noch in meinem Herzen. Sie braucht Anerkennung und Verständnis.
Ich denke an die Vorstellung zurück, dass mein Freund von der Behandlung schwer krank wird. Nun taucht Bedauern auf. Warum hat er nicht auf meine Warnungen gehört! Ich fühle dieses Bedauern und stelle fest, dass es ebenfalls ihm gehört. Gebe es zurück.
Und jetzt? Wie trete ich der Sache nun gegenüber?

Da wird mir klar, dass bis jetzt ja noch gar nichts passiert ist. Es waren nur meine eigenen Gedanken und Gefühle. Eine Haltung von Offenheit ist jetzt da für das, was wirklich geschieht.

Bliebe noch mein Wunsch, dass er gesund wird und bleibt. Teils fühle ich ihn als eigenes Gefühl und öffne ihm mein Herz, teils gebe ich ihn an meinen Freund zurück. Es ist nämlich auch sein Wunsch.

Nun kommt mir in den Sinn: Das ist ja eigentlich gar nicht meine Angelegenheit, sondern seine. Was macht es zu meiner?

Wie geht es mir *denn, wenn es* ihm *gut geht?*

Ich stelle mir vor, dass der Wunsch erfüllt ist, sehe meinen Freund in strahlender Gesundheit: Wie fühlt es sich an, mir das vorzustellen? Wie fühle ich mich damit? Erleichtert … etwas dehnt sich aus in meiner Brust, in mein Energiefeld hinein, was sich ausweitet … Ich fühle mich: frei. Lerne dieses Freiheitsgefühl kennen und öffne mein Herz dafür.

Irgendwie habe ich den Eindruck, dass auch dieses Freiheitsgefühl teilweise von meinem Freund übernommen sein könnte … Vielleicht fühlt er sich frei, wenn er, von fremden Sorgen und Ängsten befreit, seinen eigenen Weg gehen kann … Mal sehen, was passiert, wenn ich mir vorstelle, es ihm zurückzugeben: Etwas in mir atmet groß auf. Scheint zu stimmen. Aber mein eigenes Gefühl von Freiheit ist auch noch da. Verbindet sich jetzt mit einem Lächeln.

Mit dem Gefühl von Freiheit zurück in die Ausgangssituation: Freund krank … Er bekommt eine riskante Behandlung … Ich halte das Gefühl von Freiheit in meinem Herzen … Wie sehe ich die Lage jetzt?

Es ist seine Angelegenheit.

Seine Wahl.

Ich kann sie ihm nicht abnehmen.

Ich sehe seine Einsamkeit, seine Angst, weiß, dass er da hindurchmuss und dass alles, was ich tun kann, darin besteht, diese Wahl zu respektieren und aufzuhören, mich einzumischen.

So weit gut. Aber ich fühle etwas Trauriges aufsteigen. Als hätte ich ihn schon verloren. Nicht, weil ich ihn wirklich an den Tod oder die

Krankheit verlieren könnte, sondern weil ich jetzt schon die Illusion einer Verbundenheit verloren habe – weil ich gemerkt habe, dass jeder in seiner eigenen Realität lebt, in die der andere nicht hineinreichen, die er nur begleiten kann.
Ich fühle mich allein.
Jetzt, wo ich dieses Gefühl endlich bewusst und als Gefühl wahrnehme, kann ich auch erkennen, warum ich an der Verbindung mit diesem alten Freund, der mich in vielen Lebensphasen begleitet hat, so festgehalten habe. Weil sie mir geholfen hat, mich nicht allein zu fühlen beziehungsweise mein Gefühl von Alleinsein nicht wahrnehmen zu müssen.
Worauf ich ihm seinen Teil an diesem Gefühl und den Begleitgefühlen auch noch zurückgebe: das Alleinsein, die Angst davor, den Wunsch nach Gesellschaft oder besser gesagt Verbundenheit.
Und dies ist das letzte Gefühl, das noch zu versorgen bleibt: die Verbundenheit. Die fühle ich in meinem Herzen. Sie braucht, dass sie wahrgenommen, gefühlt, gepflegt, mitgenommen wird.

Sorge: Weitere Tipps zur Körperzentrierten Herzensarbeit

Sorge bewusst zu fühlen und ihr die Beachtung, Erlaubnis, Anerkennung, das Mitgefühl, die Würdigung zu geben, die sie braucht, befreit Ihre Sicht von der Sorgenbrille. Das Gleiche gilt für die Angst, die immer dahintersteckt. Daneben könnten Sie noch den Wunsch, der mit der Sorge verbunden ist, formulieren, ihm Aufmerksamkeit schenken und damit dem positiven Bild, das dazugehört: »Ich wünsche mir, dass er Erfolg hat«, »Ich möchte, dass es ihr gut geht«, »Sie soll heil und gesund bleiben« …

Entdecken Sie auch die weiteren Gefühle in Ihrem Körper, die mit Ihrer Sorge verbunden sind: die Liebe, die Zärtlichkeit, vielleicht die Verbundenheit. Lernen Sie ebenso das schlimme Gefühl kennen, auf das die Angst sich bezieht (der Schmerz, vor dem Sie sich fürchten). Dazu müssen Sie den Mut haben, sich das Bild des Gefürchteten anzuschauen. (Es ist ohnehin schon in Ihrem Geist anwesend, sonst würden Angst und Sorge Sie nicht beherrschen.) Statt dieses Bild unbewusst weiter auf die betreffende Person zu projizieren, erkennen Sie es als eigene Vorstellung und schauen sich diese einmal aufmerksam an, um das Gefühl zu entdecken, das sich damit verbindet. Welches ist das ganz schlimme Gefühl, das Sie hätten, wenn das Gefürchtete einträte? Ohnmacht? Hilflosigkeit? Verlust? Getrenntsein? Schuld, Schlechtigkeit? Lernen Sie es kennen. Öffnen Sie Ihr Herz dafür. Erkennen Sie, dass es keine Tatsache ist, sondern ein Gefühl. Sie werden sehen, dass Sie danach wesentlich besser loslassen können.

Wenn nicht, müssen Sie wahrscheinlich dieses Gefühl oder diese Gruppe von Gefühlen an jemanden zurückgeben, von dem Sie es übernommen haben.

Um das Thema ganz aufzulösen, achten Sie auf alle Gefühle, die mit der Sorge verbunden sind:

- Was wäre schlimm, wenn Sie aufhörten, sich um die Person Sorgen zu machen?
- Welches gute Gefühl verschafft das Sorgen Ihnen?
- Wie fühlen Sie sich, wenn man sich Sorgen um Sie macht? Es gibt dabei wahrscheinlich ein schönes und ein unangenehmes Gefühl. Lernen Sie beide kennen, und holen Sie sie ins Herz.
- Wie fühlen Sie sich, wenn eine für Sie wichtige Bezugsperson sich keine Sorgen um Sie macht?
- Gibt es eine Überzeugung in Ihnen, man müsse sich sorgen, um ein guter Mensch zu sein? Oder wenn man jemanden liebt, müsse man sich um ihn Sorgen machen? Ist das wirklich Ihr eigener Gedanke, oder haben Sie ihn übernommen – und von wem? Denken Sie dabei nicht nur an einzelne Personen, die Sie aufgezogen oder in Ihrer Kindheit geprägt haben, sondern

auch an Kollektive: die Familie, die Kirche, die Religionsgemeinschaft, die Gesellschaft …

Sich Sorgen zu machen (ein interessanter Ausdruck!) kann auch ein Lebensthema sein. Wenn ich dieses Thema habe, sorge ich mich ständig um etwas, um mein Geld, mein Auto, die politische Situation, um meine Lieben, meine Gesundheit, meine Freunde; und wenn die alle gerade nichts hergeben, suche ich mir etwas anderes, worüber ich mir Sorgen machen kann. Dieses Thema können Sie nicht in seiner ganzen Bandbreite anschauen, dafür aber in der Tiefe, dort, wo der Grund für diese Sorge sitzt.

Arbeiten Sie einfach mit einer solchen Sorge, decken Sie über den jeweiligen Körperzustand Schritt für Schritt eine Gefühlsschicht nach der anderen auf, bis Sie auf die tiefste gestoßen sind: den Schmerz.

Oder steigen Sie gleich mit der Frage ein: »Was wäre schlimm, wenn ich aufhören würde, mich zu sorgen?«

Stellen Sie sich das, so gut es geht, vor, übertreiben Sie ein wenig mit der Vorstellung: »Ich pfeife auf das Sorgen, lebe einfach im gegenwärtigen Augenblick, denke an nichts, sorge mich um nichts …«

Sicher verbindet sich damit ein gutes Gefühl, manchmal taucht das als Erstes auf – und will natürlich wahrgenommen und ins Herz geholt werden. Aber arbeiten Sie weiter mit dieser Vorstellung, malen Sie sich das auf Ihre Weise mit Ihren eigenen Worten und Bildern aus, bis Sie auf das schlimme Gefühl stoßen: das Schauerbild dessen, was Sie befürchten, wenn Sie das Sorgen aufgeben.

Vielleicht, dass Ihnen alles entgleitet, Sie die Kontrolle verlieren, machtlos sind, dass etwas Schlimmes passiert und Sie schuld sind, dass Sie allein und verloren sind … Das sind nur Beispiele. Finden Sie Ihr eigenes schlimmes Gefühl. Öffnen Sie Ihr Herz dafür. Nehmen Sie es als Gefühl wahr statt als Tatsache. Prüfen Sie, ob Sie es übernommen haben und wem Sie es zurückgeben müssen.

Denken Sie stets auch ans Beten. Was auch immer ein Gebet im betreffenden Moment für Sie bedeutet: um Hilfe rufen, um Schutz bitten, sich bewusst machen, dass es eine höhere Präsenz gibt, in Ihnen anwesend und erreichbar, oder ob Sie Gebete nutzen, die von erleuchteten Menschen formuliert wurden und Ihren Geist erheben, oder ob Sie einfach in Stille sitzen und sich für die Verbindung mit Gott, mit Ihrer Seele, Ihrem höheren Selbst öffnen. Beten hilft, sich daran zu erinnern, dass wir Teil einer größeren Realität sind, es hilft, sich mit Herz und Seele zu verbinden, und es hilft, unser Herz zu öffnen für unsere Wünsche und schöne Visionen zu gestalten.

Zusammenfassung

Wenn Sie sich um einen Menschen sorgen, fokussieren Sie Ihre Aufmerksamkeit auf dessen zarte, zerbrechliche Aspekte.
Mit Sorge ist immer Angst verbunden sowie das Bild dessen, was passieren könnte. Wenden Sie sich dieser Angst einmal zu und ebenfalls dem, wovor Sie sich fürchten. Öffnen Sie Ihr Herz für diese Gefühle.
Mit Sorge ist immer auch ein Wunsch verbunden; diesen können Sie ebenfalls einmal bewusst wahrnehmen und ins Herz holen. Und genauso das positive Gefühl, zu dem dieser Wunsch Sie hinführen möchte.
Wenn Sie in Ihrer Sorge hauptsächlich das positive Bild (dessen, was ich mir für sie wünsche) und das Gefühl, das Sie dabei empfinden, hochhalten, kommt Ihr Gedanke vielleicht als etwas Unterstützendes bei der betreffenden Person an.
Ist jedoch in Ihrem Geist das negative Bild stärker, wenn Sie an die Person denken, so könnte es sie schwächen. Sie könnte Ihre Sorge unbewusst fühlen und übernehmen.

Aber wie kann man aufhören, sich zu sorgen, wenn man sich sorgt? Indem Sie Ihre Sorge bewusst als Gefühl wahrnehmen, statt mit ihr identifiziert zu sein.

Wenn umgekehrt Sie die Person sind, der Sorge entgegengebracht wird, was macht das mit Ihnen? Fühlen Sie sich berührt und getröstet oder geschwächt, übernehmen Sie die Sorge? Oder reagieren Sie trotzig und entwickeln eine neue Stärke? Nehmen Sie diese Gefühle bewusst wahr, statt sich mit ihnen zu identifizieren. Das schützt Sie vor emotionalen Verwicklungen oder Übernahme der Sorge des anderen.

Sich Sorgen zu machen um andere kann auch ein Lebensthema sein. Gehen Sie ihm mit Körperzentrierter Herzensarbeit auf den Grund. Es wird Ihnen helfen, sich vom Sorgenzwang zu befreien, und eine höhere Perspektive eröffnen.
Achten Sie immer darauf, dass alle Gefühlsschichten erfasst sind: negative Emotionen wie Sorge und Angst, positive wie Liebe und Zärtlichkeit, Schmerz und Sehnsucht.
Wenn Sie nicht weiterkommen, arbeiten Sie mit »Was-wäre-Wenn-Fragen« wie zum Beispiel: »Was wäre schlimm, wenn ich aufhören würde, mich zu sorgen?« Sie werden sehen, dass Sie danach wesentlich besser loslassen können.
Wenn die Sorgen Sie festhalten, denken Sie immer auch ans Beten. Das hilft, sich daran zu erinnern, dass wir Teil einer größeren Realität sind.

Warum wir gern Vorwürfe machen

Warum machen wir gerade dem Menschen, den wir am meisten lieben, so gern Vorwürfe? Warum sind wir manchmal geradezu unzufrieden, wenn nichts mehr in Reichweite ist, was wir ihm unter die Nase reiben könnten? Wo uns doch klar sein muss, dass er sich schlecht fühlt, wenn wir ihn derart attackieren? Fragen wir uns einmal: Will ich denn, dass er sich schlecht fühlt? Tue ich nicht sonst *alles* dafür, dass er sich gut fühlt? Was bezwecken wir denn eigentlich mit unserem Vorwurf? Die logische Antwort wäre: dass der Übeltäter damit aufhört, Übel zu tun.

Die »psycho-logische« Antwort ist vielleicht ganz anders. Nehmen wir ein konkretes Beispiel. »Stromkosten sparen« (er) kontra »es gemütlich warm haben« (sie).

Sie: »Du drehst mir immer die Heizung runter, du weißt doch, dass ich Kälte nicht vertrage.«

Möglicherweise erwünschte Reaktion Nummer eins:

Er: »Okay, kein Problem, habe ich wohl automatisch gemacht. Ab sofort werde ich darauf achten.«
Sie ist unzufrieden, fühlt sich, als wenn ihr der Wind aus den Segeln genommen wurde.

Mögliche erwünschte Reaktion Nummer zwei:

Er: »Das tut mir so leid! Wo du doch immer so frierst! Komm her in meine Arme. Ich wärme dich wieder auf.«
Sie ist irritiert, weil sie mit dieser Reaktion nicht gerechnet hat und sich aus der Bahn geworfen fühlt.

Mögliche erwünschte Reaktion Nummer drei:

Er: »Du hast recht, das war nicht richtig von mir. Verzeihst du mir?«
Sie fühlt sich ein wenig besänftigt und neigt dazu, »gnädig« zu sein, ist aber nicht ganz zufrieden.

Mögliche erwünschte Reaktion Nummer vier:

Er: »Na und? Dann mach sie doch wieder an!«
Sie: »So lieblos kannst nur du sein!«
Sie fühlt sich zufrieden, da ihre Ansicht bestätigt wurde, dass er aus Lieblosigkeit handelt. Aber andererseits: Obwohl sie diese Reaktion erwartet haben muss – sie hielt ihn ja für lieblos –, fühlt sie sich auch schockiert und verletzt.

Mögliche erwünschte Reaktion Nummer fünf:

Er: »Ach so, okay. Kein Problem.«
Sie: »Ach so? Dann ist es wohl auch kein Problem, wenn ich dir abends dein warmes Wannenbad ablaufen lasse, bevor du hineingestiegen bist? Und dein Bier warm stelle? Und da wir schon beim Thema sind …«
Sie ist sehr zufrieden, da sie Rachewünsche geäußert und auf indirekte Weise klargestellt hat, dass sie gut und er schlecht ist und sie somit ihr gutes selbstgerechtes Gefühl behalten kann.

Gehören Sie zu jenen, die oft und gern anderen Vorwürfe machen, damit aber nicht ganz glücklich sind, oder das besser verstehen oder gar loswerden möchten, dann müssen Sie sich über die Gefühle klar werden, die hinter dieser chronischen »Vorwurfsucht« stecken.

Einige Ansätze für die Körperzentrierte Herzensarbeit sind im obigen Beispiel schon angeklungen. Fasen wir es im Folgenden einmal prinzipiell zusammen.

Knöpfen Sie sich »Vorwürfe machen« als Thema vor. Formulieren Sie als Erstes das, was die Sache für Sie zum Thema macht (»Es stört mich, dass ich X dauernd Vorwürfe mache«, »Ich möchte mir das abgewöhnen«, »Ich möchte eigentlich liebevoll kommunizieren«, »Er/sie verschließt sich, sobald ich Vorwürfe mache, und das tut mir weh/macht mich wütend« und so weiter). Denken Sie dann an eine ganz bestimmte Begebenheit, wo das so war (Ihre Ausgangssituation).

Die einfachste Vorgehensweise: Steigen Sie gleich mit dem Bild dieser Situation in die Körperzentrierte Herzensarbeit ein. Spüren Sie Ihren Körper. Entdecken Sie das Gefühl, das sich in Ihrer Körperreaktion zeigt. Öffnen Sie Ihr Herz dafür (die Schlüsselworte durchprobieren). Prüfen Sie, ob und von wem Sie dieses Gefühl übernommen haben (Mutter? Vater? X selbst?), und geben Sie es möglicherweise zurück.

Neue Runde: Körper, Emotion, Herz … Machen Sie weiter, bis Sie auf den Grundschmerz stoßen (das, was Ihnen so wehgetan hat, dass Sie mit dem Vorwurf reagierten). Folgende Gefühle sollten dabei auf jeden Fall aufgetaucht sein und versorgt werden:

- Das gute Gefühl, das Ihnen der Akt des Vorwerfens verschafft: Stellen Sie sich die Situation deutlich vor, und geben Sie sich (als Trick) die Erlaubnis, sich mit dem Vorwurf gut zu fühlen. Lernen Sie den Körperzustand dazu kennen, und geben Sie dem Gefühl einen Namen. Wie fühlen Sie sich? Gerecht (oder gerächt)? Gut? Überlegen? Oder wie sonst?
- Das schlechte Gefühl, das Ihnen der Akt des Vorwerfens verschafft: Immerhin wissen Sie ja unterschwellig, dass Sie Ihrem Gegenüber damit wehtun könnten und er/sie sich schlecht fühlt. Was macht das mit Ihnen? Wie fühlen Sie sich damit, den anderen zu beschuldigen, zu belasten, unglücklich zu machen …: schuldig, schlecht, unsicher? Fühlen Sie Mitleid? Entdecken und versorgen Sie dieses Gefühl, und geben Sie es, falls nötig, an ihn oder sie zurück.
- Das schlimme Gefühl, das sich einstellt, wenn Sie keinen Vorwurf machen (dürfen): Erinnern Sie sich an die auslösende Situation (aufgrund deren Sie Ihren Vorwurf gemacht haben), und stellen Sie sich vor, nicht zu reagieren. Schwamm drüber. Kein Vorwurf. Jetzt nicht und nie. (Machen Sie sich klar, dass das nur eine Vorstellung ist, keine Realität.) Wie fühlt sich das an, wie fühlen Sie sich? Ungeliebt? Missachtet? Nicht respektiert, nicht wahrgenommen, übergangen? Als Opfer von Unrecht? Verraten, im Stich gelassen …?

Wo es einen Vorwurf gibt, gab es vorher eine Erwartung und Gefühle, die damit verbunden sind: Erwartung (ist auch ein Gefühl), Wunsch, Sehnsucht, Hoffnung. Öffnen Sie auch für diese Gefühle Ihr Herz, und nehmen Sie sich vor, sie bei der nächsten Gelegenheit sofort zu bemerken und bewusst wahrzunehmen.

Wenn Sie unter Ihrer eigenen chronischen Vorwurfsucht (oder der des Partners oder der Partnerin) leiden, prüfen Sie immer, ob Sie das Thema nicht von Vater oder Mutter übernommen haben.

Anderen zufügen, was wir selbst nicht ertragen

Es scheint ein rätselhaftes psychologisches Grundgesetz zu sein, dass man anderen gern das zufügt, was man selbst nicht erträgt. Frei nach dem Motto: Was du nicht willst, dass man dir tu, das füge einem anderen zu!

Aber warum, um Himmels willen? Bei manchen seelischen Wunden, wie etwa wenn man in der Kindheit verlassen wurde, ist das leicht verständlich. Ich verlasse, bevor ich verlassen werde, weil ich das nicht ertragen würde (und deshalb erscheint es mir legitim). Aber bei Vorwürfen? Mache ich anderen vielleicht deshalb so oft Vorwürfe, weil ich es selbst nicht ertragen kann, wenn man mir Vorwürfe macht? Vielleicht ein Thema zum Anschauen? Wie fühlt es sich an, mit einem Vorwurf konfrontiert zu sein, welche Emotionen der Abwehr tauchen auf? Sich verschließen wie eine Auster, mit Gegenvorwürfen reagieren oder weglaufen?

Besser ist es einmal mehr, sein Herz zu öffnen für die Gefühle, die dahinterstecken. Darunter gibt es einen Schmerz. Stellen Sie sich vor, sich dem Vorwurf auszusetzen, ohne sich zu schützen – was macht das mit Ihnen? Fühlen Sie sich abgelehnt? Verurteilt? Kritisiert? Ungerecht behandelt? Herabgesetzt?

Wenn Sie diese Gefühle bewusst als solche wahrnehmen und Ihr Herz dafür öffnen (oder sie an den richtigen Eigner zurückgeben), können Sie wahrscheinlich mit der Person, die den Vorwurf gemacht hat, die Angelegenheit auf der sachlichen Ebene besprechen und womöglich daraus lernen.

Wenn Sie emotional überhaupt nicht oder nicht mehr betroffen sind, können Sie ja auch von der Gelegenheit profitieren, um herauszufinden, was den anderen veranlasst hat, Sie anzuklagen. In diesem Falle hat die Operation »Vorwurf« Ihnen zur Weiterentwicklung oder Herzöffnung verholfen. Und durch Ihre lernbereite und offenherzige Reaktion vielleicht auch Ihrem Gegenüber.

Wie gehe ich damit um, wenn mein Vorwurf unerwünschte Reaktionen bewirkt?

Manchmal trifft man auf Menschen, die gegen Vorwürfe immun sind. Man kann sie anklagen oder beschimpfen, so viel man will, es macht ihnen nichts aus. Möglich, dass Sie es hier mit einer sehr weisen Person zu tun haben – oder aber vielleicht auch mit einer, die in ihrer Kindheit so viele Vorwürfe hat über sich ergehen lassen müssen, dass sie sich eine dicke Haut zugelegt hat. Anstatt zu versuchen, den Panzer dieser Person zu knacken, öffnen Sie am besten erst mal Ihr Herz für Ihre eigenen Gefühle: Was ist denn so schlimm für Sie, wenn der andere so dickhäutig reagiert? Was tut Ihnen daran weh? Wenn Sie diesen Schmerz finden und Ihr Herz dafür öffnen, ist die Chance groß, dass Sie den des anderen respektieren können – und ihn entweder aus Respekt in Ruhe lassen oder ihn so ansprechen können, dass er sich genügend geachtet fühlt, um sich öffnen zu können.

Grundsätzlich: Wenn Sie möchten, dass Ihr Mitmensch sich ändert, schauen Sie sich erst an, was es mit Ihnen macht, dass er sich nicht ändert. Öffnen Sie Ihr Herz für dieses Gefühl.

Möglicherweise hat er ja dasselbe Gefühl. Dann geben Sie ihm seinen Teil zurück. Das wird Ihr Herz für diesen Menschen öffnen und ihm sein Verhalten verständlich machen.

Manche gehen hoch wie eine Rakete, wenn man ihnen einen Vorwurf macht. Wenn Sie so jemandem begegnen, was tun Sie?

- Sie reagieren Ihrerseits emotional. (Sie sollten Ihr Herz öffnen für Ihre Emotionen und den Grundschmerz dahinter. Diesen teilen Sie eventuell mit Ihrem Gegenüber und können seinen Anteil zurückgeben.)
- Sie versuchen, den anderen zu beruhigen, den Vorwurf zu entschärfen, versichern, dass Sie selbst auch Fehler machen … (Wovor haben Sie Angst? Was ist schlimm, wenn Sie nichts zurücknehmen? Öffnen Sie Ihr Herz für Ihre Angst und das schlimme Gefühl, auf das sie sich bezieht.)
- Sie erkennen oder fühlen, dass der andere sich getroffen fühlt, respektieren seinen Schmerz und merken, dass seine Reaktion sich nicht auf Sie bezieht. Und handeln entsprechend. (Schweigen Sie, oder reden beziehungsweise handeln Sie aus Ihrem Herzen heraus.)
- Sie prüfen, ob er oder sie Ihnen vielleicht ein Gefühl »spiegelt«. Vielleicht waren Sie selbst wütend oder ärgerlich, haben dieses Gefühl aber nicht wahrgenommen? (Dann holen Sie das jetzt nach.)

Erst das Herz das öffnen, dann handeln

Das nächste Mal, wenn Sie einen Vorwurf machen möchten, nehmen Sie also erst das Gefühl, aus dem heraus Sie den Vorwurf äußern möchten, bewusst wahr. Den Wunsch, den Ärger, den Zorn, den Schmerz. Öffnen Sie Ihr Herz dafür. Danach sind Sie in der Lage, Ihre Bitte, Ihre Mitteilung, Ihren Wunsch oder Ihren Tadel von Herz zu Herz zu äußern (falls das dann noch nötig ist).

Die meisten Menschen werden darauf positiv reagieren, es sei denn, sie fühlen sich durch Ihre Bitte, Mitteilung, Ihren Wunsch oder Tadel zutiefst getroffen, weil damit einer ihrer Grundschmerzen aktiviert wird. Da können Sie dann nichts weiter tun, als Ihr Herz dafür offenhalten und die Gefühle der betroffenen Person respektieren, ohne sie zu übernehmen.

Das nächste Mal, wenn Ihnen ein Vorwurf gemacht wird: Seien Sie wach, und achten Sie sofort auf das oberflächliche Gefühl, das in Ihnen ausgelöst wird (zum Beispiel Ärger, Schock, Wut, Betroffenheit), und das tiefere Gefühl dahinter. (Wie fühlen Sie sich wirklich? Getroffen? Verletzt? Vernichtet? Schuldig, schlecht? Minderwertig? Oder wie sonst?) Nehmen Sie sich einen Augenblick Zeit dafür, bevor Sie reagieren.

Zusammenfassung

Wenn Sie die Angewohnheit, Vorwürfe zu machen, loswerden möchten, müssen Sie sich über die Gefühle klar werden, die hinter dieser chronischen Vorwurfsucht stecken:

- das gute Gefühl, das Ihnen der Akt des Vorwerfens verschafft,
- das schlimme Gefühl, das sich einstellt, wenn Sie keinen Vorwurf machen (dürfen),
- der Wunsch oder die Erwartung, aus der heraus Sie Vorwürfe machen.

Vorwürfe können nützlich sein, wenn sie auf ein Gegenüber treffen, das bereit ist, sein Herz zu öffnen. Ansonsten haben sie überhaupt keinen Zweck. Außer dem, ein negatives Gefühl zu äußern und Ihnen damit ein positives Gefühl zu verschaffen. Menschen, die gegen Vorwürfe immun sind, sind nicht unbedingt immer so weise und überlegen, dass sie keine »Themen« mehr haben. Oft haben sie sich einfach in der Kindheit eine sehr, sehr dicke Haut zugelegt, um ihren Schmerz nicht fühlen zu müssen.

Wenn Sie möchten, dass Ihr Mitmensch sich ändert, schauen Sie sich erst an, was es mit Ihnen macht, dass er sich nicht ändert. Wenn Sie sich anschicken, jemandem einen Vorwurf zu machen, seien Sie wach: Bemerken Sie die Gefühle, aus denen heraus Sie das tun möchten. Kümmern Sie sich erst um diese Gefühle. Danach ist der Vorwurf entweder nicht mehr notwendig (weil alles nur Ihr eigenes »Thema« war), oder Sie werden in der Lage sein, das, was Sie sich wünschen, von Herz zu Herz zu äußern. Die meisten Menschen werden darauf positiv reagieren. Wenn nicht, haben sie selbst ein Thema. Das geht wiederum Sie nichts an. Aber Herzensarbeit wird Sie in die Lage versetzen, die Sache neutral zu sehen und die richtige Lösung zu erkennen.

Das nächste Mal, wenn Ihnen ein Vorwurf gemacht wird: Seien Sie wach, und achten Sie sofort auf das oberflächliche Gefühl, das in Ihnen ausgelöst wird (wie etwa Wut). Kümmern Sie sich um dieses Gefühl in Ihrem Innern, statt äußerlich sofort emotional zu reagieren.

Chronische Vorwurfsucht kann natürlich auch von Mutter oder Vater übernommen sein. Da hilft nur eins: zurückgeben!

Wie wir uns ausgerechnet mit unseren Liebsten verkrachen

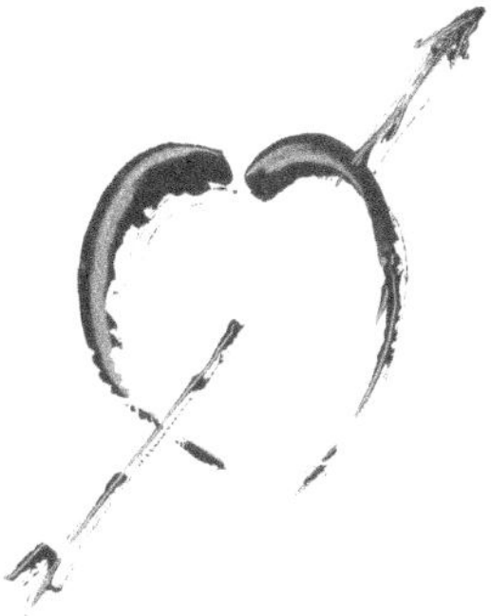

Die Menschen, die uns am nächsten stehen, allen voran unsere Ehe- oder Lebensgefährten, sind am besten geeignet, uns auf unsere Themen aufmerksam zu machen – indem sie sie auslösen oder »unsere Knöpfe drücken«, wie man im Psycho-Jargon sagt.

Er unterbricht mich, während ich gerade etwas erzähle. Das regt mich auf: Mich einfach zu unterbrechen, solch eine Manifestation von Geringschätzung!
Er erklärt sich: Er hatte gerade einen wichtigen Einfall und Angst, ihn zu vergessen.

Wenn »unsere Knöpfe gedrückt« werden, interpretieren wir die Situation aus unserer Identifikation mit einem Grundschmerz heraus (hier: nicht geachtet zu werden) und schätzen die Sache völlig falsch ein. Da wir alle eine ganze Anzahl solcher »Knöpfe« haben, kann der

Mensch, der uns am nächsten steht, natürlich viele Male am Tag versehentlich an einen solchen Knopf geraten, und der Alarm geht los.

In unseren Beziehungsmissverständnissen spielt die Projektion eine große Rolle. Wir projizieren unsere Sehnsüchte und Bedürfnisse, statt uns um sie zu kümmern, auf unseren Lebenspartner. Dabei verwechseln wir diese unbewusst mit Vater oder Mutter. Das heißt, wir sehnen uns danach, von ihnen das zu bekommen, was jene uns nicht gegeben hatten, erwarten aber unterschwellig-automatisch das Gegenteil. Sie sehnen sich danach, von Ihrem Mann (= Vater?) gesehen zu werden, erwarten aber zugleich, dass er Sie ignoriert (wie Ihr Vater es tat). Oder Sie haben unter einer dominanten, streitsüchtigen Mutter gelitten und sich nach einer Frau gesehnt, die das ganze Gegenteil ist – sanft und lieb. Aber unterschwellig erwarten Sie, dass sie sich dominant und streitsüchtig verhält, interpretieren ihre Äußerungen auf diese Weise oder provozieren ein solches Verhalten, und schließlich verhält sie sich tatsächlich so.

Projektionen wie diese können Sie nicht vermeiden; sie geschehen einfach. Aber Sie können sich ihrer bewusst werden und sie als Gelegenheit nutzen, um das alte Mutter- oder Vaterthema mit Körperzentrierter Herzensarbeit aufzuarbeiten und sich davon zu lösen. Wenn man dann den Menschen, mit dem man Tisch und Bett teilt, als eigenen Menschen sieht und nicht als Papi oder Mami, behandelt man ihn mit mehr Respekt, Interesse und Verständnis, und damit wird es wesentlich weniger Anlass zu Streit geben.

Die Psyche ist bei vielen von uns ein Minenfeld, und wehe dem, der auf eine solche Mine tritt! Außer er hat das Glück auf jemanden zu treffen, der Herzensarbeit praktiziert und sich sogleich seine Gefühle bewusst macht, bevor das große Drama losgeht.

»Wo hast du die Bilder hingeräumt, die ich ausgedruckt und in die Küche gelegt hatte?«, frage ich – sehr freundlich, wie ich finde, ich will

ja meinem Mann keinen zusätzlichen Stress machen, er hat zurzeit so viel am Hals. Er sitzt am Computer, macht eine vage Geste in Richtung Regal. Ich suche. Nichts zu finden. Frage nach: »Ich meine die Bilder, die ich extra auf den Küchentisch gelegt habe?« Unwilliges Brummen. Handwedeln Richtung irgendwo. »Überhaupt mag ich es nicht, wenn man meine Sachen verlegt«, sage ich. Und ernte einen, wie mir scheint, sehr bösen Blick.
Böse Blicke vertrage ich nicht, jedenfalls nicht von ihm. Meine Reaktion: schneller Rückzug zwecks Tränenausbruch, mich um das Gefühl kümmern, »es nicht aushalten zu können«, Herz öffnen für dieses Gefühl und mich fragen, was denn so schlimm ist, dass ich es nicht aushalten kann? Der böse Blick. Durch den ich mich angeklagt fühle. Ich nehme »angeklagt« sogleich sehr bewusst und als Gefühl wahr. Komme dennoch aus dem Weinen nicht heraus. Vielleicht ist das ja ein Zeichen dafür, dass Fremdgefühle dabei sind, die meine eigenen verstärken? Habe ich von meinem Mann etwas übernommen, hat er sich vielleicht angeklagt gefühlt? Und das nicht ausgehalten? Aha: Das scheint ein Treffer zu sein. Die Tränen versiegen, die Aufregung ist fort. Beide Gefühle, das »Nicht-aushalten-Können« und das »Angeklagt«, sind aus mir verschwunden. Waren gar nicht meine.
Apropos »angeklagt«: Mir wird bewusst, dass meine freundlichen, vorsichtigen Fragen tatsächlich eine in Watte gepackte Anklage darstellten (etwas, worauf ich selbst, wenn mir jemand so kommt, übrigens immer ungehalten reagiere). Hinter dieser meiner Anklage steckte Ärger und ein Gefühl von Unrecht. (Man verlegt nicht einfach meine Bilder, ohne mich zu fragen!) Für beide öffne ich mein Herz. Danach ist wieder eitel Sonnenschein, offene Herzen beiderseits, amüsiertes Lächeln. Kein Wort gewechselt, aber jeder – er offensichtlich auch – hat seinen Teil angeschaut. Und ein Stück inneres Drama abgebaut.

Wenn beide Partner Herzensarbeit machen, besteht wenig Gefahr, dass ein großer Krach ausbricht. Auseinandersetzung, ja natürlich, man kann ja verschiedene Standpunkte zu einer Angelegenheit haben. Aber Krach … Da muss einer von beiden schon kopfüber in eine Identifikation gefallen sein, doch dann wird der andere Teil des Paares das merken und erst sich und dann dem Partner oder der Partnerin aus dem Drama heraushelfen.

Herzensarbeit mit Paaren

In meiner Arbeit begegnen mir häufig Paarprobleme. Da freue ich mich immer, wenn ich mit beiden Hälften des Paares arbeiten kann. Meist kommt aber nur eine von ihnen: Sie kommt ins Seminar, er bleibt zu Hause oder begleitet sie nur auf die Reise – oder umgekehrt. Aber auch wenn nur einer von beiden sein Paarproblem anschaut und sein Herz öffnet, kann aus einem Beinahe-Drama eine Gelegenheit werden, die Beziehung zu retten oder sogar zu vertiefen und zu verschönern. Wie im folgenden Beispiel:

Lukas, der Ehemann von Monika, schimpft wie so oft mit seiner Frau: »Du hast schon wieder die Heizung nicht heruntergedreht! Wie oft muss ich dir noch vorrechnen, wie viel Strom und Geld du da vergeudest?«
Monika spielt den Ball zurück: »Und du? Hast du schon mal gezählt, wie viele Minuten lang du Wasser laufen lässt, während du deine Hände einseifst oder deine Zähne putzt? Und wie viel Wasser du für Tausende von Jahren versaust, indem du Berge von Spülmittel in den Abwasch gießt? … Hörst du mir überhaupt zu? Wieso verschließt du immer deine Ohren, wenn es um deine Fehler geht? Wann hörst du mir überhaupt mal zu?«
Er hat seine Ohren längst auf Durchzug geschaltet und angefangen, über etwas anderes nachzudenken. Sie verlässt den Raum türenknallend.
Denkt über Scheidung nach.

Worum geht es eigentlich wirklich in diesen Dramen um Kleinigkeiten?

Lukas könnte, wenn er sich die Sache einmal auf der emotionalen Ebene anschaute (aber damit ist er nicht vertraut, er würde wohl sagen: »Wieso Emotion? Es geht doch um Tatsachen!?«), eine Menge Ärger in sich entdecken: darüber, dass er nicht respektiert wird, dass er ohnmächtig ist, dass er sich als Opfer von Unrecht fühlt. Außerdem hat er, wenn er den Stromverbrauch im Auge behält, vielleicht Angst um die Finanzen und auch den Wunsch, die Umwelt zu schonen. Das sind allerdings nur Beispiele möglicher Gefühle, ich kenne Lukas nicht: Bei mir zur Herzensarbeit war nur seine Frau.

Monika hat bei ihrer Herzensarbeit zu diesem Thema festgestellt, dass sie in der Tat Lukas' Bitte nicht respektiert hatte, ganz einfach, weil sie verfroren war und Kälte nicht ausstehen konnte, dass sie es nicht ertragen konnte, sich schuldig zu fühlen, und deshalb sofort den »Schuld-Ball« zurückschlug und dass am Ende des Streits auch noch ihr alter Schmerz des Nicht-gehört-Seins an die Oberfläche gekommen war. Der sich wiederum hinter einem Gefühl von Unerträglichkeit versteckte. (»Ich halte es nicht aus, wenn du mir nicht zuhörst.«) Daher der Gedanke an Scheidung.

Am Ende stellte sich heraus, dass diese ganze Gefühlskette eigentlich gar nicht ihr gehörte, sondern ihrer Mutter. Nachdem Monika ihrer Mutter diese Gefühle zurückgegeben hatte, konnte sie über die ganze Sache lachen. Und sich übrigens auch zum ersten Mal für die »ewigen Heizungssparpredigten« ihres Mannes interessieren. Sie bat ihn, ihr genauer zu erklären, wann man wie viel auf- oder zudrehen sollte, wenn man einen einigermaßen angenehmen Wärmepegel halten und gleichzeitig nicht zu viel Strom verschwenden wollte.

Happy End?

Nicht ganz. Für den Moment war das Thema vom Tisch. Aber in der nächsten Herzensarbeit mit Monika erfuhr ich, dass Lukas seine vorwurfsvollen Vorträge auf ein anderes Thema verlegt hatte: das Geld, das Monika für T-Shirts ausgab. In seinen Augen war das Geldverschwendung (»Muss man denn in jeder Farbe ein T-Shirt haben?«) und in Monikas Augen eine Quelle der Freude, denn sie war ein »Farben-Fan«. Lukas zeigte keine Bereitschaft, sich sein emotionales Thema anzuschauen, hatte wenig Zugang zu seinen Gefühlen und fand überhaupt, dass Gefühle nichts mit Strom- und Geldverschwendung zu tun hätten.

Aber Monika hatte sich verändert: Sie konnte ihm nun zuhören (vorher war sie es, die immer die Ohren verschloss, wenn die Spar-Tiraden kamen) und dann in Ruhe überlegen, was sie anschaffen würde und worauf sie verzichten konnte. Sie kam nämlich zu dem Schluss, dass sie in der Tat nicht alle T-Shirts brauchte, die sie kaufte.

Leider gibt es noch zu wenige Herzensarbeiter. Gäbe es mehr, es gäbe viel weniger Dramen!

In der Regel läuft die Sache also anders ab. Wenn beide (oder alle) Protagonisten eines Streits nicht auf die Idee kommen, die Ursache dafür in ihrem Herzen zu suchen, bleiben sie weiter mit ihren jeweiligen Gedanken und Emotionen identifiziert, und am Ende kommt womöglich ein echtes Drama heraus.

Manchmal meinen beide, es ginge nicht um Gefühle, sondern um Tatsachen. Auf der Tatsachenebene lässt sich vielleicht eine Lösung finden, wenn man sich erst einmal abgeregt und die Vernunft wieder eingeschaltet hat. Wenn es aber in Wirklichkeit um Gefühle geht und die Tatsachen nur als Aufhänger dafür dienen, ist das eigentliche Problem dadurch nicht zu lösen. Die alten seelischen Verletzungen, die durch die Auseinandersetzung getriggert wurden, sind immer noch da, und die Gelegenheit, sie endlich einmal wahrzunehmen und zu heilen, ist ungenutzt verstrichen.

Ich übernehme deine Wut, du übernimmst meine, und am Schluss verkrachen wir uns wegen nichts

Wenn ein Streit sich hochschaukelt, denken Sie bitte immer sofort an eine eventuelle Gefühlsübernahme! Fragen Sie sich sofort, ob die Wut, die Sie fühlen, vielleicht Ihrem Partner oder Ihrer Partnerin gehört, und geben Sie sie im Stillen zurück (nicht ohne sie vorher wenigstens für einen Moment im Körper gespürt zu haben)! Und ebenso, wenn Ihr Gegenüber sehr wütend ist: Bevor die Sache weiter eskaliert, fragen Sie sich, ob es vielleicht Ihre Wut ist, die er oder sie übernommen hat, also ob Sie vielleicht als Erste(r) wütend waren. Sie können dieses Gefühl sozusagen zurückholen, indem Sie es bewusst fühlen. Dadurch wird der Spannungspegel schon spürbar sinken.

Elise erzählt: »Mein Mann hat viel Einfühlungsvermögen und viel Verständnis für Menschen, aber daneben – das passt eigentlich gar nicht zusammen – hat er die Tendenz, sie zu beurteilen. Falls etwas am Verhalten eines Menschen ihm nicht gefällt, dann verurteilt er den Betreffenden mit manchmal sehr heftigen Ausdrücken. Wenn er das tut, ertrage ich das ganz schlecht und verurteile ihn dafür.
Aber eines Tages ist mir aufgefallen, dass ich ihm da eigentlich genau das antue, was er anderen antut: Ich verurteile ihn, habe kein Verständnis für ihn und so weiter. Dabei weiß ich doch, dass das einfach eine Automatik bei ihm ist, weil er das in seiner Familie so gelernt hat, und dass er es nicht wirklich meint. Das brachte mich auf die Idee, ob ich vielleicht das Verurteilen ganz einfach von ihm aufgefangen und übernommen hatte! Ich fragte mich, ob ich ›Verurteilen‹ zurückgeben könne – zurückgeben kann man ja Gefühle und Gedanken, das wusste ich aus der Körperzentrierten Herzensarbeit, aber ›Verurteilen‹ ist eine Handlung oder Haltung. Also dachte ich mir, ich gucke mir erst mal die Gefühle an, die sich mit dem Verurteilen verbinden, und kümmere mich mit dem Herzen darum, bevor ich probiere, sie ihm zurückzugeben.

Ich entdeckte Zorn und Ablehnung. Der Zorn war leicht ins Herz zu holen, mit der Ablehnung war es etwas schwieriger: Ich lehnte meinen Mann doch nicht ab! Aber als ich mir klarmachte, dass es um ein Gefühl ging und nicht um eine Tatsache, ging es leichter. Was ich ablehnte, wurde mir bei dem Herzensschlüssel ›Würdigung‹ klar, war nicht er selbst, sondern das Unrecht, das er in meinen Augen anderen antat. Und da saß das Gefühl, das mir so wehtat: der Schmerz des Unrechts. Dieser brauchte von meinem Herzen Wahrnehmung und Achtung. Und als Gefühl wahrgenommen zu werden statt als Tatsache.
Alle drei Gefühle – Zorn, Ablehnung und Unrecht – konnte ich an meinen Mann zurückgeben. Besonders bei der Rückgabe von ›Unrecht‹ ging mir das Herz für ihn auf. Er war es, der im Kontakt mit dem Menschen, über die er scheinbar so hart urteilte, den Schmerz des Unrechts erlitten hatte oder das zumindest so empfand. Seither habe ich Verständnis für seinen Zorn und seine Ablehnung und kann den Schmerz, der hinter seinen Äußerungen steckt, mitfühlen und verstehen.«

Ganz generell sind es meiner Erfahrung nach fast immer unbewusste Gefühlsübernahmen, die partnerschaftliche (und auch sonstige) Auseinandersetzungen zu einem handfesten Krach werden lassen. Ohne diese Übernahmen wären die Emotionen weniger heftig und die Identifikation mit ihnen nicht so stark.

Jörg ärgert sich über die Welt, und Lise ärgert sich über Jörg, weil er sich immer so ärgert und seinen Ärger lauthals manifestiert und ihr »die Laune verdirbt«. So erlebt es Lise.

In Wirklichkeit passiert etwas anderes.

Jörg ärgert sich über die Welt. Lise spürt seinen Ärger, übernimmt ihn und richtet ihn auf Jörg: für Jörg ein Bumerang, der zu ihm zurückkommt, für Lise ein ebenso unbewusster wie untauglicher Versuch, ihm das Gefühl zurückzugeben.

Warum übernimmt Lise Jörgs Ärger? Weil sie nicht bei sich ist. Wäre sie bei sich, würde sie sich fühlen. Sie würde merken, dass sie sich bedroht oder angegriffen fühlt. (Wenn jemand lauthals über jemand anderen schimpft, diese Worte aber an Sie richtet, denkt Ihr kindliches Inneres, dass mit Ihnen geschimpft wird.) Oder als Opfer von Unrecht (sie war doch so gut gelaunt aufgestanden, und jetzt ist ihre Laune, durch seine Ärger, in den Keller gerutscht). Dann würde sie ihr eigenes Gefühl wahrnehmen, statt seines zu übernehmen.

Gegenseitige Gefühlsübernahme ist auch der Hauptgrund, warum Streitereien zwischen Menschen, die einander eigentlich lieben, so sehr ausarten können. So zum Beispiel, wenn das Pingpongspiel des Ärgers bei Jörg und Lise weitergehen würde:

Nun ärgert Jörg sich über Lise (weil sie sich gegen ihn stellt, statt mit ihm zu fühlen). Und wieder fühlt Lise seinen Ärger und übernimmt ihn, worauf sie Jörg noch vehementer attackiert ... Mit jeder Übernahme wird der Ärger stärker. Bis es zum Krach kommt.

Dabei kann die emotionale Ladung so stark werden, dass sie noch gleichartige Emotionen aus dem kollektiven Äther dazuholt. Sie kennen das vielleicht: Wenn Sie sehr stark mit Wut identifiziert und komplett in dieser Identifikation untergegangen sind, gewinnen Sie auf einmal den Eindruck, dass Sie die Wut der ganzen Welt in sich tragen. Was vielleicht der Fall ist!

Denken Sie sofort an Rückgabe. Geben Sie das Gefühl der Person zurück, mit der Sie gerade streiten; geben Sie es ans Kollektiv und an »Unbekannt« zurück – und eventuell an weitere Menschen, die Ihnen einfallen werden, wenn Sie sich fragen, von wem Sie diese Wut übernommen haben.

Wenn Liebeswerbung so trügerisch ist wie Produktwerbung

Ein weiterer Faktor, der Liebende dazu führen kann, sich miteinander zu verkrachen, liegt ganz im Anfang der Beziehung. Wer verliebt ist, zeigt sich meist von seiner schönsten, besten Seite und tarnt seine Fehler und Unvollkommenheiten, ähnlich wie eine Firma, die ihr Produkt verkaufen will. Irgendwann haben Sie also diesen unglaublich wunderbaren Menschen tatsächlich Tag für Tag an Ihrer Seite – und beginnen, Züge an ihm zu entdecken, die Ihnen nicht gefallen. Da können Sie dann irritiert reagieren, enttäuscht, schockiert, traurig oder wütend, schimpfen, die Beziehung abbrechen – oder aber erst mal in sich gehen und sich um Ihre Gefühle kümmern. Machen Sie sich vor allem auch die Erwartung oder Sehnsucht bewusst, die Sie auf diese Person projiziert hatten, und öffnen Sie Ihr Herz dafür.

Wenn Sie diese Herzensarbeit nicht machen, sondern mit Ihren Projektionsgefühlen identifiziert bleiben, werden Sie darauf beharren, dass diese Person genau so bleiben soll, wie sie sich in der Werbungsphase präsentiert hat. Kein Mensch aber kann ständig seinem eigenen Ideal entsprechen und noch weniger dem Idealbild, das eine andere Person auf ihn projiziert. Womöglich beenden Sie die Beziehung (»Entspricht nicht der Bestellung«) oder führen sie zwar weiter, landen aber in Resignation und Verbitterung (vielleicht von Mutter oder Vater übernommen) und mutieren zu einem ständig vorwurfsvollen, fordernden, niemals zufriedenen, immer recht habenden und schwer zu ertragenden Zeitgenossen …

Die Angst, dass der andere sich verändert

Was auch oft Frustration und Unstimmigkeit in der Beziehung erzeugt, ist ein ganz natürlicher Faktor, mit dem aber kein Mensch zu Beginn einer Beziehung rechnet: nämlich die Tatsache, dass alles sich verändert, auch Menschen, auch dieser besondere Mensch. Veränderung liegt in unserer Natur, gehört zu unserer Entwicklung. Der Mensch, mit dem Sie eine Beziehung eingegangen sind, wird sich zwangsläufig verändern. Schon dadurch, dass Sie jetzt in seinem Leben sind, durch Ereignisse, Kontakte, Informationen, ja sogar durch die Orte, an denen Sie leben …

Bestenfalls handelt es sich um positive Veränderungen im Sinne von Wachstum und Erweiterung, schlimmstenfalls um negative wie das Erstarren in bestimmten Auffassungen und Haltungen oder das Sich-Verschließen. So traurig oder beängstigend Letzteres auf die Mitmenschen wirken mag, so wird es doch ein notwendiger Teil des Werdeganges dieser Person sein. Aber dem Menschen, der uns auf unserer Lebensreise begleitet, gestehen wir das Recht zur Veränderung nicht gern zu. Es kann Angst oder das Gefühl von Bedrohung oder Verunsicherung auslösen.

Veränderungen am Partner können Angst auslösen, selbst wenn sie positiv sind. Positive Veränderungen am Partner können die Angst auslösen, diesen Menschen oder den Einfluss auf ihn zu verlieren, ihm nicht mehr gewachsen zu sein oder etwas an unserer Lebensweise ändern zu müssen, um mit seiner Entwicklung Schritt zu halten (wozu wir aber zu bequem sind). Veränderungen zum Negativen machen auch Angst: Was geschieht mit »meinem« Lebensgefährten, wohin führt das, werde ich damit umgehen können, werde ich mit hineingezogen werden …? Eventuell empfindet man die Veränderung des anderen auch als Unrecht. (»Am Anfang warst du ganz anders, dass du jetzt so bist, war nicht vereinbart, das ist nicht recht.«)

Dass es etwas mit uns macht, wenn der Partner oder die Partnerin sich verändert, ist normal; alles macht etwas mit uns, wir sind nie ohne Gefühl. Problematisch wird es nur dann, wenn wir diese unsere eigenen Gefühle nicht wahrnehmen, sondern uns mit ihnen identifizieren, als seien es Tatsachen, statt sie als Gefühle wahrzunehmen und sich darum zu kümmern.

Zusammenfassung

Je näher uns jemand steht und je wichtiger er oder sie für uns ist, desto mehr erlauben wir diesem Menschen, unsere »Themen« auszulösen.

Zum »Krach« in der Beziehung kann es kommen, weil

- es einfach zur Liebe gehört, die geliebte Person auf ihre Themen aufmerksam zu machen, indem man sie (ungewollt) auslöst,
- wir unsere Gefühle nicht bewusst wahrnehmen, sondern uns mit ihnen identifizieren,
- wir Vater oder Mutter auf ihn oder sie projizieren,
- wir uns danach sehnen, das von ihm/ihr zu bekommen, was wir von Vater oder Mutter nicht bekommen haben, aber unbewusst erwarten, dass er/sie sich so verhält wie Vater oder Mutter,
- wir, ohne es zu wissen, Gefühle voneinander übernehmen und durch diese gegenseitige Gefühlsübernahme die Emotionen verdoppelt und verdreifacht werden, bis die emotionale Ladung so groß ist, dass sie sich entladen muss,
- wir uns in der Phase von Verliebtheit und Werbung nur von unserer besten Seite zeigen und damit hohe Erwartungen im anderen erzeugen, während er unsere weniger angenehmen Seiten erst nach einiger Zeit entdeckt.

Wenn Ihr Partner oder Ihre Partnerin auf etwas ganz Harmloses und Unschuldiges emotional reagiert, wissen Sie, dass Sie an eine alte seelische Wunde gestoßen sind. Dann gilt es, einmal durchzuatmen, zu fühlen, das Herz aufzumachen und sofort an die Gefühlsrückgabe zu denken, statt Ihrerseits emotional zu reagieren!

Hinter einer Diskussion um eine sachliche Angelegenheit stecken, wenn sie in Streit ausartet, in Wirklichkeit emotionale Probleme. Eine Lösung auf der sachlichen Ebene ist schön, aber was wirklich gelöst werden muss, ist das psychologische Thema dahinter.
Selbst wenn nur ein Teil des Paares das tut, kann schon Verständigung möglich sein: Zu einem Krach gehören ja zwei.

Wenn ein Streit sich hochschaukelt, denken Sie bitte immer sofort daran, dass Sie Gefühle voneinander übernommen haben könnten! Geben Sie innerlich sofort zurück, was dem anderen gehört. Das wird die Spannung senken und Ihr Herz öffnen.
Umgekehrt kann auch Ihr Gegenüber Gefühle von Ihnen übernommen haben, ohne das zu wissen. Wenn diese Person also übermäßig zornig ist, fragen Sie sich, ob Sie vielleicht Ihren eigenen Zorn übersehen haben, sodass sie ihn von Ihnen aufgefangen hat. In diesem Fall öffnen Sie einfach Ihr Herz für Ihre eigenen Gefühle. Damit sinkt der Spannungspegel bereits.

Ganz am Anfang der Beziehung kann das Problem entstehen, das uns später die vielen Krachs beschert: Beide Partner haben sich in der Werbungsphase nicht echt und authentisch verhalten, sondern ihre Qualitäten hervorgehoben und ihre Mängel vertuscht. Normal, dass das später zu negativen Gefühlen führt. Wer diese wahrnimmt und sich um sie kümmert, gibt sich die Chance, den anderen kennenzulernen, wie er wirklich ist, und der Beziehung, sich entfalten zu können.
Menschen verändern sich im Laufe der Zeit – das ist natürlich und Teil ihrer Entwicklung. Wenn diese Veränderung uns stört, dann, weil sie Gefühle in uns auslöst. Herz öffnen für diese Gefühle!

Wie wir uns wie Kinder verhalten, ohne es zu merken

Die Verantwortung für unser Leben delegieren

Während unserer ersten Lebensjahre werden wir von Erwachsenen begleitet, die dafür da sind, unsere Bedürfnisse zu erfüllen, uns anzuleiten, einzuweihen, zu schützen und über uns zu bestimmen, bis wir erwachsen und reif genug sind, um selbst zu entscheiden. Das ist die Aufgabe, die diese Älteren – die Eltern – freiwillig übernommen haben.

Als erwachsener Mensch treffen wir immer noch auf Ältere, die mehr Erfahrung und Einsicht haben als wir und die wir um Rat fragen können; aber es sind nicht unsere Eltern, und daher sind sie nicht verpflichtet, uns zu leiten, für uns zu sorgen, und sie haben auch nicht über uns zu bestimmen.

Und dennoch glauben wir das oft unbewusst. Wir sehen Vater oder Mutter in dem Menschen, mit dem wir verheiratet sind oder zusammenleben, in Personen, die in der gesellschaftlichen Hierarchie einen höheren Rang bekleiden, in Vorgesetzten, Lehrern, Politikern, generell in allen Menschen, die sich für die Vater- oder Mutterprojektion eignen.

Von diesen erwarten wir – je nachdem, welche Funktion sie bekleiden oder welcher Art unsere Beziehung mit ihnen ist – Vollkommenheit oder Zuwendung, wir wollen von ihnen gesehen, gerecht behandelt, versorgt werden, Anerkennung bekommen; und wir reagieren mit Trauer, Enttäuschung, Trotz, Wut, Zorn, Bitterkeit, wenn wir das Erwartete oder Geforderte nicht bekommen. Wir verhalten uns wie Kinder.

Erwachsen verhalten wir uns, wenn wir die Verantwortung für uns selbst übernehmen. Und wenn wir andere Menschen als Menschen sehen können, die ihre eigene Vergangenheit, ihr eigenes Schicksal, ihre eigenen Schwächen und Unvollkommenheiten haben, genau wie wir selbst (statt als jemanden, der zu uns gehört und unseren Erwartungen zu entsprechen hat).

Wenn ich gegen mein Schicksal rebelliere, so als sei es nicht meine ganz persönliche Reise, sondern als sei jemand anders dafür verantwortlich – Gott, eine unbekannte höhere Instanz, Politiker, Lebenspartner, Eltern und so weiter –, dann verhalte ich mich ebenfalls wie ein Kind. Wenn ich es mir so richtig schlecht gehen lasse, mit grimmiger Befriedigung in der Misere versinke, damit man sieht, was man mir angetan hat – dann bin ich nicht erwachsen.

Der Vorteil oder Nutzen am Verharren in der kindlichen Perspektive liegt darin, dass man immer jemand anderem die Schuld geben kann, sodass man selbst sich gehen lassen kann, statt sich aufzurappeln, um sein Leben trotz aller Unbequemlichkeiten in die Hand zu nehmen. Der Vorteil kann auch darin liegen, dass man sich als Opfer von Unrecht fühlt – was zwar kein angenehmes Gefühl ist, aber ein angenehmes Gefühl verschaffen kann: nämlich im Recht zu sein (während die Täter im Unrecht sind). Und dass man sich nicht allein fühlt. Denn wenn jemand – sei es Gott oder die Schicksalsmächte oder ein Mensch – an meinem Elend schuld ist, dann ist dieser Jemand ja irgendwie in Beziehung zu mir.

Der Nachteil dieser kindlichen Haltung: eine verpatzte Inkarnation?

Warum verhalten wir uns wie Kinder?

Warum tun wir das? Warum verhalten wir uns in vielen Situationen wie Kinder? Weil wir nicht anders können. In Bezug auf manche Themen sind wir in einem bestimmten Alter stecken geblieben, als etwas passiert ist, was wir nicht verarbeitet haben. Wenn nun etwas geschieht, was uns an dieses Ereignis erinnert, versetzt es uns in jene Zeit zurück, und auf einmal erleben wir uns wieder an der gleichen Stelle wie damals. Es gibt in unserem Nervensystem keinen Energie- und Informationsfluss, der vom damaligen Ereignis bis zu unserer jetzigen Position in der Zeit weitergeflossen wäre; daher können wir auf das jetzige Ereignis nicht als Erwachsene reagieren. Es hat sich kein adäquates Verhaltensmodell entwickeln können. Alles ist »damals« eingefroren. Also ist die einzige Weise, auf das Ereignis zu reagieren, über die wir verfügen, die von damals – die kindliche.

Wenn Ihnen das passiert, erinnern Sie sich daran, dass das völlig normal ist. Anderen geht es genauso, wie klug und erwachsen sie auch erscheinen mögen. Denn wir haben alle solche Stellen in uns, an denen eine Entwicklung wegen eines traumatischen Erlebnisses nicht weitergegangen ist. Aber machen Sie sich bewusst, dass genau dieses Ereignis, das Sie jetzt zu kindlichen Reaktionen treibt, die

Chance ist, um die Energie, die damals blockiert wurde, zu befreien und weiterfließen zu lassen, sodass Sie in der Lage sind, das gegenwärtige Ereignis und alle zukünftigen ähnlicher Art in adäquater Weise als erwachsener Mensch zu behandeln – statt Ihren kindlichen Reaktionen ausgeliefert zu sein. Alles, was dafür nötig ist, ist ein wenig Herzensarbeit.

Nehmen Sie hierzu genau die Situation, in der Sie sich kindlich verhalten haben, als Einstieg. Arbeiten Sie mit einem Vorfall, der Sie in Ärger, Wut, Angst, Traurigkeit oder Verzweiflung versetzt hat, oder mit einer Situation, in oder nach der Sie mit Ihrem eigenen Verhalten unzufrieden waren, wo Sie sich gewünscht hätten, erwachsener zu reagieren. Wie zum Beispiel Rolf, der sich unwohl in Gegenwart von Frauen fühlt:

Rolf kommt zu mir ins Seminar mit einem Thema, das ihn schon seit langer Zeit belastet. Auch jetzt, in der Konfrontation mit mir als Seminarleiterin, hat ihn es ihn im Griff: Er fühlt sich immer etwas unwohl in Gegenwart von Frauen, besonders von älteren Frauen, die Autorität ausstrahlen.
Schon beim Erzählen wird ihm bewusst, dass er sich an seine Tante erinnert fühlt, die ihn großzog, und dass er in Gegenwart solcher Frauen automatisch erwartet, bevormundet und kontrolliert zu werden und als etwas Kleines, ein wenig Lächerliches betrachtet zu werden. Mir gegenüber nimmt er eine etwas geduckte Haltung ein und strahlt, trotz aller Sympathie und allem Interesse für meine Methode, Argwohn aus. Es geht ihm selbst auf die Nerven, und er möchte gern aus dieser Projektion aufwachen.
In der Herzensarbeit merkt er, dass er sich körperlich zusammenzieht, ein wenig schrumpft und seine Schultern eng werden. Er fühlt sich klein. Zu »klein« gesellt sich noch »schuldig« und »unbehaglich«. Nachdem er für diese Gefühle sein Herz geöffnet hat, taucht Wut auf. Eine Wut, die er sich bisher nicht zugestanden hatte, weil er seiner Tante dankbar war, dass sie sich um ihn gekümmert hat.

Und weil man ja nicht wütend sein darf auf jemanden, der sich für einen aufopfert.
Nachdem er sich klargemacht hat, dass Wut ein Gefühl ist und keine Tatsache und dass es jetzt nicht darum geht, wütend zu sein, sondern sein Herz für dieses Gefühl zu öffnen, gelingt es ihm, diese Wut in ihrem vollen Ausmaß zu spüren. Sie ist sehr groß. Sie will gefühlt und in ihrer Größe anerkannt werden und da sein dürfen. Sie möchte auch Achtung und Würdigung. Und Daseinsberechtigung.
Da taucht eine Ahnung auf: »Kann es sein, dass ich diese Wut von meiner Tante übernommen habe? Vielleicht war die auch wütend?«, fragt er.
»Probier es aus«, sage ich. »Stell dir deine Tante vor, und stell dir vor, ihr dieses Gefühl von Wut zurückzugeben.«
»Sie nimmt es tatsächlich«, sagt Rolf. »Auf einmal habe ich ganz viel Verständnis für sie. Sie war ja immer eine unabhängige, berufstätige Frau gewesen und hat niemals gewählt, Mutter zu sein. Das Schicksal hat ihr diese Rolle aufgezwungen! Und das hat sie wütend gemacht. So gern sie mich auch mochte – das kann ich jetzt spüren –, so sehr war diese Wut über die aufgezwungene Rolle in unserer Beziehung immer präsent. Jetzt verstehe ich das alles.«
Rolf verabschiedet sich im Geist von seiner Tante und bedankt sich bei ihr. Danach fühlt er sich von der Wut vollständig befreit. Offenbar war es tatsächlich nicht die seine.
Ich schlage Rolf vor, ab jetzt auf die vorher entdeckten Gefühle – »klein, schuldig, unbehaglich« – zu achten: Sobald eines von ihnen oder alle drei wieder einmal in ihm ausgelöst werden, solle er sie sofort bemerken, gleich als Gefühle erkennen und sie bewusst fühlen, statt sich wie bisher mit ihnen zu identifizieren, sie für Tatsachen zu halten und entsprechend kindlich zu reagieren.
Danach habe ich Rolf eine Weile nicht mehr gesehen. Als er Jahre später wieder zu einem Seminar kam, stand ich einem Erwachsenem gegenüber, der bereit war, mich neu kennenzulernen – als den Menschen, der ich war, von dem er so gut wie nichts wusste, statt

als die gefürchtete Tante seiner Kinderjahre. In der Gruppe waren viele Frauen, auch einige ältere, aber Rolf verhielt sich entspannt und selbstbewusst; kein Schrumpfen, kein Ducken, kein Argwohn mehr, dafür aber viel gemeinsames Gelächter.

Ich selbst habe mich oft dabei erwischt, Gott, dem Leben, dem Schicksal gegenüber eine kindliche Haltung einzunehmen. »Na gut – wenn du zulässt, dass ich so geschwächt werde, dann kannst du auch keine großartige Leistung mehr von mir erwarten ...«[14] Darin gab es Trotz und Enttäuschung und auf dem Grunde der Anklage ein Gefühl von Unrecht und Im-Stich-gelassen-Sein. Weder Gott noch das Schicksal lassen sich durch derartiges Jammern und Anklagen beeinflussen. Beide hingegen zeigen sich sofort merklich gewogen, wenn ich mich dieser Gefühle erbarme, mich um sie kümmere, ihnen mein Herz öffne. In solchen Momenten fühlt es sich an, als sei Gott anwesend in meinem Herzen. Letztendlich, als ob Gott, das Schicksal und ich nicht dreierlei wären, sondern eins.

Zusammenfassung

Wir sind geneigt, Vater und/oder Mutter auf Menschen zu projizieren, die sich von ihrer Position oder ihrer Ausstrahlung her dafür eignen. In vielen Situationen verhalten wir uns dann wie Kinder, vor allem wenn die Menschen, denen wir die Elternrolle zugeschrieben haben, nicht unseren Erwartungen oder Forderungen entsprechen oder wenn unser Schicksal uns nicht gefällt.

---

14 Dies bezog sich auf die Tatsache, dass Er/Sie offenbar die Allgegenwärtigkeit von Mobilfunk zugelassen hatte, worunter ich körperlich enorm litt.

Im Kinderverhalten stecken zu bleiben ist nicht angenehm, bietet aber Vorteile: positive Gefühle, die es sich einmal bewusst wahrzunehmen und ins Herz zu holen lohnt.
Wir verhalten uns wie Kinder, weil wir nicht anders können. Weil wir durch traumatische Ereignisse bei bestimmten Auslösern in die Vergangenheit katapultiert werden. Wenn Ihnen das passiert, erinnern Sie sich daran, dass das völlig normal ist. Anderen geht es genauso. Nutzen Sie das Ereignis, um eine alte Blockade aufzulösen, indem Sie den Vorfall mit Körperzentrierter Herzensarbeit anschauen.
Erwachen zum Erwachsensein bedeutet, Verantwortung für sich und sein Leben zu übernehmen. Öffnen Sie Ihr Herz für alles, was Sie daran hindert. Lernen Sie auch die guten Gefühle kennen, die das Erwachsensein Ihnen beschert.

Wenn Frustration zu Dauerfrust wird

Wenn ein Wunsch oder eine Erwartung nicht erfüllt wird, fühlen wir uns »frustriert«. Frustration ist immer verbunden mit unfreiwilligem Verzicht, Machtlosigkeit, Enttäuschung und Unzufriedenheit und verbindet sich oft mit Ärger oder Wut, falls wir die Nichterfüllung für unrecht halten. Es kann einfach ein Gefühl sein – eine natürliche Reaktion auf ein Ereignis – oder aber ein Lebensthema. In diesem Fall herrscht Dauerfrust.

Ganz am Anfang der Ereigniskette, die zu Frustration führt, steht immer ein halb positives Gefühl, wie Sehnsucht, Hoffnung oder Erwartung. Dieses wird nicht bewusst wahrgenommen, sondern man identifiziert sich damit.

Die erste Frustration unseres Lebens

Die erste Frustration erleben wir am Anfang unseres Lebens: Gestillt zu werden ist eine evolutionär bedingte Erwartung (ebenso wie am Körper getragen zu werden), und es erzeugt ein lustvolles Erleben, gefolgt von Zufriedenheit und Wohlgefühl. Wem diese erste, selbstverständlich erwartete Wohltat nicht zuteilwurde, der leidet womöglich an einem Mangel, der durch nichts kompensiert werden kann. Natürlich versucht man das trotzdem, bleibt aber frustriert, und so kann es zu Sucht und Gier kommen.

Nun: Sie können das alles nicht rückgängig machen – womöglich hat es ja auch einem guten Zweck gedient und Sie gezwungen, Qualitäten zu entwickeln, die Sie sonst nicht entwickelt hätten. Aber Sie können die negativen Folgen verringern oder ganz aufheben, indem Sie sich das Thema einmal zu einer gründlichen Herzensarbeit vorknöpfen.

Wie bei jedem chronischen Zustand muss man auch hier mit einer konkreten Situation einsteigen, nicht mit einer abstrakten Beschreibung des Problems. An Ihre Säuglingszeit werden Sie sich nicht erinnern. Aber die Frustration aus jener Zeit zeigt sich heute noch bei verschiedenen Gelegenheiten. Nehmen Sie daher eines jener kürzlich erlebten oder gerade aktuellen Ereignisse, die Frustration oder »Frust« ausgelöst haben, als Ausgangssituation Ihrer Herzensarbeit. Arbeiten Sie »körperzentriert« entsprechend der Anleitung, wie sie im Kapitel über die Körperzentrierte Herzensarbeit beschrieben ist. Entdecken Sie alle mit dem Thema verbundenen Gefühle im Körper, holen Sie sie ins Herz, und, falls nötig, geben Sie sie zurück an die Person oder die Personen, von der oder von denen Sie diese Gefühle übernommen haben.

Achten Sie darauf, ob alle Gefühlsschichten, die mit dem Dauerfrust verbunden sind, erfasst sind: die Frustration, Unzufriedenheit, Enttäuschung und ähnliche Gefühle, die Ohnmacht, die oft dazugehört, die aggressiveren Abwehr- oder Rachegefühle wie

Wut, Ärger, Hass, eventuell der Schmerz der Ungerechtigkeit (oder des Unrechts), der Schmerz, der der Frustration zugrunde liegt, also beispielsweise ein Gefühl von Mangel oder Leere oder davon, ungestillt oder unerfüllt zu sein, oder ähnliche Gefühle. Und schließlich – wichtig! – die halb positiven Gefühle, die da waren, bevor es zum Drama kam, aber nie bewusst bemerkt wurden: das Gefühl von Erwartung, Hoffnung oder Sehnsucht.

Nachdem Sie dieses entdeckt, gefühlt, versorgt haben, können Sie sich noch das Ziel dieser Erwartung oder Hoffnung beziehungsweise Sehnsucht anschauen und darin das (positive) Gefühl entdecken, beispielsweise Zufriedenheit, Geborgenheit, Lust, Glück oder Erfüllung. Öffnen Sie Ihr Herz für dieses Gefühl, und hegen und pflegen Sie es fortan in Ihrem Herzen.

Dieser letzte Part ist der wichtigste, damit es nicht bei einem schönen Erlebnis während der Herzensarbeit bleibt, sondern das neue positive Gefühl Ihnen tatsächlich jederzeit zur Verfügung steht.

Das ist meines Erachtens die einzige Weise, trotz aller frustrierenden und nicht wieder rückgängig zu machenden Mängel aus der Kindheit doch noch an das zu kommen, was Sie eigentlich wünschen. Die Mutterbrust ist ja durch nichts zu ersetzen. Ohnehin sind Sie nun groß und können sich allein ernähren. Es ist das Gefühl, das Sie vermisst haben – das Gefühl, das Ihnen das Stillen verschafft hätte, diese Zufriedenheit und vielleicht auch die Sicherheit und Geborgenheit, die das Getragenwerden Ihnen verschafft hätte. Diese Gefühle können Sie durch Körperzentrierte Herzensarbeit mit aktuelleren Anlässen in sich entdecken und ihnen durch entsprechende Nachsorge einen festen Platz in Ihrem Herzen geben. Damit haben Sie sogar jenen gegenüber, die diesen Mangel als Kind nicht erlitten haben, einen Vorteil; denn Sie haben die positiven Gefühle, mit denen diese anderen selbstverständlich identifiziert sind (und sie somit gar nicht bemerken), selbst entdecken müssen und nehmen sie daher nun sehr bewusst wahr.

Von Lust, Frust und Bitterkeit

Menschen, die unter Dauerfrust leiden, werden oft »sauer« oder »bitter«. Dies sind eigentlich Gefühle, die aber zur Dauer-Identifikation werden können. Doch sie müssen das nicht bleiben: Sobald Sie diese Gefühle in sich bemerken, wenden Sie sich ihnen einmal zu, und fühlen Sie sie bewusst, statt sich weiter mit ihnen zu identifizieren. Fragen Sie sie, was sie von Ihrem Herzen brauchen, und bieten Sie ihnen die Schlüsselworte an. Es ist immer ein sehr schönes und berührendes Erlebnis, einem ungeliebten, hässlichen alten Gefühl mit Verständnis, Anerkennung und Achtung zu begegnen und es von Verurteilung zu befreien. Manchmal braucht es sogar »Würdigung« als Herzensschlüssel – dann nämlich, wenn Sie merken, dass es Sie auf eine Sehnsucht aufmerksam macht, die Sie in sich begraben hatten.

»Lust« reimt sich nicht umsonst auf »Frust«: Wenn Sie mit Lust im Sinne einer Erwartung oder Sehnsucht identifiziert sind (»Ich habe Lust auf …«), gibt es immer die Möglichkeit, enttäuscht zu werden und sehr darunter zu leiden. Ganz anders ist es, wenn Sie die Lust als Ihr eigenes Gefühl bewusst fühlen. Dann ist Lust nicht mehr eine Bewegung auf ein Ziel hin oder etwas, was auf das Ziel projiziert und von ihm abhängig ist, sondern ein lustvolles Erlebnis in sich selbst! Dies verändert Ihre Ausstrahlung positiv. Und könnte dazu führen, dass das, wozu Sie Lust hatten, sich realisiert. Oder Ihnen überhaupt nicht mehr wichtig ist.

Das Gleiche gilt für Hoffnung und Enttäuschung: Statt Ihre Hoffnung auf das zu projizieren, was Sie sich erhoffen, achten Sie einmal darauf, wie es sich anfühlt zu hoffen! Fühlen Sie Hoffnung, statt auf etwas zu hoffen. Ist es nicht ein wunderschöner Zustand – das Herz öffnet sich, der Atem geht tief, der Mund lächelt … Nehmen Sie es als Gefühl in Ihrem Herzen mit, und genießen Sie es, dann hat es seinen Wert in sich und kann Ihnen nicht zerstört werden. Wenn diese spezielle Hoffnung sich nicht erfüllt, dann wird die Enttäuschung, die Sie erleben, das Gefühl von Hoffnung nicht töten können. Öffnen Sie auch für diese Ihr Herz, dann sind es einfach zwei Gefühle: Hoffnung und Enttäuschung. Beide haben Platz im Herzen. Aber Sie sind nicht mit ihnen identifiziert. Sie nehmen sie einfach wahr.

Öffnen Sie Ihrer Frustration, Ihrer Enttäuschung Ihr Herz. Für Ihre Seele, die Freiheit, Unendlichkeit, Grenzenlosigkeit gewohnt ist, ist Einschränkung und Behinderung Schmerz, tut weh. Wenn Sie das fühlen können, können Sie es auch mitfühlen, wenn andere darunter leiden, was zur Folge hat, dass Sie »Frustrierte« nicht mehr belächeln oder verachten, sondern den tiefen Schmerz und die unerfüllte Sehnsucht in ihren Herzen fühlen, verstehen und achten können.

Achten Sie Ihre Frustration, Ihre Unzufriedenheit niemals gering, schieben Sie sie nicht weg, weil sie unsinnig erscheinen, sondern achten Sie auf sie. Wenn Sie nicht auf Ihre Gefühle achten, weil Sie sie mit dem Verstand wegargumentieren, dann hören Sie die Botschaft nicht, die Ihre Seele Ihnen durch diese Gefühle mitteilen will.

Sie sind zum Beispiel frustriert über Ihre Lebenssituation und sagen sich: »Ich fühle mich unzufrieden, frustriert, wünsche mir etwas anderes.
Geht aber nicht, aus allen möglichen Gründen.
Also sage ich mir: ›Nimm das doch einfach an, so wie es ist, es enthält ja auch viel Gutes, genieß das Gute, du hast doch keine Wahl.‹
Das ist sicher besser, als sich hängen zu lassen und in Resignation und Depression zu verfallen.
Aber indem ich so handle, missachte ich die Botschaft meiner Seele.
Also sollte ich lieber die Gefühle bewusst kennenlernen und feststellen, was sie von mir brauchen. Die Frustration, die Unzufriedenheit, die Sehnsucht, die damit verbunden ist: Was wünsche ich mir eigentlich, wie hätte ich es denn gern, wonach sehne ich mich (egal, ob es nun realisierbar ist oder nicht)?

Es fühlt sich so gut an, diese Sehnsucht vom Deckel der ›Unmöglichkeit‹ zu befreien, unter dem ich sie begraben hatte, und sie zu fühlen! Nun bin ich neugierig auf den nächsten Schritt: das gute Gefühl zu entdecken, das in dieser Sehnsucht verborgen ist.
Ich male mir aus, meine Sehnsucht hätte sich erfüllt, meine Lebenssituation wäre exakt so, wie ich es mir wünsche (schweig still, Verstand) – wie fühlt sich das im Körper an, wie fühle ich mich damit? Und was braucht dieses gute Gefühl von meinem Herzen? Raum! Gefühlt werden! Pflege!
Mit dieser Entdeckung hat meine Seele mir durch die Gefühle von Frustration und Enttäuschung nicht nur ein neues positives Gefühl, sondern damit eine neue Qualität zugespielt. Jetzt ist es an mir, sie zu ergreifen, zu nutzen, zu pflegen, zu verwirklichen.
Wäre ich weiter bei meiner ›Ach-sei-doch-nicht-so-frustriert-es-ist-doch-alles-gar-nicht-so-schlecht‹-Politik geblieben, hätte ich dieses wunderbare Gefühl, das brandneu aus meinem Innersten aufgetaucht ist, nicht entdeckt, sondern mich stattdessen mit einem künstlich erzeugten positiven Scheingefühl begnügt und obendrein noch meine wahren Gefühle damit verdrängt.«

Zusammenfassung

Frustration entsteht, wenn wir etwas nicht bekommen oder erreichen können. Gefühle, die damit oft zusammen auftreten, sind: (unfreiwilliger) Verzicht, Verlust, Machtlosigkeit, Enttäuschung und Unzufriedenheit, Ärger, Wut, (Opfer von) Unrecht (zu sein). Frustration kann vereinzelt auftreten oder ein Dauerthema sein.
In einer Situation, in der Sie frustriert sind oder werden, haben Sie versäumt, ganz am Anfang der Situation ein wichtiges Gefühl bewusst wahrzunehmen: die Erwartung, Sehnsucht oder

Hoffnung, mit der Sie in die Situation hineingegangen sind. Nehmen Sie es gleich bewusst wahr, oder öffnen Sie im Nachhinein Ihr Herz dafür. Das ändert den Gang der Entwicklung. Frustration aus der frühen Kindheit wie beispielsweise dadurch, nicht getragen oder gestillt worden zu sein, kann zu Dauerfrust führen und eventuell zu Süchten. Die Vergangenheit können Sie natürlich nicht ändern, aber die Gefühle, die Ihnen damals gefehlt haben, können Sie heute in sich entdecken, indem Sie Körperzentrierte Herzensarbeit mit aktuellen Frustthemen machen. Nehmen Sie dazu eine aktuelle Situation als Ausgangspunkt oder jedenfalls eine, die deutlich in Ihrer Erinnerung steht. Gehen Sie durch alle Gefühlsschichten, von der negativen Emotion zum Schmerz zur Sehnsucht und zum positiven Gefühl (oder umgekehrt, je nachdem, was Ihr Körper präsentiert oder wo es Sie zuerst hinzieht). Denken Sie an Rückgabe (falls ein Fremdgefühl vorliegt). Prägen Sie sich das für Sie wichtigste Gefühl ein, und schenken Sie ihm im täglichen Leben Beachtung. Beobachten Sie die Veränderungen, die sich dadurch ergeben.

Lust und Frust: Statt Lust auf etwas zu projizieren (»Ich habe Lust auf …«), fühlen Sie sie bewusst und öffnen Ihr Herz dafür. Das ist ein schönes Erlebnis, erfüllt Sie, macht Sie positiv und weniger abhängig.

Frustration verdient Achtung: Für die Seele ist Begrenzung Leid. Verachten Sie daher dieses Gefühl nicht, schieben Sie es nicht weg. Es enthält ist eine wichtige Mitteilung Ihrer Seele. Es weist auf eine Sehnsucht hin, die Sie ignoriert hatten (weil sie ihre Erfüllung für unmöglich hielten). Diese Sehnsucht wahrzunehmen führt Sie zu einer neuen positiven Qualität. Gleichzeitig werden Sie mehr Verständnis für andere »Frustrierte« entwickeln.

Nicht einverstanden sein

Gelegentlich kommt es vor, dass wir nicht einverstanden sind mit etwas, was mit uns geschieht. Wir sagen Nein dazu. Wenn dieses Nein sehr vehement ist, etwa bei stark traumatisierenden Ereignissen, kann es dazu führen, dass der Fluss der Ereignisse in unserem Innern an diesem Punkt stecken bleibt und eine Blockade im Nervensystem entsteht, eine Stelle, an der Energie und Information nicht richtig weiterfließen können.

Dieses Nein zu jenen Erlebnissen, die mit einem Schock verbunden waren und von uns nie verarbeitet wurden, kann ein Dauerthema nach sich ziehen, einen ständigen inneren Widerstand, ein permanentes »Nicht-einverstanden-Sein«. Das heißt, die Energie in unserem Nervensystem kann nie frei fließen, es gibt ein ständiges

Bremsen, eine Reibung, ein Unbehagen, was sich natürlich auch negativ auf unsere Gesundheit niederschlägt.

Heißt das nun, um gesund zu sein, müssen wir zu allem Ja und Amen sagen, auch wenn es uns schädigt, schockiert, ängstigt oder wir damit nicht einverstanden sind? In manchen psychospirituellen Kreisen ist ja Widerstand auch verpönt, und man wird stereotyp aufgefordert: »Lass doch einfach mal los!«

Also Widerstand leisten oder loslassen? Was ist gesünder, angemessener, richtiger?

Widerstand hat eine wichtige Botschaft

An Widerstand ist nichts verkehrt. Das Einzige, was Sie daran schwächen oder krank machen kann, ist, ihn zu ignorieren. Widerstand, den Sie bewusst und von Herzen wahrnehmen und beachten, wird jedoch zu Ihrem Freund.

Widerstand, mit dem Sie identifiziert sind, kann tatsächlich Ihren Energiefluss blockieren und Sie somit schädigen – es sei denn, Sie setzen die Energie, die mit dem Widerstand verbunden ist, sofort in Handeln um. Sie sind nicht einverstanden mit der Situation? Dann gilt es, die Ärmel hochzukrempeln und möglichst eine Änderung herbeizuführen! So fließt die Energie, statt an der Stelle, wo der Widerstand einsetzt, blockiert zu bleiben, ins Handeln hinein. Sind Sie aber mit dem Widerstand identifiziert und versuchen Sie, ihn sich auszureden, ihn »loszulassen«, zu überwinden oder gar ganz zu verdrängen, dann erzeugen Sie eine doppelte Blockade: Nicht nur stoppen Sie den Energiefluss durch den Widerstand, sondern indem Sie ihm jede Handlungsmöglichkeit verwehren, blockieren Sie ihn auch noch einmal.

Die Gefühle hinter dem Widerstand

Wo es Widerstand gibt, sind viele Gefühle im Spiel, die wahrgenommen werden wollen. Der gesunde Umgang mit dem Widerstand besteht darin, diese Gefühle (und Gedanken) bewusst wahrzunehmen. Ihnen zuzuhören. Sie kennenzulernen. Ihnen auf den Grund zu gehen. Denn das Herz zu öffnen für die Gefühle, die hinter dem Widerstand stecken, löst die Blockade.

Erst mal das zentrale Gefühl in dem Widerstand selbst: Wie fühlt es sich an, wo manifestiert es sich im Körper, wie heißt es genau? Fühlen Sie sich »nicht einverstanden«, fühlen Sie »Widerstand« oder vielleicht »Ablehnung« oder »Angst«?

Und zweitens: Was ist es genau, womit dieser Teil von Ihnen nicht einverstanden ist? Welches ist das schlimme Gefühl, das Sie erleiden müssten, wenn Sie den Widerstand aufgeben müssten oder würden?

Wonach sehnen Sie sich eigentlich – womit wären Sie denn einverstanden? Und wie heißt das gute Gefühl, das entstünde, wenn dies sich realisieren würde?

Dass Sie überhaupt ein Thema mit »nicht einverstanden sein« oder »Widerstand« haben, ist Ihnen womöglich zunächst gar nicht bewusst. Aber jetzt, da Ihre Aufmerksamkeit dafür geweckt wurde, bemerken Sie es vielleicht in Ihren Gedanken zu bestimmten Verhältnissen, Ereignissen, in Gesprächen oder bei der Herzensarbeit zu einem ganz anderen Thema. Oder Ihr Körper präsentiert es Ihnen wie in folgendem Beispiel.

Seit Langem schon war mir aufgefallen, dass ich oft die Zähne zusammenbiss. Manchmal erwischte ich mich tagsüber dabei, manchmal sogar morgens beim Aufwachen. Ich machte mir Sorgen um meine Zähne. Ich begann das Phänomen zu beobachten.
Immer wenn ich das »Zähnezusammenbeißen« bemerkte, war ich gerade mit etwas beschäftigt, was ich eigentlich nicht oder nicht in

diesem Moment tun wollte (aber tun »sollte« oder »musste«). Zunächst war es mir unmöglich, das Gefühl darin zu benennen. Eines Tages kam mir aus heiterem Himmel das Wort »zähneknirschend« in den Sinn. Ja, natürlich, das war es! »Zähneknirschend« verrichtete ich diese unwillkommenen Pflichten, sozusagen über einen Widerstand hinweg. Obwohl das Wort kein typisches Gefühlswort ist (fühlt man sich »zähneknirschend«?), bezeichnete es das Gefühl treffend, sodass ich es fühlen und ins Herz holen konnte. Es wollte hauptsächlich wahrgenommen werden.

Verbunden mit dem Zähneknirschen entdeckte ich große Anspannung im ganzen Körper sowie eine seltsame Art, die Lippen zusammenzukneifen. Es gab eine Art Grimm darin. Diese Dinge, die ich tun musste, aber nicht tun wollte, verrichtete ich »grimmig«. Der neu entdeckte »Grimm« brauchte vor allem Erbarmen – dass ich mich seiner erbarmte und ihn endlich einmal bemerkte – und Verständnis. Schließlich stieß ich hinter alldem auf ein regelrechtes Lebensthema: nicht einverstanden zu sein! Nicht einverstanden damit, in einem Haus mit vielen Macken zu wohnen, nicht einverstanden, immer so viel Arbeit mit »Nebensächlichem« zu haben, nicht einverstanden damit, dass alles immer so unperfekt war … Nicht einverstanden überhaupt.

Ein ganz altes Gefühl, wie mir klar wurde, aus meinen ersten Lebensjahren, die voller Trennungen und Veränderungen waren. Niemand fragte damals ein Kind, ob es einverstanden war! So war dieses Gefühl meine Dauer-Identifikation geworden, und ich hatte es – wie ich jetzt erkannte – mein Leben lang auf alles Mögliche projiziert. Offensichtlich hatte ich es meist vorgezogen, »nicht einverstanden« zu sein, statt dafür zu sorgen, die Situation zu ändern oder zu verbessern.

Nun hatte ich dieses Gefühl endlich bemerkt. Von meinem Herzen brauchte es Beachtung, Rehabilitation, Respekt.

Dann fiel mir ein: Wenn ich nicht einverstanden war, musste es ja auch etwas geben, womit ich einverstanden wäre (was aber nicht vorhanden war). Etwas, was ich mir gewünscht hätte. Es war die

Sehnsucht danach, dass mein Leben sich so gestaltete, wie ich es mir wünschte.
Der erlösende Herzensschlüssel für diese Sehnsucht war »Achtung«: Als sich mit dem Schlüssel mein Herz für diese Sehnsucht öffnete, rückte sich in mir etwas zurecht. Denn bis dahin hatte ich diesen Wunsch offenbar lächerlich gefunden (wo doch unzählige Menschen viel schlimmere Lebensumstände ertragen mussten als ich!), auch unangemessen und egoistisch, und ihn somit nicht respektiert. Durch den Herzensschlüssel »Achtung« änderte sich das komplett: Mein Leben und meine Welt nach meinen Wünschen einzurichten schien plötzlich etwas zu sein, was vom universalen Geist nicht nur nicht verurteilt wurde, sondern sogar erwünscht war!

Nicht einverstanden sein – ein erster Schritt zur Veränderung

Wenn Sie mit der Politik Ihrer Regierung nicht einverstanden sind, so erreichen Sie eine Veränderung nicht, indem Sie in dieser Haltung stecken bleiben und mit Ihren Freunden und Bekannten darüber schimpfen. Es erzeugt zwar ein gutes Gefühl (bewusst wahrnehmen!), aber es bringt keine Veränderung in Gang. Wenn Sie sich aber mit Menschen zusammentun, die auch nicht damit einverstanden sind, und gemeinsam herausfinden, was Sie wünschen, wie eine Politik aussehen soll, mit der Sie einverstanden wären, dann wird die Energie ins Handeln geleitet, und es gibt es keine Stagnation.

Nicht einverstanden zu sein ist ein erster Schritt zur Veränderung, vorausgesetzt, Sie nehmen das Gefühl »nicht einverstanden« bewusst wahr und kümmern sich mit Ihrem Herzen darum.

Um Veränderung zu erzielen, fokussieren Sie Ihre Aufmerksamkeit nicht auf das, womit Sie nicht einverstanden sind (dadurch geben Sie genau dem Energie, was Sie *nicht* wollen), sondern auf das, womit Sie einverstanden wären, also auf Ihren Wunsch, Ihre Sehnsucht. Nehmen Sie aber auch diese bewusst als Gefühl wahr, statt mit ihr identifiziert zu bleiben.

Danach gibt es noch einen letzten Schritt in der Herzensarbeit zu tun, mit dem Sie das, womit Sie einverstanden wären, also was Sie sich eigentlich wünschen, in Ihr Leben und Ihre Welt bringen.

Ich bin nicht einverstanden, dass meine Wohnung und mein Schreibtisch mir so viel Arbeit machen, dass fast für nichts anderes Zeit bleibt.
Ich wende mich diesem Widerstand zu und lerne ihn kennen. Ich entdecke neben dem Gefühl, »nicht einverstanden zu sein«, auch Wut und Ohnmacht. Ich öffne mein Herz dafür. Ich halte Ausschau nach der Sehnsucht, die damit verbunden ist: Was wünsche ich mir denn? Womit wäre ich denn einverstanden? Kurz zusammengefasst: Lebensverhältnisse, die mich unterstützen in meinen Bestrebungen, statt mir Steine in den Weg zu legen.
Ich fühle diese Sehnsucht, versorge sie mit meinem Herzen.
Dann richte ich meine Aufmerksamkeit auf das Bild, das diese Sehnsucht mir malt: das Bild ihrer Erfüllung. Alles geordnet, perfekt funktionierend … Ich versetze mich hinein, spüre meinen Körper. Wie fühle ich mich in meinem Körper mit einem solchen Haus, einem solchen Leben?
Erleichtert. Befreit. Unterstützt. Geordnet. Letztlich: frei (mich dem widmen zu können, was ich tun möchte).
Das Gefühl von Freiheit braucht, dass es entdeckt, gefühlt, gepflegt wird.
Zurück in die Ausgangssituation – Haus und Leben mit ihren Schwierigkeiten, Verpflichtungen und Herausforderungen. Ich nehme das Gefühl von Freiheit in meinem Herzen mit. Jetzt ist alles ganz anders. Ich erlebe mich nicht mehr als eingeschränkt und von lästigen Anforderungen überwuchert, sondern als frei. Die Plagegeister sind an den

Rand meiner Wahrnehmung gerückt, so als sei es eine Kleinigkeit, mich um sie zu kümmern, und als gäbe es ganz viel freien Raum für mich. Das Energiefeld dehnt sich aus, der Gang wird leichter, der Blick geht nach vorn, in die Weite: frei!

Wie kann man die Welt ändern?

Nun gibt es ja nicht nur in unserem persönlichen Leben Dinge, mit denen wir nicht einverstanden sind, sondern auch in unserem Land oder in der Welt überhaupt.

Klaus erzählt: »Ich bin nicht einverstanden mit der Welt, wie unsere multinationalen Konzerne im Verein mit Banken und Politikern sie eingerichtet haben.
Gefühle, die ich bei der Körperzentrierten Herzensarbeit entdeckt habe: ›nicht einverstanden‹, Zorn, Ohnmacht, Unrecht, und Bitterkeit.
Mein Wunsch? Wonach ich mich sehne?
Ich wünsche mir eine Welt, in der Ehrlichkeit, Transparenz, Vertrauen und Respekt herrschen.
Ich öffne mein Herz für diese Sehnsucht. Sie braucht fast alle Herzensschlüssel, am meisten aber Achtung und ›es für möglich halten‹.
Wunscherfüllung: Ich stelle mir vor, in einer solchen Welt zu leben. Es hat eine weltweite Revolution gegeben, oder ›die da oben‹ (samt denen ›hier unten‹) sind aufgewacht. Wie auch immer: Politiker sind aufrichtig, Medien informieren wahrheitsgemäß, Banken und Großkonzerne verhalten sich ehrlich, vernünftig und menschlich (hier erhebt sich ein zynisches ›Haha, wer's glaubt …‹, ich registriere bewusst, dass es Unglauben gibt, signalisiere ihm, dass ich ihn wahrnehme, beschließe aber, meine Vision weiter zu betrachten), und alle gehen respektvoll miteinander um.
Wie fühlt sich das an?

›Entspannt‹, als ob dies die ›richtige‹ Welt wäre, die natürliche Welt, die Welt, in die ich (und nicht nur ich) gehöre, in der ich mich ›zu Hause‹ fühle. Zugleich taucht noch ein Gefühl von Vertrauen auf – zuerst schwer zu fühlen, da es so ein selbstverständlicher Hintergrund in dieser Welt ist. Bemühe mich aber, es bewusst als Gefühl kennenzulernen. Wohnt in der Herzgegend.
Das Gefühl hat also einen Sammelnamen: ›entspannt, zu Hause, vertrauensvoll‹. Oder besser: ›vertraut‹.
Es braucht von meinem Herzen: entdeckt, wahrgenommen, gefühlt, gepflegt werden. Mitgenommen werden. Raum. Der Name des Gefühls ist mir noch zu komplex, um ihn mir zu merken. Ich notiere als Oberbezeichnung: ›Ich fühle mich zu Hause mit der Nebenbedeutung: vertraut, entspannt.‹
Wieder in die Ausgangssituation: Ich denke an die Welt, wie sie real jetzt ist oder wie sie mir durch die Medien und meine direkte Beobachtung erscheint (voller Bedrohung, Betrug, Dummheit, Feindschaft und so fort). Wenn ich das neue Gefühl in diese Welt mit hineinnehme – was verändert sich?
Rein äußerlich natürlich gar nichts, ich kann ja nicht ›die Welt verändern‹. Aber innerlich hat sich etwas verändert. Wenn ich mit diesem neuen Gefühl mit der Welt in Kontakt trete, ist es jetzt, als sei ich mit einer tieferen Schicht in Kontakt, mit den Herzen der Menschen. Wie dumm, feindselig, betrügerisch, verlogen sie sich auch verhalten mögen: In ihrem Herzen wohnt die Wahrheit. Die gleiche Wahrheit wie in meinem.
Die Veränderung ist sehr subtil, aber ich ahne, dass es sich lohnt, dieses Gefühl weiter zu pflegen und dieses neue Verhältnis weiter zu beobachten.«

Das hauptsächliche Fahrzeug, um das in die Welt zu bringen, was Sie sich wünschen, ist Ihr eigener Körper, sind Sie selbst. Um das ohne jede Selbstvergewaltigung zu erreichen, nutzen Sie Körperzentrierte Herzensarbeit. Aber wie kann man nach einer solchen inneren Arbeit mit seinen eigenen Gefühlen nun das neue Gute, das man in seinem Inneren entdeckt hat, auch nach draußen in die Welt bringen?

Indem man genau das tut, was Klaus sich vorgenommen hat: das Gefühl weiter »pflegen«, sich täglich daran erinnern, es absichtlich in seinem Herzen hegen, in Situationen mitbringen, es sich immer wieder vergegenwärtigen. Damit hält ein neues Grundgefühl Einzug in Ihrem Herzen, verändert Ihre Haltung, Ihre Ausstrahlung, Ihre Wahrnehmung – und somit Ihre Welt. Die ja auch ein Teil *der* Welt ist.

Klaus berichtet etwas später: »Am Ausgangspunkt meiner inneren Reise war ich ja komplett identifiziert mit ›nicht einverstanden, wie die Menschen sich verhalten‹. Ich sah ihre Oberfläche und begegnete ihr mit Ablehnung. Wenn ich mit Menschen real in Kontakt trat, verhielt ich mich entsprechend; äußerlich vielleicht fröhlich, laut, offen, aber innerlich zurückhaltend, nicht ehrlich (genau wie sie), feindselig, misstrauisch, ängstlich. Durch meine Ablehnung reflektierte ich genau das Verhalten, das ich ihnen vorwarf und mit dem ich nicht einverstanden war.
Jetzt ist das anders geworden: Mit dem neuen Gefühl im Herzen ›kenne‹ ich sie alle, da ich ihnen innerlich auf der Ebene der Wahrheit begegne. Das heißt nicht, dass ich nun naiv-vertrauensvoll an das Gute in ihnen appelliere; ich bin ja nicht dumm. Meine Intelligenz ist nicht ausgeblendet. Ich bin sehr wohl in der Lage wahrzunehmen, was sie an der Oberfläche tun, planen, denken und was schädlich oder gefährlich sein kann. Aber in meinem Innern bin ich in Kontakt mit ihrer Wahrheit. Ich habe kein Urteil mehr und keine Ablehnung. Ich reflektiere nicht mehr ihre negative Haltung in meiner, sondern bringe ihnen ein Angebot von Vertrauen und Verständnis entgegen. Ob sie es nutzen oder nicht, ist eine andere Sache; manche tun es, andere nicht. Aber irgendwie fühlen sie es. Jedenfalls ist das der Eindruck, den ich inzwischen gewonnen habe.

Meine Welt hat sich dadurch verändert. Und meine Welt ist ja auch ein Teil der Welt. In dem ist es deutlich heller geworden. Somit habe ich, glaube ich, den Beitrag geleistet, den ich leisten kann. Es ist ja nicht meine Aufgabe, andere zu verändern. Das geht nicht, und das ist nicht richtig. Es wäre auch vermessen. Trotzdem möchte ich auch auf den äußeren Ebenen zu einer Veränderung beitragen; jetzt, mit dem neuen Gefühl im Herzen und meiner neuen Haltung, gelingt es mir vielleicht, diejenigen Initiativen zu wählen, die in Richtung positiver Wechsel gehen. Das Kämpfen gegen etwas, das unendlich viel mächtiger ist als ich, habe ich aufgegeben, und es hat auch, wie ich bei der Herzensarbeit gemerkt habe, keinen Sinn. Aber mich für eine Initiative zu engagieren, die Alternativen oder Verbesserungen anstrebt und gewaltfrei (nicht nur äußerlich, sondern auch innerlich) ist, das kann ich mir jetzt vorstellen.«

In der Identifikation mit »Ich bin nicht einverstanden« oder Widerstand kann man übrigens auch ein positives Gefühl entdecken. Dieses Gefühl ins Herz zu holen mag sehr viel verändern.

Klaus: »Wenn du mich danach fragst, ob es auch ein gutes Gefühl im Widerstand gab … Ja, jetzt im Nachhinein fällt es mir auf. Solange ich zu denen gehörte, die ›nicht einverstanden‹ waren und schimpften, gehörte ich ja zu den ›Guten‹, zu denen, die ›recht haben‹.
Wie sich das anfühlt …? Ich bin nicht sicher, ob ich das noch herkriege. Doch. Ich erinnere mich. Mein Blick geht anklagend nach vorn (auf die gerichtet, die schuld sind), darin fühle ich Anklage (öffne mein Herz dafür), ich fühle Trotz in meinem ganzen Körper als eine Art Verfestigung; ich fühle mich ›im Recht‹. Oh, das ist ein wichtiges Gefühl! Das habe ich ja noch nie wahrgenommen! Ich fühle ›Recht‹. Die Körperhaltung ist aufrecht, aber nicht stolz, eher ein wenig bescheiden, ausbalanciert, das Zentrum des Gefühls scheint das Herzzentrum in der Mitte der Brust zu sein. Es braucht von mir …, dass es wahrgenommen wird! Das ändert sofort ganz viel.

Es braucht auch Anerkennung, Beachtung, Achtung. Und als Gefühl wahrgenommen zu werden statt als Tatsache. Und oft und viel wahrgenommen zu werden.
Wenn ich mit diesem Gefühl an die Welt und meinen Wunsch nach Veränderung denke, dann kann ich mir vorstellen, ganz anders aufzutreten, mehr zu wagen und mich klarer zu äußern.«

Dies ist natürlich nur *ein* Beispiel für Gefühle, die mit dem Thema »nicht einverstanden« verbunden sein können. Andere Menschen fühlen vielleicht, während sie mit »nicht einverstanden sein« identifiziert sind, ganz andere Emotionen. Statt »Recht« vielleicht Stolz (zu den Rebellen oder den »Guten« zu gehören). Oder Sicherheit (sicher davor, etwas ändern zu müssen, was vielleicht bedrohlich oder ungemütlich erscheint).

Tipps zur Herzensarbeit bei Widerstand

Achten Sie bei der Körperzentrierten Herzensarbeit zum Thema »nicht einverstanden sein« darauf, ob alle Gefühlsschichten erfasst sind:

- das Gefühl von Widerstand oder »nicht einverstanden zu sein« selbst,
- die negativen Emotionen, die sich damit verbinden (wie Wut, Zorn, Trauer, Unrecht, Ohnmacht),
- eventuell das gute Gefühl, das es Ihnen verschafft, in der Position »nicht einverstanden sein« zu bleiben,
- der Schmerz auf dem Grund des Themas (was wäre, wenn das, womit Sie nicht einverstanden sind, für immer so bliebe – welches schlimme Gefühl diese Idee auslöst),
- die Sehnsucht oder der Wunsch, die sich hinter dem Widerstand verbergen (das, was Sie eigentlich wünschen), und
- das gute Gefühl in der Vorstellung der Wunscherfüllung.

Zusammenfassung

Wenn wir einen Schock erleiden, bleibt eine Blockade im Nervensystem, wo die Energie sich staut. Weil wir nicht einverstanden sind.
Heißt das, um gesund zu sein, solle man zu allem Ja und Amen sagen? Den Widerstand aufgeben und »loslassen«? An Widerstand ist nichts verkehrt. Widerstand, den wir bewusst und von Herzen wahrnehmen, wird zu unserem Freund.
Wenn Widerstand sofort in Handeln umgesetzt wird, entsteht keine Energieblockade.

In uns gibt es viele unbewusste Widerstände, die aus traumatischen Ereignissen der Vergangenheit (meist der Kindheit) herrühren. Diese alten Widerstände können durch aktuelle Ereignisse ausgelöst werden oder sich im Körper zeigen.
Wo es Widerstand gibt, gibt es eine Reihe von Gefühlen, die wahrgenommen werden wollen. Negative Emotionen, eventuell positive Gefühle, ganz auf dem Grunde ein Schmerz.
Eine Schlüsselrolle spielt die Sehnsucht, die dabei immer übersehen wird. Wenn Sie zu etwas Nein sagen, muss es ja dahinter den Wunsch nach etwas anderem geben, etwas, wozu Sie Ja sagen könnten. Öffnen Sie Ihr Herz für diese Sehnsucht!

Widerstand ist ein erster Schritt zur Veränderung. Indem Sie zugleich mit Ihrer Sehnsucht auch das Bild ihrer Erfüllung betrachten und das gute Gefühl, das damit verbunden ist, in Ihrem Herzen verankern und hegen und pflegen, bringen Sie das, was Sie sich wünschen, in Ihr Leben und in Ihre Welt.
Das hauptsächliche Fahrzeug, um das in die Welt zu bringen, was Sie sich wünschen, sind Sie selbst, Ihre Persönlichkeit, Ihr Körper.

Wie wir uns in eine politische Überzeugung verrennen

Fast alle Probleme in unserer Welt rühren daher, dass Menschen mit Gedanken und Gefühlen identifiziert sind, statt sie als solche zu erkennen. Das schränkt die Wahrnehmung der Realität ein, verzerrt sie, macht blind für andere Perspektiven. Das gilt im individuellen Leben ebenso wie im kollektiven.

Eine politische Überzeugung ist einfach ein Gedanke, den man für wahr hält. Für wahr hält man ihn aufgrund der Informationen, die man bekommen hat, und der Art, wie man diese interpretiert. Diese wiederum löst Gefühle aus. Mit diesen Gefühlen identifizieren wir uns (»Ich bin empört«). Und diese Identifikation ist es, die uns dazu bewegt, zu protestieren, zu schimpfen, zu streiten, Andersdenkende nicht ausreden zu lassen, zu verurteilen, zu verunglimpfen, uns zu engagieren, Kriege anzuzetteln oder uns in fremde Kriege einzumischen.

Dabei sind wir völlig davon überzeugt, dass unsere Auffassung die einzig wahre und unsere Handlungsweise die einzig richtige ist. Wir meinen, nicht nur berechtigt, sondern geradezu verpflichtet zu sein, uns so zu verhalten.

Selektive Wahrnehmung: Informationen falsch interpretiert

Aber im Allgemeinen gehen wir dabei leider verantwortungslos und schlampig vor. Weil unsere Informationen unvollständig sind. Bereits die Medien treffen eine Auswahl, und zwar keineswegs immer von einem neutralen Standpunkt aus. Wir selbst treffen ebenfalls eine Auswahl: Nachrichten, die uns in unserer Überzeugung bestärken, nehmen wir begierig auf; solche, die ihr widersprechen, blocken wir ganz ab oder nehmen sie nicht ernst.

Hinzu kommt dann die Art, wie wir die Information – sei sie korrekt oder falsch, vollständig oder unvollständig – interpretieren. Diese geht auf unsere psychologische Vorgeschichte und unsere unbewussten Grundgedanken zurück.

Weiter verstärkt sich unsere Überzeugung durch unsere Tendenz, uns mit Gleichgesinnten auszutauschen und Verbündete zu suchen: Andere denken auch so, also muss meine Meinung richtig sein.

Die politische Grundrichtung, der wir uns verschreiben, wird oft in der Jugend schon festgelegt, ganz einfach dadurch, dass man die Überzeugung der Eltern oder Erzieher übernimmt oder, im Gegenteil, gegen diese rebelliert. Im Laufe des Lebens können sich allerdings politische Überzeugungen verändern. Wir entwickeln uns weiter, machen neue Erfahrungen, lernen andere Menschen kennen, setzen andere Prioritäten je nach Lebensphase und Alter.

Wenn man nicht irgendwann in seiner geistigen Entwicklung stehen bleibt und in seiner Perspektive »verkalkt«, beginnt man, die Perspektiven Andersdenkender zu verstehen, selbst neue zu entdecken, seine Überzeugungen zu hinterfragen, Informationen sorgfältiger zu überprüfen und überhaupt differenzierter zu denken.

Das alles ist Ihnen sicherlich klar, rein theoretisch. Aber in einem gegebenen Moment, und das kennen Sie sicher auch, kann dieses Wissen plötzlich wie weggefegt sein. Da liest man eine Schlagzeile und – peng! Wie der Blitz schlägt die Aussage ein, trifft auf eine Emotion, die nur darauf gewartet hat, mal wieder hochkochen zu dürfen, und auf geht's, man schreit, schimpft, reckt die Faust, klagt an, mischt sich ein, heizt Konflikte und Kriege an, unterstützt diese oder jene Seite. Dabei hat man den Rest des betreffenden Artikels noch gar nicht gelesen, hat sich schon gar nicht um Information aus andersartigen Quellen bemüht, nicht darum, andere Blickwinkel kennenzulernen, nein: Informationsfragment – Emotion – Handlung.

Wehe dem, der uns mit einer anderen Meinung, einem anderen Blickwinkel kommt, da sehen wir rot. Blind und taub für andere Argumente, sind wir auch nicht ansprechbar für Leute, die zu Besonnenheit mahnen. Nein, wir sind empört, wir fühlen uns gut damit, schließlich gehören wir ja zu den »Guten«! Krieg den Bösen!

Und auf einmal gibt es nur noch Gut oder Böse. Dass das Böse auch Gutes enthält und das Gute auch Böses, kommt uns nicht in den Sinn. Oder dass wir womöglich völlig falsch informiert sind. Oder es falsch interpretieren. Oder alles nur eine Frage der Perspektive ist.

Schuld an diesem Eingesperrtsein in eine Überzeugung sind nicht nur unsere emotionalen Reaktionen. Mit diesen allein könnte man vielleicht noch vernünftig umgehen. Richtig schlimm werden sie erst dadurch, dass wir gleichartige Emotionen aus dem kollektiven Äther auffangen und uns damit identifizieren. Dann haben wir nicht nur eine einfache Wut in uns, sondern Wut hoch tausend, hoch eine Million … Und damit verliert die Emotion jedes Maß und wir den Kopf.

Herzensarbeit bei konträren Auffassungen

Von Zeit zu Zeit habe ich in meiner Arbeit Gelegenheit, zwei Personen zu begleiten, die wegen entgegengesetzter Überzeugungen in Streit geraten waren und die Bereitschaft haben, sich das gemeinsam und mit meiner Unterstützung anzuschauen. Eine dieser Erfahrungen stelle ich hier in vereinfachter Form dar.

Als diese Sitzung stattfand, hatte Russland im Februar 2022 gerade seinen Angriffskrieg gestartet. Bernd und Thomas vertraten entgegengesetzte Meinungen, und statt weiter zu streiten, schauten sie sich das Thema gemeinsam mit Herzensarbeit an.

Bernd ist empört über die russische Invasion in der Ukraine, findet das ein himmelschreiendes Unrecht, würde sich am liebsten in der ukrainischen Fremdenlegion engagieren, um die Russen zurückzuschlagen, und zwar kräftig.
Thomas ist auch empört, aber noch viel mehr als über Russland regt er sich über die NATO auf, die sich trotz gegenteiliger internationaler Vereinbarungen nach Osten ausgeweitet habe und nun mit ihren Raketen an Russlands Grenzen stehe. »Kein Wunder«, meint er, »dass Russland aggressiv wird.«
Beide, Bernd und Thomas, sind außerdem übereinander empört.
Bernd arbeitet als Erstes mit diesem Gefühl von Empörung, öffnet sein Herz dafür und entdeckt das, worauf die Empörung sich bezieht: das Gefühl von Unrecht. Ein alter Grundschmerz von ihm. Beides, Empörung und Unrecht, sind nicht nur seine eigenen Gefühle; einen Teil davon gibt er sofort an Thomas zurück, einen sehr großen

Teil an das Kollektiv, und schließlich taucht noch sein Vater auf, der offenbar ein ähnliches Thema hatte. Nach der Rückgabe ist seine Identifikation mit Empörung zurückgegangen, und es taucht noch die Sehnsucht nach Recht auf.

Thomas greift diesen Aspekt bei seiner Herzensarbeit sofort auf, denn er empfindet die Osterweiterung der NATO als Unrecht (und braucht eine Weile, um Unrecht als Gefühl statt als Tatsache wahrzunehmen) und sehnt sich ebenfalls danach, dass das Recht wiederhergestellt wird. Zusätzlich taucht in ihm großer Zorn auf »die aggressive amerikanische Politik« auf, »die sich hinter scheinbar edlen Motiven verbirgt«. Diesen Zorn hat er von seinem Vater übernommen. Bei der Rückgabe erkennt er auch, auf welchen Schmerz er sich bezieht.

»Es ist Zorn über die Verlogenheit«, sagt er.

»Und wie fühlst du dich mit dieser Verlogenheit?«

»Betrogen«, erwidert er ganz spontan. Und berichtet dazu später: »Dieses Wort hat sofort einen inneren Erdrutsch in Gang gesetzt. Auf einmal bekam ein Konflikt, der sich irgendwo weit da draußen zwischen anderen Menschen, anderen Völkern abspielt, für mich eine ganz persönliche Dimension. Auf einmal bin ich persönlich betroffen, denn ich bin es, der sich betrogen fühlt von der Politik der Amerikaner, in die sie mich und uns alle hineinziehen wollen.«

Nachdem Thomas sein Herz für das Gefühl, betrogen zu sein, geöffnet hat, sieht er es umgekehrt: Er war immer schon mit Betrogensein identifiziert gewesen und hat die Sache deshalb als Betrug an ihm selbst interpretiert.

Beim abschließenden Kommentar zum Resultat dieser Herzensarbeit steht Thomas dem Konflikt NATO–Russland–Ukraine emotional neutraler gegenüber.

Bevor er weiterreden kann, mischt sich aber Bernd ein. Mit einer gewissen Aggressivität fragt er: »Und dass Menschen dabei sterben, das macht dir gar nichts?«

»Stopp!«, sage ich. »Bernd, aus welchem Gefühl heraus stellst du Thomas diese Frage?«

»Unverständnis«, sagt Bernd. »Ich fühle mich erschüttert.«
Dann wende ich mich an Thomas: »Möchtest du Bernds Frage beantworten oder erst mal wahrnehmen, was sie in dir ausgelöst hat?«
Thomas: »Ich fühle mich angegriffen. Verurteilt. Und auch falsch verstanden. Weil ich ja überhaupt nicht gesagt habe, dass ich mit dem Angriffskrieg einverstanden bin. Nur, dass ich es nicht erstaunlich finde, wenn Russland so reagiert.«
Nach einer Weile tieferen Nachspürens sagt er: »Eigentlich löst es ein Schuldgefühl in mir aus. Obwohl ich überhaupt nicht mit dem Töten einverstanden bin, habe ich deine indirekte Beschuldigung akzeptiert und fühle mich so, als sei ich daran mitschuldig, dass Menschen getötet werden.«
Thomas wendet sich diesem Schuldgefühl zu, fühlt es bewusst, stellt fest, was es von seinem Herzen braucht. »Da fehlt noch etwas ... Ich probiere, es mal an dich, Bernd, zurückzugeben, immerhin hast du es mir ja eingeredet... Ja. Scheint zu stimmen. Vom Kopf her verstehe ich es nicht, aber ich habe deutlich gespürt, wie es weggeht. Jetzt ist da kein Schuldgefühl mehr. Auch kein Angegriffen- und Verurteiltsein. Nur das Wissen, dass da ein Missverständnis war. Das löst jetzt nichts mehr aus.«
Dann fragt er Bernd: »Ich weiß ja nicht, ob das alles Fantasie war mit der Rückgabe ... Kann es sein, dass du dich tatsächlich schuldig fühlst?«
»Stimmt«, sagt Bernd. »War mir sofort klar, als du das mit der Rückgabe sagtest. Ich habe einfach ein grundsätzliches Schuldgefühl, sobald ich eine Meinung äußere oder mich für irgendetwas engagiere. Habe ich, glaube ich, von meinem Vater übernommen.«

In der Nachbesprechung stellen Bernd und Thomas Gemeinsamkeiten fest: Beide waren mit dem Gedanken und Gefühl von Unrecht und ihrer Empörung darüber identifiziert. Beide hatten dabei Gefühle ihrer Väter und auch aus dem Kollektiv übernommen.

Bernd wurde klar, dass er aus einem Umfeld kam, für das Russland automatisch immer das Böse verkörperte. Thomas erzählte, dass er aus einem Milieu kam, in dem man die imperialistische Politik der USA verurteilte.
Beide verstanden nun, dass dieser Hintergrund ihre Sicht beeinflusst hatte.
Beide hatten eine neue Perspektive kennengelernt. Sie waren bereit, die Gefühle, die sie in dieser Übung ins Herz geholt hatten, weiter zu versorgen und zu beobachten, wie ihre Sicht- und Handlungsweise sich im Alltag verändern oder weiterentwickeln würde. Beide waren auch daran interessiert, sich umfassender zu informieren.

Dies ist übrigens ein vereinfachter Auszug aus einer sehr viel komplexeren Herzensarbeit der beiden.

Tipps: Bevor Sie »in die Luft gehen« …

Wenn eine Schlagzeile, eine Meldung, eine Information Sie berührt, gehen Sie zunächst einmal in sich, und fühlen Sie, in welcher Weise sie Sie berührt. Fragen Sie sich sofort, ob Sie dieses Gefühl übernommen haben (manchmal übernehmen wir Gefühle auch von den Medien), und falls ja, geben Sie es zurück. Falls nicht, öffnen Sie Ihr Herz dafür.

Wenn Sie erst mal mit der Übung vertraut sind, kann das, wenn nötig, auch in Sekundenschnelle geschehen. Auf diese Weise vermeiden Sie, in die Falle der Identifikation zu tappen, Ihren Geist vor der Realität und Ihr Herz vor anderen Menschen zu verschließen.

Weiter streiten, um recht zu haben? Manchmal streiten Sie weiter, obwohl es eigentlich gar keinen Sinn hat. Vielleicht geht es Ihnen dann mehr darum, recht zu haben, als um die Sache.

Öffnen Sie Ihr Herz für diesen Wunsch. Fragen Sie sich im Stillen: »Was wäre schlimm, wenn ich nicht recht hätte – wie müsste ich mich dann fühlen?« Oder umgekehrt: »Was ist das gute Gefühl, wenn ich recht habe?« Vielleicht gibt es Ihnen Verständnis für Ihren Streitgegner, der möglicherweise von dem gleichen Wunsch und dem gleichen Schmerz besessen ist wie Sie.

Entdecken Sie, welches Ideal hinter Ihrer politischen Grundhaltung steckt. Fühlen Sie die Sehnsucht nach diesem Ideal einmal ganz bewusst, und holen Sie sie ins Herz, indem Sie die richtigen Schlüssel finden. Dies wird Ihnen helfen, Ihr Ideal selbst zu verkörpern, statt das von anderen zu verlangen.

Wenn Ihr eigenes Ideal »Frieden« heißt und Sie es nicht selbst in sich und Ihrer eigenen Welt verwirklichen, sondern andere dazu bringen wollen, läuft das darauf hinaus zu schreien: »Ich will Frieden in der Welt! Deshalb sollt ihr aufhören zu kämpfen! Krieg dem Krieg! Krieg euch Kriegern!« Sie müssen also friedfertig sein, was leicht klingt, aber schwierig ist, wenn Ihre »Knöpfe gedrückt« werden«. Sie können sich nicht dazu zwingen, friedfertig zu sein; aber Sie können lernen, Ihre Empörung, Ihre Wut, Ihre Streit- oder Rachsucht bewusst und mit Herz wahrzunehmen, statt sie auszuleben oder zu verdammen. Jedes Mal, wenn Ihnen das gelungen ist, kommen Sie Ihrem Ideal ein Stück näher.

Suchen Sie die Gesellschaft von wahrhaft friedfertigen Menschen, dann können Sie erleben, wie sich das anfühlt. Es ist nicht nur eine Haltung, es ist auch ein Gefühl. Indem Sie es in anderen fühlen, können Sie es selbst in sich wecken.

Sehnen Sie sich nach Gerechtigkeit, so haben Sie Gerechtigkeit schon in sich, denn Sie haben ja die Sehnsucht danach schon in sich. Mit der Sehnsucht ist ein Bild verbunden, und über das Bild entdecken Sie, wie Gerechtigkeit sich anfühlt. Tragen Sie das in Ihrem Herzen, und Sie strahlen Gerechtigkeit aus und verkörpern Sie.

Sehnen Sie sich nach Freundschaft, seien Sie Freund.

Das Ideal, das Sie »draußen« suchen, ist »drinnen« schon da. Entdecken Sie es! Mit der Herzensarbeit ist dies möglich ohne jede Manipulation oder Selbstvergewaltigung, einfach indem Sie konsequent den Weg der Wahrnehmung gehen und das, was Sie wahrnehmen, mit dem warmen Licht des Herzens beleuchten.

Zusammenfassung

Hinter fast allen Problemen in unserer Welt steckt die Identifikation mit Gedanken und Gefühlen, die man für Wahrheit beziehungsweise Tatsachen hält.
Eine politische Überzeugung ist ein Gedanke, den man für wahr hält. Ihr liegt eine bestimmte Information zugrunde, auf die wir auf eine bestimmte Art emotional reagieren. Bei der Auswahl unserer Informationen sind wir bereits parteiisch. Durch den Kontakt mit Gleichdenkenden verstärkt sich unsere Überzeugung.
Im Laufe des Lebens können sich politische Überzeugungen verändern, möglicherweise beginnt man aufgrund neuer Erfahrungen, anders oder einfach differenzierter zu denken.
Trotz unseres Bemühens um Bewusstheit und Besonnenheit kann eine Schlagzeile manchmal einen wunden Punkt bei uns treffen und uns zu blindwütigem Schimpfen oder Handeln treiben: Informationsfragment–Emotion–Handlung.
Empörung ist die Emotion, die von Medienmeldungen am meisten (und offensichtlich am liebsten) ausgelöst wird. Wir sind gern empört, denn wir fühlen uns gut damit.
Richtig schlimm werden unsere Emotionen, wenn sie durch Übernahme von Emotionen anderer verstärkt werden. Dann kann die emotionale Ladung so stark werden, dass die Pferde mit uns durchgehen.

Wenn zwei Personen in einem Streit entgegengesetzte Standpunkte vertreten, haben sie in vielen Fällen die gleichen Gefühle, projizieren sie nur auf etwas anderes. Herzensarbeit (gemeinsam oder jede[r] allein) kann das alles klären.
Wenn etwas in den Nachrichten Sie auf die Palme bringt, sollten Sie am besten sofort Ihre Gefühle wahrnehmen und ins Herz holen beziehungsweise zurückgeben. Beginnen Sie nie impulsiv eine Schlacht, bevor Sie wissen, worum es bei Ihrer Aufregung wirklich geht!
Wenn Sie weiter streiten, nur um recht zu haben, öffnen Sie Ihr Herz für Ihren Wunsch, für das gute Gefühl im Rechthaben und das schlimme Gefühl, das sich einstellt, wenn Sie nicht im Recht sind.

Bevor Sie sich in einem Konflikt für eine Seite engagieren, machen Sie vorher Herzensarbeit. Das wird Sie vor falschen Identifikationen schützen und Ihnen mehr Präsenz und Überblick verschaffen.
Verschließen Sie sich nicht vor Informationen, die Ihren Ansichten zuwiderlaufen, sondern interessieren Sie sich dafür. Sie könnten Ihren Blickwinkel erweitern.

Stellen Sie fest, welches Ideal hinter Ihrer politischen Grundhaltung steckt. Öffnen Sie Ihr Herz für die Sehnsucht nach diesem Ideal.
Ein Ideal strebt nach seiner Verwirklichung, und zwar in Ihnen. Das Ideal, das Sie im Außen verwirklicht sehen möchten, ist in Ihrem Innern schon da. Herzensarbeit wird ihm den Weg zur Verwirklichung bahnen.

Wie wir uns in Unterpersönlichkeiten aufsplitten

Fast alle leiden wir unter inneren Konflikten zwischen verschiedenen Bestrebungen, teilen uns auf in Unterpersönlichkeiten. Da gibt es den inneren Kritiker, das innere Kind, den Verurteiler, die barmherzige Heilige, den Rebellen … Und viele andere Gestalten, jeder hat so seine eigene Zusammenstellung. Und alle verlangen etwas.

Mein Bauch macht mir Probleme. Obwohl, es ist wohl eher umgekehrt: Ich mache meinem Bauch Probleme. Dem will ich auf den Grund gehen. Er fühlt sich dick und sehr unbehaglich an. Natürlich gerate ich ins Spekulieren: Esse ich zu viel, falsch, zu schnell …? Habe ich vielleicht Groll im Bauch …? Aber dann schiebe ich alle Gedanken zur Seite und spüre einfach hinein. Darin scheint viel los zu sein, ziemlich chaotisch, so als ob es ein Durcheinander von verschiedenen gegeneinander gerichteten Bewegungen gäbe.

Als Gefühl kann ich im Bauch erst mal Überforderung feststellen und ins Herz holen.
Danach geht es mir schon ein wenig besser, der Körper entspannt sich, der Bauch drückt nicht mehr gar so sehr. Ich werde mehr auf das Gefühl von Überforderung achten. Ich nehme mir vor, mich demnächst auch den verschiedenen inneren Konfliktparteien zuzuwenden, die sich da äußern.

Die beiden Konfliktparteien, die ich bei meiner Bauch-Herzens-Arbeit dann zutage förderte, hatten klare, aber entgegengesetzte Forderungen:

»Alles, was ich denke und tue, muss von meinem Ethik-Komitee gebilligt sein«, sagt mein innerer Moralapostel.
»Ich muss ›ich selbst‹ sein«, fordert mein innerer Selbstverwirklichungs-Coach.

Diese beiden scheinen unvereinbar zu sein. Denn der Moralapostel meint, »ich selbst sein« würde womöglich bedeuten, ethisch nicht korrekt genug zu sein. Der Selbstverwirklichungs-Coach meint, »ethisch korrekt« zu sein würde darauf hinauslaufen, nicht »ich selbst« zu sein.

Nicht kompatibel? Für den Verstand sind sie nicht unter einen Hut zu bringen, fürs Herz kein Problem. Beide Teile samt ihren Gefühlen können darin Platz haben. Das Herz erkennt ja ein jedes an, einfach weil es dieses Gefühl fühlt. Ganz gleich, ob Gefühle ähnlich oder konträr sind: Es sind ja einfach verschiedene Gefühle. Wenn ich sie allerdings zur Tatsache erhärte, erscheinen sie unvereinbar: Entweder bin ich die, die meint, »ich selbst« sein zu müssen, oder ich bin die, die alles immer von meinem inneren Ethik-Komitee prüfen lassen muss – beides zugleich kann ich nicht sein. Aber fühlen kann ich beides – die Sehnsucht oder Wünsche beider Teile, ihre Ängste und alle die anderen Gefühle, die damit verbunden sind.

Am Ende der Herzensarbeit gibt es innerlich keinen Konflikt mehr, aber immer eine überraschend neue Perspektive; und falls auf der äußeren Ebene eine Lösung erforderlich ist, stellt sich diese ein.

Herzensarbeit beim Konflikt zwischen inneren Parteien

Statt Ihnen theoretisch darzulegen, wie Sie einen solchen inneren Konflikt anschauen sollten, illustriere ich es zum leichteren Verständnis an einem weiteren Beispiel.

Teil A sagt: »Ich muss alles in Ordnung halten.«
Teil B sagt: »Ich will einfach leben, entspannt und frei und ohne Pflichten.«
A erscheint dominanter. Daher beginne ich mit A. Ich lasse ihn reden und frage ihn aus, um ihn kennenzulernen.
»Ich muss alles in Ordnung halten.«
Was denn genau?
»Die Wohnung, das Büro, den Posteingang, die Schränke, die Papiere, die Konten und noch so viel mehr …«
Und wo ist das Problem?
»Ich weiß nicht, wo ich anfangen soll.«
Wie fühlt sich das im Körper an? Die Energie zerstreut sich in alle Richtungen. Unruhe.
Das Gefühl darin: zerrissen.
Der Herzensschlüssel: Es will einfach wahrgenommen werden. Als Gefühl statt als Tatsache.
Ich nehme mir vor, dieses Gefühl bewusst zu bemerken und zu beachten. Ich merke schon, dass mich das wacher und ruhiger machen wird.

Hier könnte ich Pause machen und erst mal im »richtigen Leben« üben, das Gefühl zu bemerken. Aber ich will weiter.

Also frage ich mich: »Was wäre denn schlimm, wenn ich es nicht schaffe, alles in Ordnung zu halten?« Und stelle mir das deutlich vor: An allen Ecken und Enden gibt es Unerledigtes … eigentlich der Ist-Zustand.

Der Körperzustand scheint das Bild »alles in Unordnung« zu reflektieren.

Das Gefühl darin: »nicht in Ordnung«, was ich sofort als altes Gefühl aus der Kindheit erkenne.

Das braucht vom Herzen: wahrgenommen werden. Als Gefühl und nicht als Tatsache. Erbarmen. Mitgefühl.

Und zurückgegeben werden? *Ja. An Vater und Mutter. Und noch einige Gestalten aus der Vergangenheit.*

Zurück zur Vorstellung »alles in Unordnung, nichts geschafft« … Wie geht es mir jetzt damit?

Na und? Wo ist das Problem? Man kann doch sowieso nicht »alles« in Ordnung halten, denn wenn man eins geordnet hat, gerät ein anderes in Unordnung – und so fort.

Mit anderen Worten: Der Stress ist raus.

Eigentlich ist es ganz in Ordnung so.

Aha … Ein ganz neuer Gedanke. Wie fühlt er sich körperlich an?

Mein Körper fühlt sich jetzt wieder normal an, wie aus einem Stück, harmonisch, weich, lebendig.

Und ich, wie fühle ich mich darin?

Akzeptiert.

Ein neues Gefühl! Ich lerne es kennen. Fühle es. Was braucht es von mir? Wahrgenommen, entdeckt zu werden. Raum. Zeit. Gefühlt werden. Gepflegt werden.

(Erkenntnis am Rande: Offenbar hatte ich gedacht, um akzeptiert zu werden, müsse ich in Ordnung sein und alles in Ordnung bringen und halten.)

Jetzt will ich das Resultat prüfen: Mit dem Gefühl, »akzeptiert« zu sein, im Herzen denke ich an das Anfangsthema »Ich muss alles in Ordnung halten«. Wie geht es mir jetzt damit?

Dann geht es niemanden etwas an, ob ich etwas in Ordnung halte oder nicht. Es ist ganz allein meine Sache. Was auch immer ich tue oder nicht tue, für mich ist es in Ordnung.
Wunderbar! Das merke ich mir. Nehme mir vor, mir »akzeptiert« im Herzen mitzunehmen und so oft wie möglich bewusst zu fühlen. Zu diesem Zweck präge ich mir noch einmal ganz deutlich ein, wie es sich anfühlt.
Das war Teil A.

Auf die gleiche Weise lasse ich nun Teil B reden, um ihn kennenzulernen.
»Ich will einfach leben. Entspannt, frei, ohne Pflichten.
Warum möchtest du das …? Und was verstehst du darunter?
»Ich bin müde und faul. Ich will nicht mehr. Ich will einfach da sein und herumhängen.«
Körperzustand: Schwere im ganzen Körper, alles zieht nach unten, vor allem im Bauch und im Gesicht.
Gefühl: müde.
Was braucht es vom Herzen? Raum, da sein dürfen, Achtung. Als Gefühl wahrgenommen werden. Und beachtet werden.
Wonach sehnst du dich denn? Beschreib es mal genauer?
Nach Urlaub. Entspannung. Nach Wohltuendem. Nach Nichtstun.
Wo sitzt diese Sehnsucht im Körper?
Im Herzen. Zieht nach vorn.
Herzensschlüssel – was braucht sie? Anerkennung. Verständnis. Da sein dürfen. Nicht übergangen werden. Achtung. Und: es für möglich halten.
An dieser Stelle hakt es, mein Verstand mischt sich ein: »Aber es geht ja tatsächlich nicht«, sagt er. »Völlig unmöglich wegen der Umstände.«
Hier mache ich mir selbst klar, dass es jetzt nicht um Umstände geht, sondern um ein Gefühl, das ins Herz will.
Nun klappt es. Die Idee, »es für möglich zu halten«, berührt diese Sehnsucht. Das war das, was ihr am meisten gefehlt hat. Weiter

möchte sie hochgehalten werden, wie auch immer die Umstände sein mögen.
Das tut gut. Versöhnt. Eröffnet Perspektiven.
Nun stelle ich mir noch die Erfüllung dieser Sehnsucht vor, um das gute Gefühl zu finden, um das es geht.
Körper: entspannt sich. Als ob alles von mir abgleitet. Wird angenehm schwer.
Gefühl: entspannt, locker, gelassen.
Als Hauptname merke ich mir »entspannt«.
Was braucht es von meinem Herzen? Raum. Von Verurteilung befreit werden. Als Gefühl wahrgenommen und gepflegt werden.
Feststellen, was sich verändert hat: Ich rufe mir das Ausgangsthema in Erinnerung: »Ich will einfach leben. Entspannt, ohne Pflichten.«
Jetzt halte ich mir dazu meine reale Lebenssituation vor Augen mit all den Dingen, die getan, aufgeräumt, erledigt werden wollen. Ich schaue mir das alles an und halte dabei das frisch entdeckte Gefühl von Entspannung im Herzen. Wie geht es mir jetzt damit?
Entspannt. Ich kann mir jetzt vorstellen, »einfach zu leben«, und im Moment stellt das keinen Kontrast mehr dar zu meiner Situation. Ich kann mir jetzt vorstellen, die Dinge so zu nehmen, wie sie sind. Solange ich dieses Gefühl im Herzen wahrnehme und es halten kann, kann ich mir das gut vorstellen.
So viel zu Teil B.

Nun möchte ich das neue Bild noch zusammenbringen mit dem positiven Gefühl, das ich in der Arbeit mit A entdeckt habe: Ich hatte mich ja am Ende »akzeptiert« gefühlt. Ich erinnere mich an dieses Gefühl und halte es im Herzen, während ich mir das neue Bild vorstelle.
Ich nehme die Dinge, wie sie sind, ganz entspannt, und erachte alles nicht mehr als so wichtig, während ich mich zugleich akzeptiert fühle: Dann kommt sogar eine Art Selbstrespekt auf. Es ist ja schließlich mein *Leben – und mit diesem Gedanken verbindet sich jetzt Achtung für die Art, wie ich es mir einrichte.*

Nachsorge für eine dauerhafte Veränderung

Somit hat das ganze Dilemma sich in Wohlgefallen aufgelöst, und eine neue Lebenshaltung ist entstanden. Aber Vorsicht, nicht vergessen: Diese Lebenshaltung ist die Folge davon, dass ich neue Gefühle entdeckt und ins Herz geholt habe. Sie ist zunächst nur in dem Augenblick da, in dem ich diese Gefühle wahrnehme. Wenn ich sie wieder vergesse, mich nicht weiter um sie kümmere, kann es geschehen, dass ich wieder in die alte Automatik hineinfalle. Die verschwindet ja nicht durch einmal kurz fühlen und verstehen. Also nehme ich mir vor, die beiden Kerngefühle – »entspannt« (plus locker und gelassen) und »akzeptiert« – weiter zu fühlen, zu hegen, zu pflegen, überallhin mitzunehmen. Ich verteile an allen möglichen Stellen Erinnerungshilfen.

Wichtig ist übrigens auch, diese neuen schönen Gefühle nicht in Tatsachen verwandeln zu wollen! Sich nicht sich zu bemühen, entspannt zu *sein*, und sich nicht zu wiederholen: »Ich *bin* jetzt akzeptiert«, sondern sich einfach nur das Gefühl in Erinnerung zu rufen, was gleichbedeutend damit ist, es wieder zu fühlen. Und Tag für Tag aufmerksam zu beobachten, wie sich das auswirkt.

Unterpersönlichkeiten: Gefühle und Gedanken, mit denen man identifiziert ist

Unterpersönlichkeiten sind einfach Gefühle und Gedanken, mit denen man identifiziert ist und die man scheinbar nicht unter einen Hut bekommt. Wenn Ihnen wieder einmal bewusst wird, dass es verschiedene Unterpersönlichkeiten in Ihnen gibt, können Sie sie auf die eben beschriebene Weise kennenlernen und sozusagen in ihre Bausteine zerlegen – Gedanken und Gefühle, von Ihnen als solche erkannt und mit dem versorgt, was sie von Ihnen brauchen.

Oder dorthin zurückgegeben, wo sie hingehören, falls Sie sie übernommen haben.

Achten Sie auch darauf, ob es in Ihnen zwei Seiten ein und desselben Gefühls gibt. Wenn Sie sich beispielsweise andauernd selbst kritisieren, dann tragen Sie sowohl den Kritiker als auch den Kritisierten in sich.

Johann zum Beispiel hat einen »inneren Verurteiler«. Der meldet sich bei allen möglichen Gelegenheiten. Von dieser inneren Figur fühlt Johann sich dann verurteilt.
Es gibt da also zwei Teile: den Johann, der verurteilt, und den Johann, der verurteilt wird.
Der Verurteiler sitzt in den Lippen und den Zähnen.
Gefühl: etwas unten halten. Unterdrücken.
Johann, der Verurteiler, fühlt sich »unterdrückend«. Das möchte erkannt und wahrgenommen werden. Und an den Vater zurückgegeben werden.
Erleichterung.
Dann taucht Angst auf. Angst vor Strafe (daher das »Unten-Halten«, Unterdrücken). Es möchte wahrgenommen werden. Beachtet werden. Als Gefühl wahrgenommen werden. Verständnis.
Johann, der Verurteilte, fühlt sich klein und schlecht.

Beide wollen vom Herzen wahrgenommen werden, Erbarmen, Mitgefühl. Und dass sie als Gefühl wahrgenommen werden statt als Tatsache. Und beide wollen zurückgegeben werden: an den Vater.
Johanns Kommentar: »Erstaunlich! Ausgerechnet der strenge verurteilende Vater hat sich in Wirklichkeit auch klein und schlecht gefühlt …«
Die Rückgabe dieses Gefühls öffnet Johann das Herz für seinen Vater. Jetzt erkennt er, wie dieser sich gefühlt hat, und kann verstehen, dass er dieses Gefühl nicht wahrnehmen, sondern lieber loswerden wollte!

Achten Sie nach Ihrer Herzensarbeit einmal darauf, ob Sie nun mehr Verständnis für Mitmenschen haben, die ein ähnliches Muster an den Tag legen wie das, für dessen Gefühlsbestandteile Sie gerade Ihr Herz geöffnet haben!

Wenn Sie Ihr Herz für einen inneren Verurteiler, Richter, Kritiker und so weiter geöffnet haben, erkennen Sie vielleicht auch die Qualitäten, die dieser Teil in Ihnen hat entstehen lassen? Oder seinen Nutzen?

Zusammenfassung

Fast alle haben wir mehrere innere Parteien, die miteinander in Konflikt sind. Manche sprechen von Unterpersönlichkeiten wie beispielsweise dem »inneren Kritiker«.
In Wirklichkeit sind dies nicht »Teile« oder »Unterpersönlichkeiten«, sondern einfach Gefühle (und Gedanken), die nicht bewusst wahrgenommen werden und die unvereinbar erscheinen.
Mit Körperzentrierter Herzensarbeit können Sie diese Konflikte auflösen. Lernen Sie die Gefühle dieser »Teile« einfach kennen, und öffnen Sie Ihr Herz dafür.
Am Ende der Herzensarbeit gibt es innerlich keinen Konflikt mehr, aber immer eine überraschend neue Perspektive. Doch solange Sie das Thema nicht aufgelöst haben, tobt der Krieg im Inneren weiter und schlägt sich, wenn er nicht beachtet wird, in körperlichen Symptomen oder äußeren Ereignissen nieder.
Manchmal tragen wir zwei Seiten ein und desselben Gefühls in uns. Lernen Sie beide kennen, und öffnen Sie Ihr Herz für sie.
Geben Sie Fremdanteile zurück (an Vater oder Mutter?).

Lieber schuldig als schlecht – und andere gute Gründe, am Schuldgefühl festzuhalten

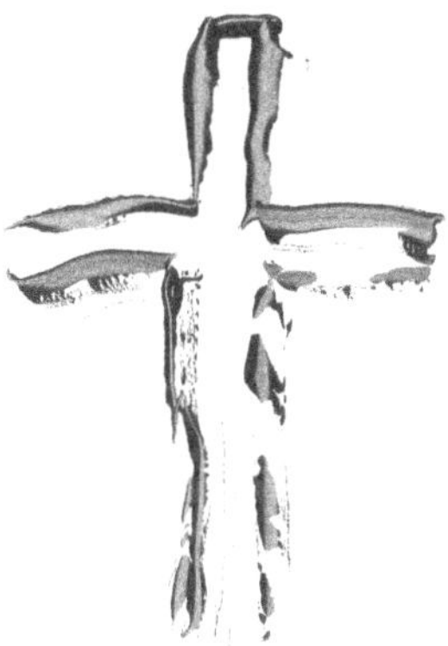

Schuld ist ein besonders »klebriges« Gefühl. Das wissen Sie vielleicht aus eigener Erfahrung. Dabei spielt es keine Rolle, ob man sich zu Recht oder zu Unrecht schuldig fühlt. Manch vergangenes Ereignis, an dem wir uns eine Schuld zuschreiben, bleibt jahre-, jahrzehnte-, manchmal das ganze Leben lang im Bewusstsein hängen, weil man an der Schuld festhält.

Wenn dann der Mensch, dem wir (tatsächlich oder eingebildet) Unrecht getan haben, auch noch gestorben ist und wir keine Möglichkeit sehen, es wiedergutzumachen, ist es noch schlimmer. Dann kommen zum Schuldgefühl noch Bedauern, Trauer, Reue, Ohnmacht hinzu. Man kann an den Betreffenden nicht denken, ohne wieder an die Schuld zu denken. Immer die gleichen Gedanken werden dann wiedergekäut: »Hätte ich doch …«, »Warum habe ich nur …?«, »Könnte ich doch …«, »Das kann ich mir niemals verzeihen«, »Selbst wenn diese Person mir verzeihen würde, würde ich trotzdem nie aufhören, darüber traurig zu sein und mich schuldig zu fühlen« …

Auch bei der Körperzentrierten Herzensarbeit kommt man vielleicht zunächst nicht weiter. Das Schuldgefühl selbst bewusst und als Gefühl wahrzunehmen ist schon nicht leicht, weil man es mit der Tatsache verwechselt. Da hilft es, zunächst mal Schuld als *Tatsache* anzuerkennen, um sich dann dem *Gefühl* von Schuld zuwenden zu können. Aber manchmal bringt es noch keine nennenswerte Veränderung, einfach nur für das Schuldgefühl sein Herz zu öffnen; es erleichtert und fühlt sich gut an, aber um durch das ganze Thema zu kommen, müssen noch eine ganze Reihe anderer Gefühle entdeckt und versorgt werden.

Wenn Sie weiter mit diesem Thema arbeiten, werden Sie vielleicht feststellen, dass das Gefühl, an dem Sie hängen bleiben, gar nicht hauptsächlich die Schuld ist, sondern das Bedauern. Oder das Gefühl von Ohnmacht, ausgelöst durch den Gedanken, es nicht rückgängig machen zu können. Vielleicht kommen Sie auch deshalb nicht zur Auflösung des Themas, weil Sie es versäumen, die Sehnsucht, die damit verbunden ist, wahrzunehmen: den Wunsch, das Geschehene rückgängig zu machen, das Drehbuch neu zu schreiben, um dann anders zu handeln (wie genau würden Sie dann handeln?) oder es irgendwie wiedergutzumachen.

So unsinnig eine solche Sehnsucht dem Verstand erscheinen mag, so willkommen ist sie dem Herzen. Sie wahrzunehmen und ihr den richtigen Herzensschlüssel anzubieten kann manchmal ungeahnte Perspektiven oder Einsichten eröffnen. Denn die Realität umschließt ja ganz andere Ebenen und Möglichkeiten als die, die wir mit unserem Verstand erfassen können.

Fazit: Wenn Sie Herzensarbeit mit einem Ereignis machen, für das Sie sich Schuld zuschreiben, kümmern Sie sich nicht nur um das Schuldgefühl selbst, sondern um alle Gefühle, die mit dem Thema verbunden sind. Vielleicht ist ja ein anderes Gefühl der Schlüssel zur Auflösung des Themas.

Schuldgefühl ist übrigens eine negative Emotion, der eigentliche Schmerz sitzt darunter versteckt: im Allgemeinen das Gefühl, schlecht zu sein. Erst wenn Sie diesen Schmerz entdeckt, gefühlt und als Gefühl wahrgenommen (sowie gegebenenfalls zurückgegeben) haben, sind Sie wirklich auf dem Grund des Themas angekommen.

Als ganz kleine Kinder kannten wir keine Schuld und auch kein Gut und Böse. Aber dann haben wir etwas angestellt, was die Erwachsenen böse gemacht hat und wofür sie uns bestraften. Sie gaben uns zu verstehen, oder wir haben daraus geschlossen, dass wir schlecht sind, wenn wir so etwas tun. Wir haben dann herausgefunden, dass die Strafe milder ausfällt oder wir überhaupt »ent-schuldigt« sind, wenn wir zeigen, dass wir uns gebührend schuldig fühlen. Sensible und beeindruckbare Kinder haben die Sache ernst genommen und sich tatsächlich sehr schuldig gefühlt; andere haben gelernt, so zu tun, als ob.

Auf diese Weise haben wir uns angewöhnt, uns mit »schuldig« zu identifizieren (oder Schuldgefühl zu manifestieren), um nicht »schlecht« zu sein. Als schlecht erkannt zu werden tut sehr weh. Wenn Sie wie ich der europäischen christlichen Kultur entstammen, ist »ein schlechter Mensch« wohl das Letzte, was Sie sein wollen.

Falls Sie unter chronischem Schuldgefühl leiden, prüfen Sie daher immer auch, ob Sie es nicht von einem Kollektiv übernommen haben, sei es die Kirche, das Kirchenkollektiv oder das Ihrer Erzieher oder Lehrer. Die Rückgabe wirkt oft enorm befreiend. Allerdings kann bei der Vorstellung, das Schuldgefühl an das christliche Kollektiv oder die Kirche zurückzugeben, wiederum erst mal ein Schuldgefühl auftauchen (so als ob Sie sich schuldig machen, wenn

Sie Ihr Schuldgefühl zurückgeben). Falls das so geschieht, müssen Sie zuerst dieses neu aufgetauchte Schuldgefühl versorgen (und eventuell zurückgeben), bevor Sie sich wieder der Rückgabe des ursprünglichen Schuldgefühls zuwenden …

Zu religiös bedingten Schuldgefühlen gesellen sich oft noch kollektive Schuldgefühle der eigenen Nation – das Erbe des Dritten Reichs, der Kolonialzeit, der Kriege … Manchmal werden uns Schuldgefühle auch absichtlich eingetrichtert durch eine erfolgreiche politische Manipulation und formieren sich dann zu einem neuen kollektiven Schuldgefühl.

Deshalb sollten Sie bei der »Rückgabe von Fremdgefühlen« immer auch an Kollektive denken, von denen Sie sie übernommen haben könnten!

Und natürlich können Schuldgefühle, die Sie chronisch plagen, auch wieder von Ihren Eltern und anderen Vorfahren oder Verwandten übernommen sein. Oder von Menschen, mit denen Sie sonst zu tun haben.

Am Schuldkomplex leiden

Für viele Menschen ist Schuldgefühl nicht nur etwas, was von einem realen Vorfall ausgelöst wurde, sondern ein richtiges Lebensthema. Es kann unterschwellig vorhanden sein und nicht bemerkt werden oder zwar völlig bewusst sein, aber dennoch schier unüberwindbar. Sie kennen das vielleicht: Man fühlt sich grundsätzlich schuldig, ohne den Grund dafür zu wissen, und fragt sich dann manchmal, was man denn so Entsetzliches verbrochen haben mag, dass man sich für so schuldig hält.

Wenn Sie unter diesem Dauerschuldgefühl leiden, kennen Sie sich nicht anders als schuldig. Es ist Ihre Grundidentifikation, erscheint wie eine Eigenschaft Ihres Wesens. Sie schauen die Welt mit den Augen der oder des Schuldigen an:

Ich bin schuldig, weil ich da bin.
Schuldig, dass ich so bin, wie ich bin.
Wenn jemand mich kritisiert, angreift, böse anguckt oder verlässt ...
muss ich ja schuldig sein.
Ich bin schuld, wenn es anderen schlecht geht. Wenn etwas schiefgeht. Wenn ich nicht perfekt bin. Wenn mir ein Fehler unterläuft. Wenn ich nicht mutig bin.
Alles mea culpa [lat. »meine Schuld«].
Natürlich gebe ich das nicht gleich zu: Ich verteidige mich, wehre mich, werde wütend, verschließe mich, rechtfertige mich, weise anderen die Schuld zu. Aber das tue ich alles, weil Schuldigsein so wehtut. Weil ich das nicht fühlen will. Denn würde ich es zulassen, das Schuldigsein zu fühlen, dann liefe ich Gefahr, mit meiner Grund-Identifikation konfrontiert zu werden, die da heißt: »Ich bin schlecht.«

Auch wenn Ihnen das Thema bewusst geworden ist, kann es sein, dass Sie es nicht so leicht loswerden. Denn zunächst sind Sie noch mit einem Dilemma identifiziert: Wenn ich das Schuldgefühl loslasse (falls das überhaupt möglich wäre), dann wäre ich erst richtig schlecht; solange ich mich noch schuldig fühle, zeigt das ja, dass doch etwas Gutes in mir ist.

Was ist das kleinere Übel?

Solange ich das Schuldgefühl behalte, bin ich gut, fühle mich aber schlecht.
Werfe ich es über Bord, fühle ich mich gut, bin aber schlecht.

Also werden Sie vermutlich zunächst lieber am Schuldgefühl festhalten, als schlecht zu sein. Diesen zuvor unbewussten Ablauf können Sie bei aufmerksamer Herzensarbeit entdecken.

Die Lösung besteht natürlich darin, alle Bestandteile dieses inneren Dramas auseinanderzunehmen und jeden für sich zu betrachten.

Erst mal die Zwickmühle: sich besser schuldig zu fühlen als schlecht? Wie fühlt sich dieses Dilemma an, wo reflektiert es sich im Körper, welches Gefühl ist oder welche Gefühle sind damit verbunden?
Dann: wie Sie sich fühlen, wenn Sie sich vorstellen, das Schuldgefühl abzuwerfen (schlecht, lieblos, als Verräter, verurteilt, ungerecht?). Oder wie es sich anfühlt, es zu behalten.
Entdecken Sie alle Gefühle, die mit dem Thema verbunden sind, öffnen Sie Ihr Herz dafür, und geben Sie diejenigen, die Ihnen nicht gehören, zurück. Achten Sie auch auf die Sehnsucht oder den Wunsch, beispielsweise die Sehnsucht, gut zu sein, als gut gesehen, für gut befunden zu werden … Die Sehnsucht nach Erlösung oder Vergebung …
Formulieren Sie Ihren Wunsch oder Ihre Sehnsucht, fühlen Sie sie, prüfen Sie, was sie von Ihrem Herzen braucht.
Denken Sie immer auch daran, das gute Gefühl in der Vorstellung der Wunscherfüllung zu entdecken und ins Herz zu holen.

Fremde Bürden übernehmen

Wenn Sie von Haus aus stets bereit sind, sich schuldig zu fühlen, sind Sie vermutlich auch bereit, die Schuldgefühle anderer Bürdenträger zu übernehmen, die Ihnen begegnen: »Kommt her zu mir alle, werft eure Schuldgefühle auf mich!«

Das Dumme ist, Sie können niemandem seine Gefühle abnehmen. Sie können, indem Sie das Gefühl übernehmen, das Elend nur verdoppeln. Das nützt aber der Person nicht. Öffnen Sie Ihr Herz für das Gefühl dieses Menschen, so weckt das in Ihnen Respekt und Verständnis. Das hilft mehr.

Es könnte allerdings sein, dass das Übernehmen fremder Bürden Ihnen ein gutes Gefühl verschafft: Was fühlt sich daran gut an, fremde Bürden zu übernehmen? Wie fühle ich mich? Vielleicht »gut« im moralischen Sinne?

Öffnen Sie Ihr Herz auch für das Leid, das Elend, die Schwere, die Belastung, die Sie dann vielleicht fühlen, mit all den Bürden, die Sie tragen.

Wenn man bereit ist, sich die Bürden der ganzen Welt aufzuladen, steckt oft nicht nur ein Schuldgefühl dahinter, manchmal ist es auch Mitleid, Angst oder Liebe. Fragen Sie sich: »Was wäre schlimm, wenn ich darauf verzichtete, mich für alles verantwortlich zu fühlen und fremde Bürden auf mich zu laden? Wenn ich das einfach bleiben ließe? Wenn ich das Elend der anderen bei den anderen ließe?«

Erdenken Sie die Antwort nicht, sondern stellen Sie sich vor, so zu handeln. Entdecken Sie das Gefühl wie immer im Körperzustand, der sich dazu einstellt.

Da haben Sie das schlimme Gefühl, das Sie nicht fühlen wollten, weswegen Sie es vorzogen, die Schuldgefühle (oder sonstiges Leid) anderer Menschen zu übernehmen. Was, wie gesagt, ein vielleicht ehrenwerter, aber untauglicher Versuch ist.

Wenn Sie jemandem im Geist ein Gefühl zurückgeben, so wirkt das in der Regel auf die entsprechende Person erleichternd – und nicht belastend, wie Sie vielleicht befürchten. Ich hatte einige Gelegenheiten, das nachzuprüfen.

Weitere Gründe, an der Schuldidentifikation festzuhalten

In sehr nahen Beziehungen wie zwischen Liebenden oder nahen Familienangehörigen kann das Festhalten an der Schuldidentifikation ein Schutz vor einem Schmerz sein, etwa um die Beziehung »festzuhalten« wie in folgendem Beispiel.

Sylvia hat sich von ihrem Mann getrennt, obwohl sie ihn sehr liebte. Es musste einfach sein. Er hat schrecklich darunter gelitten. Sylvia fühlt sich schuldig. Das Ganze ist viele Jahre her, und der Mann hat inzwischen sein Leben weitergelebt, neue Frauen kennengelernt, Kinder gezeugt, Haus und Land gekauft und sich Träume verwirklicht. Er hat sehr schwere und sehr schöne Zeiten durchgemacht ... Aber für Sylvia ist seine Geschichte am Tag der Trennung stehen geblieben. Sie kann sich nicht verzeihen, dass sie ihn verlassen hat. Wenn sie an ihn denkt, denkt sie nur: »Trennung. Schuld.«
Bei der Herzensarbeit merkt sie, dass das Festhalten an dieser Schuld – von der er selbst sie längst freigesprochen hat – ihre Art ist, mit ihm verbunden zu bleiben. Jede andere Art, meint sie, ist ihr verwehrt, immerhin hat sie ihn ja verlassen. Aufgefordert, sich vorzustellen, wie es wäre, wenn sie sich von diesem Schuldgefühl befreite, erkennt sie, dass dann der Schmerz der Trennung in ihr auftaucht: »Das geht nicht«, weint sie. »Dann wären wir ja richtig getrennt. Und das ertrage ich nicht.«
Das Verharren in der Schuld war nur ihr Versuch gewesen, diesen Schmerz nicht fühlen zu müssen. Den sie übrigens, wie sich herausstellte, zum Teil auch von ihrem Ex-Mann übernommen hatte und nun am Ende dieser Herzensarbeit endlich an ihn zurückgeben konnte. Das war ihr jetzt möglich, da sie das Gefühl von Verbundenheit entdeckt hatte und in ihrem Herzen trug.

Ein Grund, am Schuldgefühl festzuhalten, kann auch Bequemlichkeit oder Angst vor Veränderung sein (was oft das Gleiche ist): »Solange ich schuldig bin und dazu stehe, brauche ich mich nicht zu verändern. Hinter dem Schuldgefühl steckt ja verborgen die Tatsache, dass ich schlecht bin (jedenfalls in meiner Einbildung). Als schlechter Mensch bin ich eben so, ich kann nicht anders. Abbitte tue ich mit meinem Schuldgefühl. Aber ändern möchte ich nichts.

»Ich weiß, ich bin schlecht. Ich fühle mich gebührend schuldig dafür. Du darfst mich auch bestrafen. Aber verlange nicht von mir, mich zu ändern. Oder etwas aufzugeben.«

Auch hier besteht die Lösung ganz einfach darin, die Kette von Gefühlen und Gedanken zu zerlegen und für die einzelnen Teile sein Herz aufzumachen: für den Wunsch, etwas zu behalten, so weiterzumachen oder bleiben zu dürfen, für die Angst, etwas aufzugeben, Opfer zu bringen oder sich verändern zu müssen, für das Gefühl von Schuld, von Schlechtigkeit, eventuell für Trotz, Ohnmacht, Trauer, Selbstverachtung und sonstige Gefühle, die damit verbunden sind.

Melanie arbeitet als Sekretärin. Sie neigt dazu, sich für alles schuldig zu fühlen. Ihr Chef lässt seinen Mantel auf den Boden fallen, oder eine Kaffeetasse fällt um, und Melanie zuckt zusammen, springt auf, murmelt eine Entschuldigung und bringt den Schaden in Ordnung – auch wenn sie ihn gar nicht angerichtet hat. Es geht ihr selbst auf die Nerven, aber sie kann nicht anders.
Nachdem sie sich das Thema angeschaut, ihr Herz für ihr Schuldgefühl geöffnet und den fremden Anteil (ihrer Mutter) zurückgegeben hat, fühlt sie sich frei davon.
Ich mache sie darauf aufmerksam, dass der wichtigste Teil der Herzensarbeit jetzt noch kommt: nämlich der, der im »richtigen Leben«, in den Situationen des Alltags, stattfindet. Das Schuldgefühl wird vermutlich wieder ausgelöst werden, und nun geht es darum, es dann zu bemerken, statt hineinzufallen.
Melanie erzählt mir zwei Wochen später, dass der alte Reflex immer noch vorhanden ist, sie ihn aber meistens sofort bemerkt und dann im Stillen zu sich sagt: »Jetzt fühle ich mich wieder schuldig.« Manchmal schenkt sie dem Gefühl nun einen Moment liebevolle Beachtung. Dann muss sie lächeln und kann die Situation mit Abstand betrachten, um zu entscheiden, ob es für sie etwas zu tun gibt oder nicht.

Interessant und überraschend ist für sie festzustellen, dass sie nun mehr Anteilnahme für ihren Chef oder ihre Kollegen hat, für deren Gefühle sie vorher – ohne es zu merken – völlig verschlossen gewesen ist, weil sie so mit ihrer »Schuld« beschäftigt war.

Nach einer tiefgehenden und gründlichen Körperzentrierten Herzensarbeit zum Thema »chronisches Schuldgefühl« soll das Schuldgefühl nicht verschwunden, auch nicht durch sein Gegenteil (Unschuld) ersetzt worden sein, sondern Schuld oder Unschuld soll kein Thema mehr sein:

»Früher habe ich mich immer schuldig gefühlt. Habe mich nach Vergebung, Erlösung, Befreiung, ja Unschuld gesehnt. Jetzt ist das Thema ›Schuld‹ aus mir verschwunden; ich komme nicht mehr auf die Idee, schuldig oder schlecht zu sein.«

Einen chronischen Schuldkomplex erkennen

Dass Sie ein dickes Schuldthema haben, kann sich nicht nur darin äußern, dass Sie sich für alles schuldig und verantwortlich fühlen, sich manipulieren lassen, anderer Menschen Bürden übernehmen, sondern Sie können es vielleicht an ganz anderen Kriterien erkennen. Sie ertragen es nicht, schuld zu sein, Schuld zugewiesen zu bekommen, einen Fehler gemacht zu haben, sich schuldig zu fühlen. Entweder

- rechtfertigen Sie sich,
- verteidigen sich oder
- suchen sofort jemanden, dem Sie die Verantwortung zuschieben können.

Da ist eine Schuld.
Wie ein verlorener Hund sucht sie ihr Zuhause.
Ich will sie nicht.
Irgendwo muss sie aber hin.
Also schicke ich sie zu dir. »Geh dahin«, sage ich. »Dort bist du willkommen.«
Wenn du schuld bist, muss ich nicht schuld sein.

Nehmen Sie sich selbst oder die Angelegenheit zu wichtig?

Wenn wir ein übergroßes Schuldgefühl nicht nur haben, sondern hegen, nehmen wir etwas zu wichtig. Entweder uns selbst oder die betreffende Angelegenheit beziehungsweise den Vorfall, um den es geht. Schuldgefühl ist keine große Sache, nur ein kleiner Hinweis, damit Sie es nächstes Mal anders machen. Lernen durch Fehler! Wenn Sie das verstanden und daher auch akzeptiert (und natürlich Ihre Gefühle per Herzensarbeit versorgt) haben, entfällt sein Existenzgrund. Und damit auch Ihre Schuld. Reale Schulden aber erzeugen ein Streben nach Ausgleich, und man gleicht sie auch besser aus.

Zusammenfassung

Die Identifikation mit einem Schuldgefühl ist eine der hartnäckigsten und »klebrigsten«.
Wie jedes andere Gefühl muss es bewusst gespürt, gefühlt und ins Herz geholt beziehungsweise zurückgegeben werden. Doch meist sind viele andere Gefühle damit verbunden. Unter diesen gibt es auch eine Sehnsucht, die oft übersehen wird. Sein Herz

zu öffnen für diese Sehnsucht kann eine Wende in dem Thema einleiten.
Manchmal liegt der Schlüssel zur Lösung aber auch in einem ganz anderen Gefühl. Entdecken und versorgen Sie daher alle Gefühle, die dazugehören.

Grundsätzliches Schuldgefühl ist oft vom Kirchen- oder christlichen Kollektiv übernommen. Die Rückgabe erleichtert Sie dann enorm.

Als Kinder haben wir gelernt, dass bei »Missetaten« die Strafe entfällt oder milder ausfällt, wenn wir uns gebührend schuldig fühlen. Damit zeigen wir, dass wir einsichtig und gut sind.
Als Erwachsene ziehen viele Menschen es immer noch vor, sich mit »schuldig« zu identifizieren, als »schlecht« zu sein. In diesem Fall muss »schlecht« als Gefühl entdeckt werden (statt als Tatsache).
Wer mit Schuld identifiziert ist, neigt dazu, sich für alles verantwortlich zu fühlen und sich fremde Bürden aufzuladen.
Nicht immer steckt allerdings ein Schuldgefühl dahinter, manchmal auch das Gefühl, es nicht aushalten zu können – oder Mitleid, Hilflosigkeit oder Liebe.

Wenn Sie versuchen, das Schuldgefühl an diejenigen zurückzugeben, denen es eigentlich gehört, nehmen Sie das Gefühl, das durch die Rückgabe bei Ihnen ausgelöst wird, bewusst wahr, und öffnen Sie Ihr Herz dafür (sonst hindert es Sie vielleicht daran, es zurückgeben zu können).

Manchmal halten wir an der Schuld fest, um eine Beziehung festzuhalten; manchmal, um uns nicht ändern zu müssen.

Nach einer tiefgehenden und gründlichen Körperzentrierten Herzensarbeit zum Thema »Chronisches Schuldgefühl« sollte Schuld (oder Unschuld) kein Thema mehr sein.

Wenn man es nicht ertragen kann, einen Fehler gemacht zu haben, schuldig zu sein, sich ständig rechtfertigt, hat man möglicherweise ein Schuldthema.
In manchen Fällen muss man, bevor man sein Herz für das Gefühl von Schuld öffnen kann, erst die Tatsache der Schuld anerkennen.
Schuldgefühl verbirgt immer einen Schmerz, in der Regel das Gefühl, »schlecht« zu sein.
Immer gehört zum Schuldthema ebenso die Sehnsucht nach Vergebung, Erlösung oder Befreiung. Öffnen Sie auch dafür Ihr Herz.
Schuldgefühl ist keine große Sache, sondern einfach ein Gefühl, das Sie auf einen Fehler aufmerksam macht, damit Sie ihn nicht wiederholen.

Wie wir (nicht) aus unseren Gewohnheiten herauskommen

Nützliche und abträgliche Gewohnheiten

Gewohnheiten machen mich für mich selbst und andere vorhersehbar, erzeugen unter Umständen Langeweile, sperren mich ein, zwingen mich unter ihr Joch und hindern mich daran, das zu tun, was ich wirklich tun möchte. Sie können mich unfrei, krank, unzufrieden mit mir selbst machen.

Gewohnheiten sind aber auch praktisch, sparen mir Zeit, geben mir Halt, Struktur, eine brauchbare Lebensgrundlage, helfen mir, mich in meinem Leben einzurichten. Der irische Theologe und

Schriftsteller John O'Donohoe schrieb sogar, dass die Seele Gewohnheiten liebt, da diese ihr helfen, sich in der Welt eine Heimat zu schaffen.

Gewohnheiten können sehr nützlich sein, da sie vieles im Leben erleichtern. Jeden Morgen um Punkt 8.00 Uhr zu laufen ist leicht durchzuhalten; viel schwerer durchzuhalten ist gelegentliches Lauftraining. Wenn ich regelmäßig morgens vor der Arbeit mein Bett lüfte, meine Wäsche in die Maschine stecke und die Küche aufräume, dann sind dies Gewohnheiten, die mir das Leben erleichtern, vielleicht eine angenehme Routine, die einen ordnenden Effekt auf mein Gemüt und mein Umfeld hat.

Im Idealfall besteht unser Leben aus einer gesunden Abwechslung von Gewohntem und Neuem, Gewohnheitshandlung und Spontaneität.

Gewohnheiten aber, die uns im Griff haben, obwohl wir sie schädlich finden oder loswerden wollen, können sehr lästig sein. Solche Gewohnheiten hindern uns oft daran, das zu tun, was im jeweiligen Augenblick wirklich stimmt. Wenn ich Appetit auf kalten Apfelsaft habe, aber stattdessen heißen Kaffee trinke, weil ich gewohnt bin, um diese Uhrzeit Kaffee zu trinken – dann tue ich mir nichts Gutes.

Gewohnheiten sind Straßen in der Materie des Gehirns. Das ist das Gute und zugleich das Schlechte an ihnen. Gut, weil sie uns das Leben erleichtern; es fällt uns leicht, einem vorgegebenen Weg zu folgen, wir gleiten geradezu hinein. Aber genau aus demselben Grunde ist es so schwer, eine unerwünschte Gewohnheit loszuwerden. Sie zu bekämpfen ist unsinnig, der Weg ist nun mal in unserem Gehirn angelegt. Die einzige Möglichkeit – so sagen Gehirnforscher – besteht darin, einen anderen Weg zu gehen, und zwar wieder und wieder, so lange, bis die neue Gewohnheit die alte ersetzt.

Aber wie bringt man sich dazu, die Routine zu brechen, wenn die Gewohnheit so stark ist? Wie kann man diesen Teil überlisten, der unbedingt an der Gewohnheit festhalten will und oft so viel schneller ist als unser bewusstes Ich?

Abträgliche Gewohnheiten mit Herzensarbeit loswerden

Besser als überlisten oder unterdrücken, ausmerzen, verdrängen, überreden ist – kennenlernen. Was sagt dieser Teil? Was wünscht er sich? Was befürchtet er? Wie fühlt er sich? Also mit anderen Worten: Herzensarbeit.

Aber nicht *kopfzentriert* – indem Sie die Antworten erdenken –, sondern *körperzentriert*. Meine Herzensarbeit geht immer vom Körper aus. Damit kommen Sie direkt an diejenigen Gefühle, die Ihnen überhaupt nicht bewusst sind und die Sie genau deshalb beherrschen können.

Es gibt mehrere Ansätze für die Herzensarbeit mit Gewohnheiten, Süchten, Wiederholungszwängen (und die unerwarteten Gelegenheiten, die sich bei Bearbeitung eines ganz anderen Themas manchmal spontan auftun):

1. Der neutrale Ansatz: Schauen Sie es einfach wie immer als Thema an. Denken Sie an die Gewohnheit, lassen Sie ein Bild dazu aufsteigen. Spüren Sie dann den Körper, entdecken Sie die Emotion, nennen Sie die Herzensschlüssel, erkennen Sie das Ganze eventuell als (teils) übernommenes Gefühl, und geben Sie es zurück.
   Zwischenstopp oder neue Runde.
   Bearbeiten Sie auf diese Weise alle Gefühle, die auftauchen.
   »Auf den Grund gekommen« sind Sie, wenn keine neue Emotion mehr auftaucht und Sie entweder

- im Frieden sind mit der Gewohnheit, sodass sie kein Problem mehr darstellt,
- im Frieden sind mit dem Ablegen der Gewohnheit und es auch tatsächlich umsetzen oder
- eine andere zufriedenstellende Lösung gefunden haben.

2. Den Teil kennenlernen, der an der Gewohnheit festhält.
   - Der positive Ansatz: Was ist das Gute, das Ihnen diese Gewohnheit verschafft?
     Stellen Sie sich vor, Sie dürfen an dieser Gewohnheit festhalten. Für immer.
     Nehmen Sie sich vor, das gute Gefühl zu entdecken. Öffnen Sie Ihr Herz dafür.
   - Der negative Ansatz: Was ist das Schlimme, das dieser Teil befürchtet?
     Stellen Sie sich vor, ab sofort müssen Sie diese Gewohnheit fallen lassen. Ein für alle Mal. Schluss, aus, finito. Lernen Sie das schlimme Gefühl kennen, und öffnen Sie Ihr Herz dafür. Hier ein Beispiel:

   Ich beschloss, das positive Gefühl zu entdecken, das das Rauchen mir verschaffte. Ich stellte mir also vor zu rauchen, ganz aufmerksam, bewusst, genüsslich sog ich den Rauch im Geist tief in meine Lungen ein. Entdeckte dabei ein Gefühl von Zufriedenheit, Erfüllung und öffnete mein Herz dafür.
   Dann wandte ich mich der negativen Seite zu. Was ist denn so schlimm daran, nicht zu rauchen?
   Ich stellte mir also vor, dass ich ab sofort nie wieder rauchen dürfte. Es gibt überhaupt keine Zigaretten mehr. Abgeschafft.
   Nach einigen starken Emotionen, die auftauchten und die ich versorgen konnte, tauchte der Schmerz auf, der

auf dem Grunde der Sucht saß. Ich musste eine Weile suchen und herumprobieren, bis ich das richtige Wort fand: unzufrieden, unbefriedigt … Nein, »ungestillt« hieß es. In der Tat war ich als Baby nicht gestillt worden. Ich lernte dieses Gefühl kennen, gab ihm Raum, trug es einige Tage lang bewusst in meinem Herzen herum, und schließlich schaffte ich es, statt zur Zigarette zu greifen, sofort das Gefühl »ungestillt« als Gefühl (statt als Tatsache) wahrzunehmen.

3. Den Wunsch, die Gewohnheit aufzugeben, kennenlernen samt allen Gefühlen, die dahinterstecken.
   - Der negative Ansatz: Was ist schlimm, wenn Sie es nicht schaffen, die Gewohnheit aufzugeben?
   - Der positive Ansatz: Was ist gut, wenn Sie es schaffen, die Gewohnheit aufzugeben?

Herzensarbeit funktioniert nur von einer neutralen Warte aus. Bei einem inneren Konflikt wie »Rauchen aufhören oder weiter rauchen« müssen Sie gleich zu Beginn der Herzensarbeit innerlich einen Schritt zurücktreten auf den Beobachterplatz. Sie steigen nicht ein als jemand, der die Gewohnheit loswerden will, sondern als jemand, der alle Gefühle, die zur Gewohnheit gehören, kennenlernen und ins Herz holen möchte. Eben auch den Wunsch, die Gewohnheit loszuwerden – vielleicht sogar als Erstes. Und genauso den Wunsch, sie zu behalten.

Bedenken Sie, dass bei Süchten oft Fremdgefühle im Spiel sind! Wenn Sie sich befreien möchten, geben Sie zurück, was Ihnen nicht gehört. Sobald der Drang nach dem Suchtmittel auftaucht, fühlen Sie ihn bewusst, und geben Sie ihn sofort zurück an »Unbekannt« (falls Sie nicht wissen, von wem Sie ihn übernommen haben – sonst an die betreffende Person).

Hier noch einige Tipps und Tricks, die helfen können, sich zu befreien, falls Sie mit der Körperzentrierten Herzensarbeit noch nicht so vertraut sind:

1. Gestehen Sie sich absichtlich zu, die Gewohnheit (die Sie loswerden wollen) für eine von Ihnen vorher festgelegte Zeit so zu pflegen, als sei sie das Wichtigste überhaupt. Das wird Ihnen gelingen, wenn Sie es als Übung betrachten. Sie folgen also absichtlich dieser Gewohnheit, weichen kein Jota von ihr ab, machen es sich geradezu zur Pflicht. Übertreiben Sie dabei. (Das gilt allerdings nur für harmlose Gewohnheiten geeignet und nicht für gesundheitsschädliche Süchte. Bei diesen könnte eine Übertreibung möglicherweise, je nach Ihrem Gesundheits- und Geisteszustand, fatale Folgen haben.)

2. Was Süchte betrifft, so hat sich die folgende Technik bewährt: Sagen Sie sich, dass Sie für dieses eine Mal auf das Gewohnte verzichten. Nur einmal. Nachher dürfen Sie es wieder tun.

   Jedes Mal, wenn ich zur Zigarette greifen wollte oder jemand mir eine anbot, sagte ich mir: »Diese rauche ich nicht. Die nächste.« Oder: »Danke, im Moment nicht.« Ich behielt mir ausdrücklich und ehrlich vor, nach dieser einen Auslassung wieder rauchen zu dürfen. Aber ich probierte, es noch ein wenig zu verschieben: Bei der nächsten Zigarette sagte ich mir wieder: »Diese nicht. Die nächste.« Ich hielt dies eine ganze Weile durch – es war nicht schwer, denn ich wusste ja, dass ich die nächste rauchen durfte –, und schließlich hielt ich das so lange durch, dass ich kein Bedürfnis mehr hatte zu rauchen.

3. Die Stopp-Übung: Verbieten Sie sich die Gewohnheit nicht, aber halten Sie kurz inne, bevor Sie ihr nachgeben. Beobachten Sie, was bei diesem »Stopp« in Ihnen vorgeht. Nehmen Sie eventuell auftauchende Gefühle bewusst wahr und ins Herz. Verbinden Sie diese Stopp-Übung aber nicht mit einem Ziel oder Zweck; nehmen Sie sie einfach als Übung.

4. Nehmen Sie bewusst wahr, wie es sich anfühlt, wenn Sie etwas getan haben, das *stimmig* ist; öffnen Sie Ihr Herz für dieses Gefühl, und pflegen Sie es weiterhin (indem Sie sich oft daran erinnern, es zu fühlen). Rufen Sie sich dieses Gefühl in Erinnerung, wenn Sie gerade wieder der Gewohnheit folgen wollen, die Sie loswerden möchten. Geben Sie dem Gefühl einen Moment Raum, und beobachten Sie, was geschieht.

5. Wenn Sie eine Gewohnheit aufgeben möchten, kann es helfen, sich ein Arsenal an alternativen Handlungen zusammenzustellen. Dann können Sie, sobald der Gewohnheitsimpuls kommt, sofort eine der Ersatzhandlungen durchführen (nicht immer dieselbe, sonst wird es ja wieder eine Gewohnheit).

Körperübungen: ebenfalls befreiend

Hilfreich, den Körper von festgefahrenen Gewohnheiten zu befreien, ist die Feldenkrais-Methode, eine körperbezogene Behandlungsform, mit der die Qualität von Bewegungen und Körperhaltungen grundlegend verbessert werden kann (www.feldenkrais.de). Oder jede Art von Tanz oder Bewegung, die Sie zu neu- und andersartigen Bewegungen bringt. Lernen Sie etwas, was Ihrer Gewohnheit entgegengesetzt ist. Beim Tensegrity beispielsweise sind

Sie gezwungen, in großer Schnelligkeit eine Reihe von Bewegungen durchzuführen, die man sich mit dem Kopf unmöglich merken kann. Diese »magischen Bewegungen« der Schamanen-Schule, deren letzter Lehrmeister (»Nagual«) Carlos Castaneda war, sind in einem Buch *(Tensegrity)* von ihm beschrieben, aber fast unmöglich nur nach Buch zu lernen. Falls diese – sehr anspruchsvolle – Disziplin Sie anspricht, besuchen Sie besser Kurse und Gruppen.

Zusammenfassung

Gewohnheiten können negative Aspekte haben: Vorhersehbarkeit, Langeweile, Zwang statt Spontaneität und andere. Aber auch positive: Zeitersparnis, Schaffung eines seelischen Zuhauses, einer Struktur, eines Halts … Der Idealfall ist eine gesunde Abwechslung von Gewohnheitshandlung und Spontaneität.
Gewohnheiten sind materielle Realitäten im Gehirn. Das ist sehr praktisch, aber das macht es auch schwer, sie gegebenenfalls aufzugeben.
Besser als den Teil, der an der Gewohnheit festhält und uns immer wieder hineinzieht, zu überlisten oder zu unterdrücken, ist, ihn kennenzulernen. Was sagt dieser Teil? Was wünscht er sich? Was befürchtet er?

Zur Körperzentrierten Herzensarbeit mit diesem Thema gibt es verschiedene Ansätze:

- Finden Sie eine konkrete Situation dazu, und nehmen Sie diese zum Ausgangspunkt (der neutrale Ansatz).
- Steigen Sie mit dem Wunsch ein, die Gewohnheit loszuwerden.
- Steigen Sie mit dem Wunsch ein, die Gewohnheit zu behalten.

Achten Sie darauf, alle beteiligten Gefühle und Gefühlsschichten, die zu den beiden verschiedenen Wünschen auftauchen, zu erfassen und zu versorgen.

Weitere Tipps und Tricks, die helfen können, falls Sie mit der Körperzentrierten Herzensarbeit noch nicht so vertraut sind:

- Übertreiben Sie die Gewohnheit (wenn es keine gefährlich ist), und beobachten Sie ganz bewusst, was das mit Ihnen macht.
- Sagen Sie sich, dass man für dieses eine Mal auf das Gewohnte verzichtet. Nur einmal. Nachher darf man wieder. (Und das wiederholen.)
- Die Stopp-Übung: »Ja, ich folge jetzt der Gewohnheit, aber bevor ich das tue, schalte ich einen Stopp ein.«
- Nehmen Sie bewusst wahr, wie es sich anfühlt, wenn Sie etwas getan haben, das *stimmig* ist. Achten Sie auf dieses Gefühl.
- Stellen Sie sich ein Arsenal an alternativen Handlungen zusammen, aus denen Sie im Bedarfsfall sofort eine auswählen können.

Körperübungen mit ungewohnten Bewegungen und Bewegungsabläufen oder auf Spontaneität basierend können bei der Befreiung von Gewohnheiten helfen.

Teil IV
Ausblick

Die alten Themen – lästiger Ballast oder verborgene Schätze?

Ich besitze eine ganze Reihe von Sachbüchern, die ich irgendwann gekauft habe, weil sie mich interessierten. Zu Hause habe ich sie dann gierig quergelesen und für spätere Lektüre vorgemerkt. Und da stehen sie nun. Wenn ich gerade in der Stimmung bin, in der ich das Glas halb voll statt halb leer sehe, freue ich mich am Anblick dieser Bücher, verheißen sie doch intellektuelles Neuland, das es noch zu erforschen gilt. Bin ich aber in jener Stimmung, die eher das Negative im Blick hat, dann sehe ich in jedem dieser Bücher eine unerledigte Verpflichtung und zusätzliches Gewicht für den nächsten Umzug.

Ebenso wie diese Bücher je nach Perspektive Belastung oder Verheißung darstellen – ebenso können unsere inneren Themen für uns, je nach Sichtweise, Verschiedenes darstellen: Ballast, der das Leben erschwert, Aufgaben, die (unmöglich) zu erledigen sind, interessantes Neuland, das es noch zu entdecken gibt, oder vernachlässigte Kinder, denen wir uns liebevoll zuwenden möchten.

Die Themen, die mir früher immer wie Ballast erschienen, waren jene, mit denen ich umgegangen war wie mit den erwähnten Sachbüchern: mal kurz hineinschnuppern, »interessant« sagen und auf später vertagen. Das Thema war mir bewusst. Den ein oder anderen Bestandteil dieses Themas hatte ich schon ans Licht geholt, aber dann ist mir die Puste ausgegangen. Es war also für mich immer noch ein Thema, und wenn es dann mal wieder ausgelöst wurde, sagte ich mir: »Ja, stimmt, muss ich mir irgendwann mal tiefer anschauen.« Und vergaß es wieder. Bis zum nächsten Auslöser.

Schlechte Strategie! Denn mein Unterbewusstsein hatte begriffen, dass ein harmloser Auslöser nicht reichte, um mich dazu zu bringen, mich um das Thema zu kümmern; es musste also ein stärkerer sein. Und wenn ich auf den wieder noch nicht reagierte, dann eben etwas richtig Schlimmes. »Hätte ich es mir doch gleich angeschaut«, sagte ich dann reumütig. Also besser gleich richtig aufräumen und nicht nur halb.

Heute mache ich es anders. Ein Thema wird ausgelöst: sofort zuwenden, spüren, fühlen bis auf den Grund, Herz öffnen, Gefühle zurückgeben, Veränderung feststellen. Mir merken, welche Gefühle ich fortan bewusst bemerken oder pflegen möchte. Und Schluss. Dabei hilft mir natürlich die viele »Übung in der Übung«.

Solange Ihnen die Methode aber noch neu ist, gehen Sie vielleicht besser Schritt für Schritt, Gefühl für Gefühl vor, statt gleich das ganze Thema anzuschauen – außer das läuft von selbst ab. Betrachten Sie zunächst nur das Gefühl, das zuoberst liegt – das aktuelle Gefühl. Wie zum Beispiel Fritjof, der sich endlich mal ärgert:

Fritjof ist ein lieber Mensch. Alle mögen ihn gern. Er ist immer freundlich und hilfsbereit. Für Fragen und Bitten hat er stets ein offenes Ohr. Seine Frau meint, dass er sich ausnutzen lässt und ruhig mal lernen soll, ein Ansinnen zurückzuweisen.
Sie gibt ihm ein Buch über Körperzentrierte Herzensarbeit. Es interessiert ihn, und gemeinsam mit ihr lernt er die Methode. Er fängt an, bewusst darauf zu achten, wie er sich in Situationen fühlt, in denen er um etwas gebeten wird.
Eines Tages merkt er, dass es da im allerersten Moment eine kleine Anspannung in seinem Körper gibt, die ihm noch nie aufgefallen war. Er vertieft sich in diese Anspannung und entdeckt darin ein Gefühl

von Ärger. Für ihn eine Neuentdeckung: Fritjof hat sich in seinem ganzen Leben, wie er meint, noch nie geärgert!
Doch als er sich nun um diesen Ärger kümmert, ihn zulässt und kennenlernt, erkennt er, dass dieser Ärger eigentlich immer da war, er ihn aber deshalb nie bemerkte, weil er ihn in Nanosekundenschnelle verdrängt hatte. Kein Wunder: Ärger war in seiner Familie ein verpöntes Gefühl – ein Mensch, der sich ärgert, galt als »kleinlich«. Der Ärger brauchte dann auch von seinem Herzen Anerkennung und Rehabilitation – und Beachtung.
Fritjof nimmt sich vor, ab sofort auf diesen Ärger zu achten. Das befreit ihn von dem Zwang, immer sofort Ja zu sagen, wenn jemand ihn um etwas bittet. Auf einmal ist er nun in der Lage zu antworten: »Ich werde sehen, ob das möglich ist« – oder ähnlich – und sich ein wenig Zeit zu verschaffen und Abstand zu gewinnen. Mit der Folge, dass er nun manchmal auch Nein sagen kann.

Schon dieses eine kleine Oberflächengefühl »Ärger« wahrzunehmen, statt es zu verdrängen, hat einen neuen Menschen aus Fritjof gemacht. Dabei hatte er noch gar nicht den Grund des Ärgers entdeckt (wenn man sich ärgert, tut einem ja etwas weh), auch nicht seinen Wunsch oder seine Sehnsucht (wenn man sich ärgert, wünscht man sich ja eigentlich, dass die Situation anders ist, aber man achtet nicht auf diesen Wunsch). Er hatte ebenso nicht geprüft, ob es sich um Fremdgefühle handelt. Dennoch war die Veränderung schon enorm. Und sie war deshalb so groß, weil Fritjof bisher sein ganzes Leben lang seinen Ärger unterdrückt hatte – der nun heilfroh war, dass er endlich gefühlt wurde, da sein durfte, beachtet wurde.

Nach und nach können Sie dann beginnen, Themen ganz zu bearbeiten. Dafür braucht es ein wenig Extrazeit und die Fähigkeit, sich zu konzentrieren. Diese wiederum hängt davon ab, wie sehr Sie motiviert sind. Leider muss oft der Leidensdruck erst sehr hoch sein, bevor man genügend Motivation entwickelt, um sich eine Stunde hinzusetzen und sich ein ganzes Thema anzuschauen!

Jeder betreibt die Pflege seines Haushalts auf seine Weise; der eine, indem er das Haus sauber hält, der andere, indem er, kurz bevor es ins Chaos versinkt, Großputz macht. So ist es auch mit der Psychohygiene. Mancher setzt sich jeden Morgen und/oder jeden Abend hin und schaut in sein Herz, um sich um die aktuellen Gefühle oder Themen zu kümmern, mancher nur, wenn es gerade einen dramatischen Anlass gibt, andere wiederum arbeiten ein- oder zweimal wöchentlich, mit oder ohne Übungspartner, oder einmal im Monat, um nur ein paar Beispiele zu nennen. Da gibt es keine Regel, das müssen Sie für sich selbst herausfinden.

Zu einem solchen Thema gehören immer negative Emotionen – wie Ärger, Wut, Angst, Traurigkeit, Resignation, Hass und so fort (also Emotionen, die Nein sagen zu etwas) und Wünsche oder Sehnsüchte (die man meistens völlig übersieht): Wie wünschen Sie sich die Situation? Und auf dem Grund des Themas liegt immer ein Schmerz, also das, was Ihnen an der Sache wehtut. Ihr eigentliches Gefühl. Dieses zu entdecken, zu benennen und ins Herz zu holen ist der erlösende Schritt bei der Auflösung eines Themas. Zuvor jedoch werden Sie im Allgemeinen auf einige weitere negative Emotionen stoßen.

Jacques zum Beispiel ist unschuldig in die Pleite getrieben worden. Er liebt seinen Beruf, war selbstständig, hatte gerade begonnen, aus den roten Zahlen herauszukommen, da traf ihn die Corona-Krise. Er musste sein Geschäft schließen, bekommt nun kein Arbeitslosengeld, nur ein wenig Sozialhilfe. Wie viele andere Menschen ist er völlig verzweifelt und voller Existenzangst. Das Hin und Her der Politik macht die Lage für ihn unvorhersehbar, er weiß überhaupt nicht mehr, was tun.

Mit dieser Ausgangssituation beginnt Jacques seine Herzensarbeit. Er holt nacheinander folgende Gefühle ins Herz: Verzweiflung,

Angst und den darunterliegenden Schmerz der Aussichtslosigkeit (die ihm erst wie eine Tatsache erscheint, er braucht eine Weile, bis er sie als Gefühl wahrnehmen kann). Gefühle, die er zum großen Teil ans Kollektiv zurückgeben kann. Auf sie folgen Wut, Zorn, Empörung und Ohnmacht. Der Schmerz unter diesen ist das Gefühl von Ungerechtigkeit. Auf diese den Herzensschlüssel »als Gefühl wahrnehmen statt als Tatsache« anzuwenden fällt ihm zunächst schwer: Ist es denn nicht tatsächlich Unrecht, was ihm da angetan wird?

Erst nachdem Jacques verstanden hat, dass es bei der Herzensarbeit nicht um Tatsachen geht, sondern darum, sich um Gefühle zu kümmern, kann er sich von den Tatsachen ab- und seinem Gefühl von Ungerechtigkeit ganz zuwenden. Es braucht, dass es anerkannt und gefühlt wird. Und will auch ans Kollektiv der Betroffenen zurückgegeben werden.

Schließlich richtet Jacques seine Aufmerksamkeit noch auf eine weitere Gefühlsebene: die Sehnsucht. Was wünscht er sich in dieser Situation, wonach sehnt er sich? Einfach nach etwas, womit er seine Existenz sichern kann. Diese Sehnsucht kann er mit Leichtigkeit ins Herz holen – sie will wahrgenommen werden, Achtung und vom Gedanken der Unmöglichkeit befreit werden. In der Vorstellung der Wunscherfüllung entdeckt Jacques das Gefühl von Sicherheit. Nachdem er dies als Gefühl statt als Tatsache wahrgenommen und in seinem Herzen verankert hat, sieht er die Zukunft wieder offen – es gibt wieder Aussicht. Ganz gleich, mit welchen Überraschungen Viren, Politiker und sonstige Spielverderber noch aufwarten würden: Möglichkeiten, erkennt Jacques in diesem Herzöffnungsmoment, würde es immer für ihn geben.

In späteren Sitzungen fördert Jacques noch weitere Sehnsüchte zum selben Thema zutage: die nach Gerechtigkeit, nach Wiedergutmachung des Schadens, der ihm zugefügt worden war. In der Vorstellung der Erfüllung dieser Sehnsucht entdeckt er mehrere positive Gefühle: Er fühlt sich gesehen, geachtet und im Frieden. Und schließlich noch die Sehnsucht danach, sich in seinem Beruf weiter entfalten zu können. Hier verzichtet er darauf, das positive Gefühl in der Wunscherfüllung kennenzulernen – ihm reicht es, die Sehnsucht in seinem Herzen mitzunehmen.

Nicht wieder in die Falle der Identifikation tappen

Nach jeder vollständigen Herzensarbeit gelangen Sie in einen neuen positiven Zustand. Wenn Sie den Schmerz entdeckt haben, der hinter Ihrem Thema verborgen war, wenn Sie erkannt haben, dass es sich dabei nicht um etwas handelt, was Sie sind, sondern um etwas, was Sie fühlen, und wenn Sie schließlich noch diesem Gefühl das gegeben haben, was es braucht, aber nie bekommen hat von Ihrem Herzen – dann sind Sie in einem ganz anderen Zustand als vorher. Manchmal ist es einfach ein schöner, liebevoller, inniger Zustand, manchmal landen Sie in dem positiven Gegenstück dieses Grundschmerzes, manchmal in etwas, was über den Gegensatz »Schmerz und sein Gegenteil« hinausgeht. Aber immer ist es gefühlsmäßiges Neuland.

Das können Sie dann einfach so stehen lassen und die Sitzung beenden. Das Wichtigste war ja, dass Sie aus der Schmerzidentifikation aufgewacht sind.

Sie können aber die Übung an der Stelle weitermachen und den neuen, positiven Zustand auch noch explizit kennenlernen, ihn körperlich spüren und emotional fühlen, das Gefühl benennen und ihm einen Platz in Ihrem Herzen geben.

Genau an dieser Stelle kommt es jedoch gelegentlich vor, dass man in die Identifikation stürzt, ohne es zu merken: Man nimmt den schönen neuen Zustand für die neue Tatsache und möchte ihn behalten.

Wenn Sie beispielsweise das Thema »nicht existenzberechtigt sein« angeschaut haben und am Ende bei dem schönen Gefühl, »existenzberechtigt« zu sein, gelandet sind, nützt es Ihnen nichts, wenn Sie denken: »Wunderbar! Jetzt bin ich existenzberechtigt!« Denn dann sitzen Sie immer noch in einer kindlichen Identifikation. Sondern registrieren Sie bewusst, dass Sie sich nun »existenzberechtigt« fühlen. Nehmen Sie es als Gefühl ins Herz. Merken Sie sich gut, wie es sich anfühlt, damit Sie sich immer wieder daran erinnern und es damit erneut ins Herz holen können.

Negative und schmerzhafte Gefühle brauchen als Nachsorge, dass man sie (wieder)erkennt, wenn sie wieder einmal ausgelöst werden; positive Gefühle brauchen aktive Nachsorge, also absichtliches Erinnern und Pflegen. Am Beispiel »Existenzberechtigung« etwa so:

»Aha, jetzt verhalte ich mich wieder, als ob ich nicht existenzberechtigt sei; dabei habe ich dieses Gefühl neulich ins Herz geholt. Jetzt probiere ich mal, wie ich die Situation erlebe, wenn ich ›nicht existenzberechtigt‹ bewusst wahrnehme, aber nun in dem Wissen, dass es ein Gefühl ist und keine Tatsache.«

Oder umgekehrt, wenn Sie das positive Gegenstück entdeckt und versorgt haben:

»Aha, da ist wieder so eine Situation, in der ich mich normalerweise so verhalten würde, als sei ich nicht existenzberechtigt. Jetzt rufe ich mir das Gefühl, ›existenzberechtigt‹ zu sein, in Erinnerung, das ich neulich ins Herz geholt habe. Mal sehen, was das verändert!«

In beiden Fällen werden Sie eine Veränderung in Ihrer Sichtweise und Ihrem Erleben registrieren können. Wie schnell diese Veränderung sich auch auf Ihr tatsächliches Verhalten auswirkt, hängt davon ab, ob das Thema komplett erkannt und verarbeitet wurde oder ob es noch andere Ängste und Grundschmerzen darin gibt, die Sie noch nicht entdeckt haben. Es ist genau die eben geschilderte Vorgehensweise, die diese Themen ans Licht bringen wird:

»Aha, ja, jetzt fühle ich mich schon ganz anders, aber ich traue mich noch nicht, mich entsprechend zu verhalten; ich habe zu viel Angst, dann abgelehnt zu werden.«

Also sollten Sie sich sofort oder später in einer ruhigen Minute dieser Angst und diesem Schmerz zuwenden und beide bewusst fühlen und ins Herz holen (oder zurückgeben).

Beim nächsten Anlass dieser Art werden Sie diese dann ebenfalls bewusst wahrnehmen und beobachten, wie sich das auswirkt:

»Aha, das ist jetzt wieder so eine Situation, in der ich mich so verhalten würde, als sei ich nicht berechtigt, aber ich nehme das bewusst als Gefühl wahr und halte es nicht mehr für Tatsache. Und ja, da ist auch wieder der Gedanke, dass ich abgelehnt werde, wenn ich mich nun anders verhalte als normalerweise – aber jetzt erkenne ich, dass es nur ein Gedanke ist, und das Gefühl von Ablehnung kann ich in meinem Herzen wahrnehmen. Es ist mein Gefühl, es hat nichts mit der aktuellen Realität zu tun. Interessant, jetzt traue ich mich auf einmal, anders aufzutreten.«

So viele Themen … Werde ich überhaupt jemals davon befreit sein?

Oft werde ich gefragt, ob es überhaupt möglich sei, den ganzen Berg alter Themen, die man mit sich herumschleppt, eines Tages abzutragen. Nun, wenn Sie mich so fragen: Das hängt von vielen Faktoren ab – wie groß der Berg ist (mit anderen Worten, wie schwer traumatisiert Sie sind), wie alt Sie sind, wie stark Ihre Motivation, wie groß Ihr Interesse ist, wie viel Zeit Sie dafür aufbringen, wie gut Sie sich konzentrieren können …

Einmal begegnete ich einer Frau, die meinte, sie hätte dank konsequenter täglicher Arbeit mit meiner Methode alle ihre Themen aufgelöst und sei nun frei. Ich konnte das nicht überprüfen, aber es klang aufrichtig, und sie wirkte tatsächlich sehr befreit. Die meisten Herzensarbeiter aber lösen ihre Themen nach und nach auf anhand der jeweils aktuellen Situationen. Bei vielen von ihnen – all jenen, die immer wieder zu Seminaren kommen oder die Ausbildung in Körperzentrierter Herzensarbeit bei mir gemacht haben – konnte ich über Jahre hinweg ihre Entwicklung verfolgen und mit Freude sehen, wie sie immer bewusster, freier, offener wurden und, je nach Ausgangslage, besser für sich einstehen konnten, selbstbewusster wurden oder demütiger und mehr Interesse an anderen oder Mitgefühl zeigten: große Veränderungen, die oft von außen besser zu erkennen sind als von innen. Der Mensch selbst schätzt sich anders ein, sieht im Besonderen all diejenigen Themen, die er noch nicht aufgelöst hat, und verliert manchmal den Mut: »Ja, werde ich den alten Ballast denn nie los? Da liegt ja noch ein ganzer Berg vor mir!«

Statt sich solchen Erwägungen hinzugeben, kehren Sie lieber wieder dorthin zurück, wo Sie und ich, wo wir alle hingehören: in die Realität des gegenwärtigen Augenblicks. Wie fühlen Sie sich, wenn Sie an den Berg von Themen denken, der noch vor Ihnen liegt? Darum geht es. Nehmen Sie dieses Gefühl wahr, fühlen Sie es, statt ihm ins Denken oder Reden auszuweichen. Überforderung? Hoffnungslosigkeit, Aussichtslosigkeit, Resignation? Zweifel, Trotz oder Auflehnung? Oder die Sehnsucht nach Befreiung? Indem Sie dieses – aktuelle – Gefühl bewusst in Ihrem Herzen wahrnehmen, sind Sie sofort am Ende dieser Frage, und das Thema, das Sie gerade daraus zu machen beginnen wollten, zerplatzt wie eine Seifenblase.

Das momentane Gefühl will einfach gefühlt werden

»Fühle, was du fühlst!« ist eine Formulierung aus meinem ersten Buch *Liebe ist mehr als ein Gefühl.* Aber man muss es ganz fühlen. Etwas passiert, das Wut in Ihnen auslöst – fühlen! Wenn Sie nur oberflächlich fühlen – was auch schon sehr wertvoll ist –, bleibt es bei der Wut. Wenn Sie jedoch tiefer hinspüren, durch alle Abwehrreaktionen hindurch zum Kern des Gefühls, stoßen Sie auf Schmerz. Die Wahrheit ist nicht die Wut oder die Angst oder die Traurigkeit, nicht die Resignation oder die Rache oder der Hass … Die Wahrheit ist: Sie fühlen Schmerz. Den Schmerz der Demütigung, der Ablehnung, der Verurteilung, der Wertlosigkeit, Schlechtigkeit, den Schmerz der Ungerechtigkeit, des Verrats oder des Im-Stich-gelassen-Seins. Fühlen Sie diesen Schmerz gleich, statt sich zu wehren, und erkennen Sie ihn gleich als das, was er ist – ein Gefühl und keine Tatsache –, dann gibt es kein Drama, kein Thema, sondern nur ein Gefühl.

Weichen Sie diesem Gefühl aber mit Ihren üblichen negativen Reaktionen aus – verschließen, weglaufen, abwehren, blockieren, zurückschießen –, gibt es ein Drama. Und weichen Sie ins Denken aus, um es mit ähnlichen Gefühlen in ähnlichen Situationen zu etwas Dauerhaftem zu verknüpfen, gibt es ein Thema. Aber das Thema ist nichts, hat keinerlei Realität, stellt nur Ihre Art und Weise dar, der Realität auszuweichen, weil Sie den Schmerz nicht fühlen möchten. Sie möchten ihn deshalb nicht fühlen, weil Sie ihn für eine Tatsache halten. Wenn Sie aber erst mal mit der Herzensarbeit vertraut sind, erinnern Sie sich in einem solchen Moment daran, dass es um ein Gefühl geht und nicht um eine Tatsache – und dann trauen Sie sich, es zu fühlen.

Darin liegt die Befreiung. Nicht in der Auflösung des Themas, nicht in der Kreation einer neuen, positiveren Überzeugung, nicht im Abarbeiten von Themenbergen – nur im Fühlen. Fühlen braucht Gegenwart, kann nur in der Gegenwart stattfinden.

Der Ausweg aus allen Themen ist die Gegenwart.

In Wirklichkeit gibt es keinen Berg von Themen; es gibt nur den gegenwärtigen Augenblick. Erleben Sie den gegenwärtigen Augenblick. Erleben heißt fühlen. Und umgekehrt: Fühlen heißt erleben. Wenn Sie Ihr Glück nicht fühlen, erleben Sie es nicht. Wenn Sie Ihren Schmerz nicht fühlen, entgeht Ihnen die Tiefe und Schönheit des Augenblicks.

Indem Sie fühlen, was Sie fühlen,

- erleben Sie die Gegenwart, anstatt ihr durch Denken auszuweichen;
- sind Sie bei sich und sorgen für sich;
- lassen sich nicht überrumpeln und zu falschen Reaktionen hinreißen;
- erledigen Sie nicht Ihre Themen, sondern befinden sich auf einer Ebene, wo es keine gibt;
- sind von der Welt um Sie her nicht durch die Brille Ihrer Themen getrennt, sondern Teil von ihr – und zugleich bei sich und geschützt durch Ihre eigene Präsenz.
- Daher bemerken Sie sofort, wenn fremde Gefühle Sie überkommen wollen, und identifizieren sich gar nicht erst mit ihnen;
- sondern erkennen, wie jene sich fühlen, deren Gefühle Sie gerade bemerken, wodurch diese an Ihr Herz rühren und Mitgefühl, Achtung und Verständnis wecken;

- und da Sie gegenwärtig sind, befinden Sie sich dort, wo Sie den Ball auffangen können, den die Intuition Ihnen zuspielt – statt meilenweit entfernt in Gedanken.

Das ist die »Wahrheit des gegenwärtigen Augenblicks«.[15]

15 ebenfalls eine Formulierung aus *Liebe ist mehr als ein Gefühl.*

Anhang

Literaturverzeichnis

Weiterführende Bücher zur Körperzentrierten Herzensarbeit:

Nidiaye, Safi: *Aufwachen und Lachen. Der einfache Weg zur Freiheit von Ärger, Angst und Leid*, Berlin 2007

Nidiaye, Safi: *Der entscheidende Schritt. Das letzte Geheimnis der Wunscherfüllung*, Berlin 2010 *(Erstauflage vergriffen, aktuelle Paperback-Ausgabe im Selbstverlag 2020)*

Nidiaye, Safi: *Das befreite Herz. Von der Wohltat emotionalen Aufräumens*, Berlin 2012 *(ausführlich zum Thema Fremdgefühle zurückgeben)*

Nidiaye, Safi: *Gefühle sind zum Fühlen da. Das Handbuch zum positiven Umgang mit negativen Emotionen*, München 2017 *(der Vorläufer zum vorliegenden Buch)*

Nidiaye, Safi: *Herz öffnen statt Kopf zerbrechen. Der Weg zu Freude, Frieden und Freiheit*, Berlin 2020

Nidiaye, Safi: *Der Schlüssel liegt im Herzen. Wie bewusstes Fühlen Probleme löst*, Georgsmarienhütte 2021 *(eine Einführung in die Körperzentrierte Herzensarbeit)*

Quellen und Empfehlungen

Einführung

Nidiaye, *Der entscheidende Schritt*, a. a. O.

Warstone, Robert, und Simon Buckstone: *Die kleinen Teufel. Wirf Licht auf deinen Schatten. 52 Karten mit einem Arbeitsbuch von Miriam Röders*, Saarbrücken 2021

Zeland, Vadim: *Transsurfing. Die Realität ist steuerbar*, Güllesheim, 6. Aufl. 2009

Die Körperzentrierte Herzensarbeit

Bourbeau, Lise: *Heile die Wunden deiner Seele. Mit der Weisheit des Körpers tiefe emotionale Verletzungen heilen*, Aitrang 2007

Nidiaye, *Das befreite Herz*, a. a. O.

Nidiaye, Safi: *Wieder fühlen lernen. Wie wir uns selbst und die Welt heilen können*, München 2014

Nidiaye, *Gefühle sind zum Fühlen da*, a. a. O.

Sich (nicht mehr) unter Stress setzen (lassen)

Nidiaye, Safi: *Innehalten. Das Handbuch der kleinen und großen Auszeiten. Endlich mal für mich sein*, München 2019

Den Kopf bei »Denkzwang« zur Ruhe kriegen

Nidiaye, *Innehalten*, a. a. O.

Wie wir genau das herbeizaubern, was wir (nicht) wollen

Mulford, Prentice: *Unfug des Lebens und des Sterbens*, Frankfurt am Main 1977

Nidiaye, *Der entscheidende Schritt*, a. a. O.

Roberts, Jane: *Die Natur der persönlichen Realität. Ein neues Bewusstsein als Quelle der Kreativität*, München 2007

Zeland, a. a. O.

Wie wir Lebensthemen und Gefühle
von anderen übernehmen

Hellinger, Bert: *Ordnungen der Liebe. Ein Kursbuch,* Heidelberg 1994

Nidiaye, *Das befreite Herz*, a. a. O.

Emotionale Abhängigkeit oder
Wie ich ohne dich (nicht) leben kann

Redfield, James: *Die Prophezeiungen von Celestine, Ein Abenteuer. Das spirituelle Kultbuch*, Berlin 2021

Warum wir gern Vorwürfe machen

Deida, David: *Der Weg des wahren Mannes. Ein Leitfaden für Meisterschaft in Beziehungen, Beruf und Sexualität*, Bielefeld 2006

Nicht einverstanden sein

Dheeraj, Shantam: *Die Musik des Universums. Woher kommt die Welt?*, http://www.tibetan-pulsing.info/de/dheerajsbuch.html (abgerufen am 7.6.2022)

Wie wir uns in eine politische Überzeugung verrennen

Nidiaye, *Wieder fühlen lernen*, a. a. O.

Rosenberg, Marshall B.: *Gewaltfreie Kommunikation. Eine Sprache des Lebens*, Paderborn 2016

Zeland, a. a. O.

Wie wir uns in Unterpersönlichkeiten aufsplitten

Schulz von Thun, Friedemann, und Wibke Stegemann (Hg.): *Das innere Team in Aktion*, Reinbek 2004

Lieber schuldig als schlecht – und andere gute Gründe, am Schuldgefühl festzuhalten

Nidiaye, Safi: *Aufwachen und Lachen. Der einfache Weg zur Freiheit von Ärger, Angst und Leid*, Berlin 2007

Nidiaye, *Gefühle sind zum Fühlen da*, a. a. O.

Wie wir (nicht) aus unseren Gewohnheiten herauskommen

Castaneda, Carlos: *Reise nach Ixtlan. Die Lehre des Don Juan*, Frankfurt am Main 1976

Castaneda, Carlos: *Tensegrity. Die magischen Bewegungen der Zauberer*, Frankfurt am Main 1998

Nidiaye, Safi: *Der Zauber der Intimität. Wie Sie sich selbst, anderen und dem Leben wirklich nahe kommen*, München 2015

O'Donohoe, John: *Anam Cara. Das Buch der keltischen Weisheit*, München 2010

Das momentane Gefühl will einfach gefühlt werden

Nidiaye, Safi: *Liebe ist mehr als ein Gefühl. Partnerschaft, Sexualität, Spiritualität*, Berlin 2005, Ersterscheinen Genf/München 1991